Epistemic Rationality

지식의 본성

인식적 합리성이란 무엇인가

홍병선 지음

어문학사

책머리에

　현대 인식론은 전통적인 인식론으로부터 외부 세계에 대한 우리의 믿음의 정당성을 철학적으로 어떻게 확보해 낼 것인가 하는 문제를 물려받았다. 주관적인 우리의 믿음과 객관적인 사실(사태)과의 괴리에 대한 일치를 근간으로 하는 이러한 인식론적 물음은 곧장 그러한 일치를 가능하게 하는 필요 및 충분조건에 대한 탐구로 이어지게 된다. 말하자면 앎에 관한 물음이 인식 주체와 대상 간의 관계에 관한 문제라고 했을 때, 앎의 성립은 곧 믿음의 정당화 조건을 만족시키는 데 있었던 것이다. 현대 인식론에서 가장 중요한 과제로 등장한 '인식 정당화' 개념을 해명하는 문제는 원래 게티어(E. Gettier)의 문제를 해결하려는 데에서 출발한 것이기는 하지만 이를 둘러싼 논의가 이전의 전통적인 논의와는 전혀 다른 양상을 보이게 된다.

　인식론에서의 정당화(justification) 문제가 이토록 핵심적인 논의로 자리 잡게 된 이유는 무엇보다도 세계와 인간을 연결시키는 통로의 구실을 한다고 여겼기 때문이다. 그러한 세계와 인식주체와의 가교로서의 인식 정당화를 대상세계에 대한 인간의 합리적 대응이라는 차원에서 생각해 본다면 투명한 세계상을 확보하기 위한 장치로 이해할 수 있을 것이다. 이른바 인간이 이 세계와 다양한 관계를 맺으면서 적합한 생존 조건을 형성하고 때로는 자연에 대해 체계적이고도 조직적으로 대응하려는 노력의 이면에는 이른바 '자연의 거울' 로서의 올바른 세계상이 반영된 우리의 믿음을 확보하려는 데서 비롯된 것임에 분명하다.

지식을 둘러싼 이러한 관심을 토대로 게티어 문제로부터 비롯되는 현대 영미인식론의 전반적인 흐름에 대한 소개와 아울러 특히 전공자에게는 인식론의 다양한 관점을 제공하고자 이 책을 엮게 되었다. 여기에서는 지식을 둘러싼 다양한 관점인 토대론, 정합론, 증거론, 신빙주의 등은 물론이고 인식적 내재론, 외재론을 둘러싼 논쟁, 인식론에서의 자연화와 관련된 다양한 쟁점들이 등장한다. 물론 여기에서 나는 나름의 관점에 따라 각각의 이론에 대해 평가하고 때로는 특정한 견해를 옹호하는 데 주저하지 않았다. 그래서 여러 견해를 균형 있게 제시하는 방식을 가급적 지양하고, 각 이론들 간의 논쟁을 추적하는 과정에서 각 이론들이 갖는 핵심적인 측면들을 드러내고자 했다. 비판적 관점을 견지하면서 논증을 구성하려는 전개 방식이 독자들에게는 철학적 사고 훈련을 하는데 어느 정도 도움이 될 수 있으리라 확신한다.

이 책은 1999년 이후 다양한 철학 학술지에 기고한 인식론 관련 논문들을 모아 검토와 수정 과정을 거쳐 한권의 책으로 엮은 것이다. 제시된 글들은 지식의 본성에 대한 관심을 다양한 각도에서 조망하고 있다는 점에서 아이디어는 상호 독립적이지만 논의를 끌어들이는 과정에서 때로는 내용이 중첩되기도 한다는 점 아울러 밝혀둔다.

끝으로 이러저런 일에 쫓기어 가정에 전혀 신경을 쓰지 못함에도 불구하고 직장에 다니면서 아이들을 도맡아 키우며 사랑과 믿음으로 격려해 준 아내에게 큰 고마움을 전한다. 또한 어려운 출판 현실에도 불구하고 이 책이 나올 수 있도록 계기를 마련해 주고 협조를 아끼지 않은 어문학사 윤석전 대표님께 깊은 감사를 드린다.

2012년 4월

내리 연구실에서

홍병선

차례

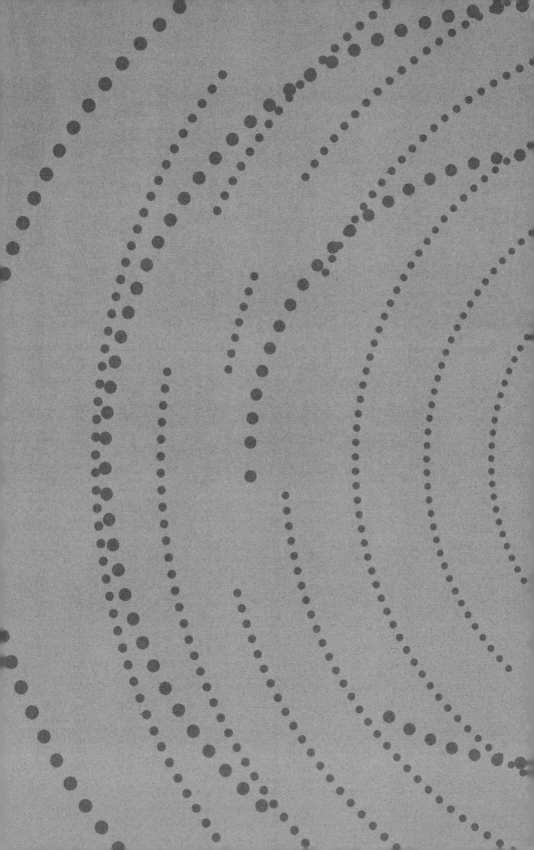

제1장

인식적 합리성의 가능 근거와 제약

1. 합리성과 인식적 합리성

'합리성(Rationality)'이라는 논의가 새로운 쟁점으로 부각되면서 그 논의의 양상 또한 과거와는 다른 모습으로 전개되고 있다. 그 이면에는 합리성이란 의미가 인간의 삶 어디에나 적용될 수 있고 또한 적용되어야만 나름의 정당성을 확보한다는 생각이 깔려 있는 것 같다. 어떤 면에서 철학적 담론 가운데 가장 지리하고도 해결될 기미조차 보이지 않던 '합리성'에 관한 논의가 또 다시 하나의 주제로 부각된 것은 뭔가 재정립의 요청 내지는 새로운 가능성에 대한 기대가 분명히 있기 때문으로 보인다. 그렇다면 특히 최근에 와서 합리성이 도대체 어떠한 의미로 받아들여지고 있길래 또 다시 하나의 관심으로 부각되기 시작한 것일까?

서양철학의 전통하에서 인간이 이성적 혹은 합리적 동물이라는 전제는 마치 불문율처럼 여겨 온 것이 사실이다. 하지만 20세기 초 이래로 이성의 본성과 관련된 탐구가 탈형이상학적인 맥락에서 수행되면서 논의의 양상은 철학 내에서 근본적인 변화를 겪게 되고, 동시에 논의의 중심 개념이 '이성(reason)'에서 '합리성'으로 바뀌게 된다.[1] 이 두 용어의 역사가 그리 동떨어지지 않았음도 불구하고, 이성은 이제 구식의 개념으로 여겨지는 반면, 합리성은 그렇지가 않은 것 같다. 이성은 모든 것을 내적인 것에 기초하거나

---

1) 이성과 합리성의 관계에 관한 모져(Moser)의 견해는, "합리성(rationality)이 합당함(reasonableness)이기는 하지만, 모든 철학자들이 이성(reason)에 의존하는 것으로써의 합리성을 받아들이지 않을 뿐만 아니라, 모든 철학자들은 이성이나 합당함에 대한 공통된 이해 또한 공유하지도 않는다. 몇몇 철학자들에 의하면 합리성을 갖는다고 하는 것은 이에 대항하는 이성(countervailing reasons)이 없는 경우에 합리성을 갖는다고 생각한다. 따라서 그들은 합리성이라고 하는 것을 결국 뭔가 완결되지 않은 상태(default status)로 받아들이고 있다." (Paul K. Moser(1996), "Rationality", *The Encyclopedia of Philosophy: Supplement*, Macmillan Reference USA, Simon & Schuster Macmillan, New York, 448-9쪽.)

포괄하려는, 다분히 의식 철학적이고 형이상학적이라는 인상이 짙게 깔려 있는 데 반해, 합리성은 개개인에게나 어떤 체계에 대해 경험적으로 확인 가능한 성향을 지닌 속성으로 간주되어, 구체적 탐구의 대상으로서 선호되는 것 같다[2]. 그런 점에서 오늘날 합리성 개념은 다양한 개별적 영역에서 구체적인 논의의 주제가 되고 있다.

합리성에 관해 인식론에서 제기될 수 있는 물음은, "한국의 수도가 서울이라는 나의 믿음은 과연 합리적인가?", "내가 지금 한국의 수도가 서울이라고 믿을 때, 그러한 나의 믿음이 어떠한 경우에 합리적일 수 있는가?" 등일 것이다. 동시에 그러한 믿음이 합리적이기 위한 내적 근거가 분명 자신에게 있다고 했을 때, 문제는 그러한 자신의 내적 근거를 통해 한 믿음을 합리적이게 하는 것은 무엇인가? 하는 점이다. 이는 한 믿음에 대한 '인식적 합리성(epitemic rationality)'에 관한 물음으로 말하자면 그러한 믿음을 합리적이게 하는 경우에 관한 물음인 것이다. 그런 점에서 많은 인식론자들은 어떠한 경우에 인식적 합리성이 확보될 수 있느냐에 관한 나름의 분석을 통해 그 목소리를 다양하게 내고 있다. 이러한 나름의 분석들은 곧 합리적이라고 할 수 있는 경우가 다르다는 것을 암묵적으로 시인하고 있다는 점에서, 실제로 인식적 합리성에 관한 일치된 어떠한 견해도 없다고 보아야 옳다. 이는 인식론자들 사이에서 합리성 개념에 관한 기준 자체가 없는 것이 아닌가 하는

---

2) Schnädelbach, H(1984), *Rationalität*, Suhrkamp. 이영철(1997), "이해와 합리성"에서 재인용. 이 점에 관해 퍼트남도 다음과 같이 말하고 있다. "합리적(rational)이라는 개념과 사리에 맞는 (reasonable)이라는 개념의 구별해 보았던 흄(D. Hume)도 오는 겨울 미국에 눈이 올 것이라는 사실 에 대한 합리적인 증명은 있을 수 없다고 말했을 것이다. … *합리적으로 수용될 수 있고 없음을 정의해주는 명시적인 규범이 있다는 생각*을 합리성의 기준이 되는(criterial) 개념이라고 부르겠 다." (Hillary Putman(1981), *Reason, Truth and History*, 129쪽.)

의구심을 자아내게 한다.

　이러한 의구심을 해소하기 위하여 단순히 '인식적 합리성'에 관한 몇몇 입장을 소개하거나 특정한 입장만을 제시하는 것은 그다지 도움이 되지 않는다. 그 가능한 방향으로 인식적 합리성에 관한 견해상의 차이를 최소화시킬 수 있기 위한 노력의 일환으로 인식론을 둘러싸고 전개되는 논의의 맥락을 보다 정확하게 진단해야만 한다. 그런 점에서 인식적 합리성에 관한 단편적인 측면만을 드러내기 보다는 인식론사의 맥락 속에서 인식 합리성과 관련된 주된 흐름의 맥을 짚어 나가는 것이 오히려 올바른 접근 방법일 것이다. 따라서 본 논의 또한 이 점에 주목하고 현재 재기되고 있거나 논란의 여지가 있을 수 있는 부분들을 해소해 나가는 순으로 전개하고자 한다.

2. 합리성에 대한 개념 구분

　"합리성이란 무엇인가"라는 물음은 합리성의 의미(sense) 혹은 본성(nature)에 관한 물음일 것이다. 그런데 합리성이 다양한 영역에서 개별적인 논의의 주제가 되고 있기는 하지만, 뭔가 석연치 않은 부분이 있다. 그것은 제각기 다른 영역에서, 그 적용되는 바에 따라 합리성이 상이한 방식으로 적절히 적용될 수 있는 개념이 아닌가 하는 점이다. 우선 이 물음에 대한 답변을 위해 합리성과 관련된 세부적인 의혹을 제거해 나감으로써 이 물음에 답하는 것이 오히려 효과적일 것이다. 이를 위해 우선적으로 합리성을 둘러싸고 전개되는 그 어떠한 논의라도 일차적으로는 합리성 그 자체에 관한 물음에 답하는 것이 선행되어야 한다. 왜냐하면 합리성에 관한 개념설정(예비적 개념) 없는 개별적 적용은 논의의 혼란을 가중시키게 되고, 오히려 아전인수 격의 논의가 되기 십상일 것이기 때문이다.

우선 합리성은 인간의 특성을 가장 잘 반영해 주는 속성(property) 중에 하나라는 점이다. 그렇다면 합리성에 관한 일반적인 정의는 차치해 두고라도, 이는 인간의 존재론적 위상을 여타의 다른 종들과는 확연히 구분해 주고 있다는 것이 그 출발점을 이룰 것이다. 게다가 합리성을 전통적으로는 인간 이성의 능력에 따른 것이라고 여겨 왔다. 노직(R. Nozick)에 의하면, "합리성은 우리에게 어떠한 것이든 모든 것을 탐구하고 발견하는 능력을 제공해 줄 뿐만 아니라, 우리로 하여금 근거와 원리들을 사용함으로써 우리의 행위를 통제하고 지도할 수 있도록 해준다." 고 말하고 있다.[3] 이러한 노직의 입장은 인간에게 그러한 능력이 있다는 점을 인정함으로써 이 능력이 단순히 인간의 앎이나 삶의 한 수단만이 아닌 인간의 행위에 규제적인 역할을 수행하는 근거의 구실을 하는 것까지 확장시키는 동시에 하나의 세계상을 형성하는 중요한 구성요소라는 데에 있다. 그런 점에서 인간과 관련된 전반적인 틀을 이루는 포괄적인 근거로 일단 이해될 수 있다.

그런데 합리성에 대한 구분을 전제로 했을 때, 전통적으로는 인간의 인식에 관한 합리성이 가장 본원적이라는 이유로 해서 다른 여타의 합리성에 근간이 된다고 여겨왔다. 말하자면 다른 여타의 합리성은 인식적 합리성의 성격이 어떠한 것이냐에 달려 있다는 것을 의미한다. 이를 위해서는 우선 합리성에 대한 개념상의 구분이 선행되어야 할 것이다. 인간의 합리성 개념을

---

3) Nozick, R. (1993), *The Nature of Rationality*, Princeton: Princeton Univ. Press. 서론.

구분하자면 크게 둘로 구분할 수 있다.[4] 이른바 행위(action)의 합리성과 믿음(belief)의 합리성이다. 믿음의 합리성 개념은 믿음이 제시되었을 때, 증거에 비추어 그것을 받아들일지의 여부와 관련된 것이라고 한다면, 행위의 합리성은 행위를 수행함에 있어서 행위자가 얼마나 자신의 믿음에 입각하여 자신의 목적을 달성하려 하는지에 대한 동기와 관련된다. 믿음의 획득에 관한 합리성을 인식적 합리성이라고 할 수 있다면, 행위 목적의 달성에 관한 합리성을 실천적(practical) 합리성이라고 할 수 있다. 문제는 인식적 합리성과 실천적 합리성의 관계가 상호 어떠한 관계일 수 있는가? 하는 점이다. 우선 목적 달성의 합리성이란 행위자가 설정한 목적이 그가 처한 상황에서 최선의 것이라는 믿음에 따른 합리성이라고 할 수 있는데, 이는 그것을 달성하는 데 그가 따르는 행위의 합리성도 결국은 어떤 특정한 행위가 목적 달성에 가능한 최선이라는 믿음이 과연 객관적인 근거에 따른 것인지에 달려 있다.[5] 그렇다고 한다면, 행위의 합리성은 마땅히 믿음의 합리성을 전제로 한다는 사실이다.

양자의 관계에서 알 수 있듯이 인식적 합리성이 실천적 합리성의 근거로 작용하고 있다는 측면에서 보다 근원적인 동시에 여타의 합리성에 대한 토대의 구실을 해주고 있다고 볼 수 있다. 그렇다고 해서 인식적 합리성이 여타의 합리성보다 우월하다는 것에 관한 문제는 아니다. 이러한 구분은 단지 인식적 합리성에 관한 논의의 길잡이로서만 그 역할을 수행하게 된다. 말하자면 양자의 구분내지 관계를 통해 인식적 합리성이 지니는 특정적인

---

4) 이는 페쳐의 구분에 따른 것이다(Fetzer, James H. (1990), "Evolution, Rationality and Testability," *Synthese 82*, 424쪽).

5) 어떤 사람의 행위에 대해 합리적인 설명을 제공하는 것은 그가 가지고 있는 믿음에 근거해서 볼 때, 그 자신이 생각하기에 그의 목적 달성을 가장 용이하게 해주는 바를 행했음을 보여주는 경우일 것이다. Paul K. Moser(1996), "Rationality", 488-490쪽 참조.

측면을 어느 정도 드러냈다는 점에서 앞의 물음에 답한 셈이다.

3. 인식적 합리성에 대한 철학적 근거

3.1 개념상의 혼란과 해소

최근에 제시된 인식적 합리성에 관한 논의에서, 통상 '인식적 합리성'을 '인식적 정당화'와 별다른 구분 없이 사용하거나, 임의로 합리성이라는 개념을 적절하게 붙여 사용하는 것 같다. 이는 자칫 인식적 합리성을 논함에 있어 오히려 임의적인 논의 방식으로 이루어질 가능성이 있다는 점에서 문제의 소지가 있다. 인식적 합리성에 관한 논의에서 우선적으로 문제의 소지가 될 수 있는 것은 "인간이 과연 합리적인 존재일 수 있는가?"의 가능성에 관한 물음과, 이에 따른 답변이 어떠한 것이냐에 따라 인식론의 성격이 달라 질 수 있기 때문이다. 또한 인식적 정당화는 "어떻게 믿을 것인가?"에 관한 한 조건에 관한 의미이기 때문에, 이는 마땅히 인간이 합리적인 존재라는 것을 그 전제로 한 개념일 것이다. 따라서 제기되는 물음의 성격에 따라 그 답변은 서로 다르게 나타날 수 있다는 점이다. 그러면 다음의 세 가지 물음으로 나누어 각각의 답변을 정리해 보자.

R1) 인간은 과연 합리적인 존재일 수 있는가?
R2) 인식적 합리성은 어떻게 확보되는가?
J3) 어떻게 인식적 정당화가 이루어지는가?

사실상, R1은 서술적인 물음인 데 반해, R2와 J3은 규범적인 물음이다. 그렇다면 두 가지 입장으로 대별하여 그 답변이 가능할 것이다. 첫째는 각각 독립적으로 그 답변이 이루어질 수 있다는 것이고, 둘째는 R1에 의존하지 않고서는 R2와 J3가 답변될 수 없다는 것이다. 말하자면, R1에서 인간이 합리적인 존재라고 했을 때, 인간이 합리적이라는 것을 그 전제로 하고 있기 때문에 인간의 인식에 관해서도 인식적 합리성이 전제될 것이다. 따라서 이 경우에 한해 R2의 물음에 답할 수 있을 것이다. 반면에 인간이 비합리적인 존재라고 했을 때, 인간이 합리적이라는 것을 그 전제로 둘 수 없기 때문에 인간의 인식 또한 합리적이지 못하게 된다. 말하자면 인간이 비합리적인 존재임을 전제로 한 인식론이 가능할 것이다. 이 경우에는 R2와는 무관한 답변이어야 할 것이다.

결국 R1의 물음에 대한 긍정적인 답변은 R2에 관한 물음으로 자연스럽게 연결된다. 그렇다면 동일선상에서 인식적 합리성을 어떻게 확보할 수 있는가의 여부가 관건이 될 것이다. 이제 인식적 합리성의 확보에 관한 문제는 어떠한 경우에 합리적일 수 있는가에 관한 물음이기 때문에, 마땅히 규범(norm)의 문제에 속하게 된다. 이에 반해 R1에 관한 부정적인 답변에 따르면 인간이 합리적이지 못한 존재라는 전제를 받아들여야 하기 때문에, 그 전제하에 인간 인식에 관해 설명할 수 있는 유일한 대안은 서술적인 방식일 것이다. J3에 관한 물음은 인간이 합리적인 존재라는 점을 전제하고 있기도 하지만, 인식적 가능성 그 자체에 대해 묻고 있는 것이다. 그런 점에서 인간의 앎은 어떻게 확보될 수 있으며, 그러한 앎을 확보하기 위한 한 조건으로서의 '정당화'일 것이다. 따라서 "어떻게 인식 정당화가 이루어지는가?"라는 앎 자체에 관한 물음은 "인간이 합리적인 존재일 수 있는가"에 관한 물음과는 무관한 답변이 가능하다. 물론 인식정당화는 앎의 한 조건에 관한 개념을 의미하기 때문에 규범의 문제에 속하게 된다.

지금까지의 논의를 통해 몇 가지 중요한 결론을 도출할 수 있다. 우선 인간의 합리적 존재 여부에 관한 논란은 어떤 측면에서 인식적 합리성이나 정당화와는 독립적으로 그 답변이 가능하지만, 인식적 합리성이 문제가 될 경우에는 예외 없이 인간의 합리성 여부와 관련하여 그 답변이 제시된다는 점이다. 또한 인식론에 관한 논의에서 핵심적인 개념으로 자리 잡아 온 정당화라는 개념에 대한 회의나 반성은 곧장 인간의 합리성과 관련된 논란으로 이어지게 되고, 그 성과에 따라 정당화의 의미 또한 재고될 것이다. 그럼에도 불구하고 인식적 "정당화 '든' 합리성 '이든 둘 다 본질적으로 규범-평가적 개념이라는 점에서 동등한 개념으로 사용될 수 있고, 그런 점에서 실제로 대부분의 인식론자들은 규범-평가적 개념이라는 차원에서 서로 호환하여 사용하고 있다. 그러나 인식적 정당화는 앎에 관한 물음에 대한 한 답변 형식으로서의 조건에 관한 문제일 수 있다고 한다면, 인식적 합리성은 반드시 인간의 합리적 존재에 대한 가능성을 전제로 하여 답변되어야 할 성질의 것이라는 점에서 구분된다. 물론 전통적으로 인식론의 전개과정에서도 두 개념은 대별되는 측면이 분명히 드러나고 있다. 이 결론은 이어지는 논의에 적절히 기여하게 될 것이고, 무엇보다도 인식론의 전개과정에서 개념상의 혼란을 해소하는 데 길잡이가 될 것이다.

3.2 '합리성'을 둘러싼 인식론적 논의

전통적으로 인식론에 관한 논의에서 가장 핵심적인 개념은

'정당화(justification)'이다. 이 '정당화'가 핵심적인 개념으로 자리 잡을 수 있었던 일차적인 이유는 바로 인식론에 관한 물음과 직접적인 연관성을 갖기 때문이다. 전통적으로 인식론에서 가장 비중 있게 제기된 물음은 "앎이란 무엇인가?" 라는 물음이었고, 이에 대한 답변으로서의 '정당화'는 앎의 결정적인 단서가 된다. 따라서 이 물음에 대한 답변이 플라톤 이래로 인식론에서 가장 큰 논쟁거리가 되어 온 것 또한 사실이다.

그런 점에서 '정당화'는 "우리가 어떻게 확실한 지식을 확보할 수 있을까?" 또한 "그러한 지식은 어떠한 경우에 가능한가?"에 관한 답변의 한 형식이라고 볼 수 있다. 이는 결국 "어떠한 경우에 확실한 지식이 확보될 수 있는가?" 내지는 "어떠한 조건이 충족되었을 때, 그와 같은 지식이 되는가?"에 관한 물음과 동치라고 할 수 있다. 그렇기 때문에 인식론의 과제이자 목표는 그 물음에 대한 답변을 올바르게 제시하는 데 있었다. 결국 그러한 조건을 올바르게 제시하는 것에서 우리가 추구하는 지식을 찾아야 했기 때문에, 인식론의 핵심적인 과제로 여겨져 왔다.

지식이 되기 위한 바로 그러한 조건으로서의 "정당화된 참인 믿음(justified true belief)"은 별다른 이견 없이 받아들여졌다. 하지만 근래에 와서 논란의 여지가 있었음에도 불구하고[6], 여전히 앞의 물음에 대한 답변임에는 변함없는 것으로 대다수의 인식론자들은 받아들이고 있다. 하지만 전통적으로 이러한 '인식적 정당화'를 둘러싸고 전개되는 논의가 과연 가능한 것인가? 라는

---

6) Gettier가 1963년에 "Is justified true belief knowledge?" (*Analysis 23*)라는 논문을 발표한 이래, 이에 대한 다양한 방식의 답변이 여러 각도에서 이루어지는데, 공통적으로 인식론이라고 했을 때 최소한 '정당화' 만큼은 유지되어야 한다는 점에서 대체적으로 동의하고 있다.

문제제기가 끊임없이 있어 왔고, 1969년에 발표된 콰인(Quine)의 논문[7]을 기화로 인식론의 향배는 뭐라고 단언할 수 없을 정도로 다양하고도 복잡한 양상을 띠게 된다. 이러한 물음이 지속적으로 제기되는 이유는 아마도 인식적 정당성을 확보할 수 있는 근거를 어디에서 찾아야 하는가에 관한 실마리를 서로 달리 설정하고 있기 때문으로 보인다. 말하자면 인식적 정당화와 관련된 분석적 인식론의 틀 내에서 이루어지는 작업에 대한 비판이 이루어져 왔는데, 이러한 도전은 분석적 인식론을 포함한 인식론 전반에 대한 기본 전제를 되물어 보려는 시도로 이어지고, 인식론자 뿐 아니라 심리학자들을 중심으로 이루어져 왔다. 그 기본 전제란 다름 아닌 바로 인간의 합리성에 관한 믿음일 것이고, 따라서 이들이 제기하는 물음은 바로 합리성 자체에 대한 반성에 그 초점이 모아진다.

전통적으로 철학자들은 인간을 합리적인 동물로, 또는 적어도 합리성을 추구하고 합리성을 달성할 수 있는 능력을 가진 존재로 여겨져 왔다. 인간이 합리적인 존재라는 사실을 아직까지도 부인할 수 없게 만드는 전형을 수학과 논리학에서 찾았고, 아리스토텔레스이래 현대의 프레게, 러셀 등에 이르기까지 철학의 핵심적인 것으로 간주되었다. 그러나 이러한 합리성의 굳건한 토대가 되는 인간 사유, 특히 추리의 구조에 문제가 있음이 지속적으로 지적되어 왔다. 즉, 인간의 추리 구조에 대한 경험적 탐구는 인간의 추리가 반드시 합리적이지만은 않다는 결과를 근거로 해서 전통적인 견해에 도전을 해 온 것이다. 그들은 공통적으로 인간의 추리가 합리성으로부터 얼마나 벗어나 있는지를 여러 가지 실험과 함께 실증적으로 보여주고 있다. 그 실험의

---

7) W. V. Quine(1969), "Epistemology Naturalized", *Ontology Relativity and Other Essays*(New York: Columbia Univ. Press).

결과에 따르면 인간이란 이상적인 컴퓨터와 같을 수 없고, 인간은 문제를 해결하는 데 논리학을 사용하지 않는다는 것이다. 논리학자들이 말하는 종류의 논리학은 일상인들과는 무관하며, 문제를 해결하기 위하여 진리표를 작성하거나 진리치를 계산하는 식의 접근을 하지 않을 뿐만 아니라, 형식적인 추리규칙에도 의존하지 않는다는 보고이다.[8]

　이러한 연구 성과에 힘입어 분석적 인식론에 제기된 반론 중 주목할 만한 것은 스티치(S. Stich)에 의해 제기된 반론이다.[9] 그에 의하면 분석적 인식론에 따른 일반적으로 정당화된 믿음을 갖는 것이 내재적으로나 도구적으로 보다 가치가 있다는 생각에 하등의 필연성도 없다는 것이다. 이 주장의 이면에는 정당화나 참의 개념이 그와 유사한 다른 많은 개념들 가운데 하나일 뿐이며, 여타의 다른 개념들과 비교하였을 때, 어떠한 명확한 이점이 있는 것이 아님에도 불구하고, 우연히 우리의 문화적 전통에 의하여 선택된 것에 불과하다는 것이다.[10] 그래서 우리의 직관에 부합한다는 이유만으로 정당화

---

8) 이에 관한 논변으로는 Rips, L. J.(1989), "The Psychology of Knights and Knaves"(*Cognition 31*: 85-116), Johnson-Laird, P. N.과 R. M. J. Byrne(1990), "Meta-Logical Problem: Knights, Knaves and Rips"(*Cognition 36*: 69-84)에서 제시되고 있다.

9) Stephen P. Stich(1984), "Could Man Be an Irrational Animal? Some on the Epistemology of Rationality"(*Naturalizing Epistemology*, Edited by Hilary Kornblith, A Bradford Book, M. I. T Press, 1985: 249-267쪽). 보다 구체적이고도 정교한 방식은 1990년에 출간된 *The Fragmentation of reason*에서 나타난다.

10) 이 점에 대해 슈티치는 다음과 같이 밝히고 있다. "아리스토텔레스가 생각한 사람은 합리적인 동물이다. 하지만, 당시로부터 지금에 이르기까지, 이러한 자신만만한 평가와는 그 견해를 달리해 온 저자들의 한결같은 흐름이 있어 왔다. 베이컨이나 흄 또는 프로이드, 로렌스에 따르면, 합리성은 기껏해야 시대적인 것이다. 그들의 견해에 따르면, 합리적 추론과 행위에 대한 에피소드는 인간 역사의 비합리적 해안선에 등대가 비추어진 것에 지나지 않는다. 지난 10여년 동안, 인간의 인지적 결함에 대한 이들 인상적인 저작자들은 인간의 추론을 주의깊은 경험적 조사에 의뢰하는 일군의 실험적 심리학자들을 양성함으로써 접목시켜 왔다. 그들이 밝혀낸 많은 성과는 아리스토텔레스의 주장과는 전혀 다른 것이다." (Stephen P. Stich(1984), "Could Man Be an

개념만이 특별한 인식적 지위를 갖는다고 생각할 아무런 이유가 없으며, 정당화 개념의 이러한 우연성에 근거하여 정당화된 믿음, 또는 그러한 믿음을 산출하는 인지과정을 갖는 것이 내재적으로 가치 있다는 생각 전반에 문제가 있음을 지적하고 있다.

　만일 스티치의 말이 맞다면 우리는 인식적 정당화를 둘러싼 논의가 합리성을 확보할 수 있다는 점에 굳이 기대를 걸 이유가 없는 것으로 보인다. 더 나아가 우리가 합리적이라고 하는 것도 우연의 문제에 속하는 것이기 때문에 우리는 아무런 반성 없이 문화적 산물을 선뜻 받아들인 것에 불과하다는 입장일 것이다. 이러한 그의 입장은 인간이 과연 합리적인 존재일 수 있는지에 대한 회의적인 관점을 반영하고 있으며, 그렇지 않을 수 있다는 가능성을 여러 심리학적 성과에 비추어 입증시키고자 하는 노력의 일환으로 볼 수 있다. 따라서 인간 합리성의 가능성에 대한 회의를 통해, 합리적 인식론의 기본 축이 되어 온 정당화나 참의 개념마저 흔들어 버리려는 시도는 현대인식론의 방향을 달리 설정해야할 가능성을 시사하고 있다. 그 새로운 방향이란 인간의 합리성을 가능하게 하는 구성요소가 과연 무엇인지에 대한 접근방법을 인지과학의 측면에서 보다 심층적으로 접근해 보아야 인간 인식에 대한 보다 더 적절한 이론이 가능할 것이라는 점에 대한 지적이다.[11]

Irrational Animal? Some on the Epistemology of Rationality", *Naturalizing Epistemology*, Edited by Hilary Kornblith, A Bradford Book, M.I.T Press, 1985, 249쪽.)

11) 김동식 교수는 "과학과 기술의 눈부신 발전과 성과는 결국, 과학이 세계의 참모습을 그려내고 있다는 과학적 실재론자들의 확신을 강화시켰고, 친과학주의적 성향을 지닌 철학자들은 과학의 성과와 방법을 옹호할 이전의 철학(논리실증주의)과는 다른 방법을 찾고자 했다. 이들은 과학의 방법과 성과는 이제 부인할 수 없는 엄연한 사실이기 때문에, 의심하는 것 자체가 의미없는 일이라는 것이다. 과학은 철학이나 인식론적 정당화가 필요없이 그 자체로 설 수 있을만큼 자율성을 지니게 되었기 때문에, 만일 과학을 나무라는 인식론이 있다면, 그 잘못이 과학적 방법에 있다기

이러한 노력의 일환들은 크게 보아 인식론에서 자연주의를 둘러싸고 전개되는 논의로 이해될 수 있는 데, 이는 우리가 추구해 온 인식론과는 다른 방향에서 인간 인식에 대한 접근을 시도한다.[12] 이른바 자연주의라 일컫는 일군의 전향적 양상이 이전과는 다른 모습을 하고 다가 선 것이다. 이러한 자연주의에 도화선을 당긴 콰인은 그의 논문인 "자연화된 인식론(Epistemology Naturalized)" 에서 그토록 인식론에서 추구하고자 했던 규범성을 적당히 부정하고자 한 흔적이 역력하다. 그는 인간이 어떻게 이 세계가 지금 형성되어 있는 바와 같은 그러한 이론들을 형성하게 되었는지, 이에 대해 기술하고 설명하는 작업이야말로 인식론의 주된 과제이며, 그런 점에서 인식론은 경험심리학의 한 분과가 되어야 한다는 것이다.[13] 더군다나 선험적 인식론은

보다는 그 인식론에 있을 공산이 크다. 이에 따르면, 인식적 합리성의 문제도 과학적 방법에 의한 또는 그 성과에 따른 합리성일 것이다." 라고 지적하고 있다. (김동식(1995), "자연주의 인식론의 철학적 의의", 50-52쪽.)

12) 이에 관한 보다 상세한 논의를 위해서는, 김동식, "자연주의 인식론의 철학적 의의", 『철학적 자연주의』, 39-76쪽, Philip Kitcher(1992), "The Naturalists Return", *The Philosophical Review Vol. 101* 참조. 특히 Hilary Kornblith(1979), "Introduction: What is Naturalistic Epistemology?", *Naturalizing Epistemology*에 자연주의 인식론의 특징과 개괄적인 논의가 잘 드러난다.

13) 전통적으로 인식론에서 제기되는 근본 문제는, 세계가 우리에게 지각되는 바와는 전혀 다른 것일 가능성이 있다는 점과, 이런 가능성이 완전히 걷어 내야 세계에 대한 우리 인식의 기초가 마련될텐데, 그러한 가능성이 없다는 점을 어떻게 확인할 수 있는가? 하는 점이다. 콰인도 이를 의식하고 그 답변을 마련하고자 했다. 우리는 외적 세계를 우리의 감각을 통해서만 알 수 있기 때문에 콰인의 문제는 감각에 따른 증거만 주어졌을 때, 어떻게 우리가 세계에 대한 이론에 도달할 수 있는가 하는 것이었다. 이에 대해 콰인은 전통적인 인식론자들이 순수 감각자료의 영역을 자연에 대한 지식보다 증거적으로나 인식적으로 선행하는 것으로 보고 그것과 분리시켜 문제를 제기하고 있다는 점이 잘못되었다고 지적한다. 즉, 기본적인 감각경험의 흐름이 파악된다고 주장하는 개념이나 언어의 내재적 기저같은 것은 있을 수 없다고 본다. 물리적 대상에 대한 우리의 믿음은 어디까지나 가설적인 것이며, 말하자면 우리가 창조하고 꾸며낸 것이다. 우리가 물리적 대상이 존재한다고 생각하는 것은 마치 과학자들이 어떤 이론적 존재를 설정하는 것과 기본적으로 같다는 것이다. (Quine, W. V.(1969), "Epistemology Naturalized" 참조.)

과학을 벗어난 특권적 규범성을 추구하지만, 전체론의 견지에서 볼 때 선험적 명제의 존립 근거는 그 타당성이 없다는 것이다.[14] 이러한 콰인의 주장은 인식론 전반에 엄청난 파장을 몰고 왔고, 이에 대한 다각적인 반응과 아울러 그 대응책들이 쏟아지게 되었다. 어떤 면에서는 그동안 분석적 인식론에 식상해 있던 터에 오히려 새바람을 불러일으키고 그 후 수많은 인식론적 논의에 기폭제가 된 것으로 평가된다.

하지만 인식론이 심리학의 한 분과가 되어야 한다는 그의 주장은 인식론적 작업이야말로 그 어떠한 과학적 작업보다도 상위에 있을 뿐 아니라, 철학만이 지닐 수 있는 고유한 기능이라는, 철학자들의 마음속 깊이 뿌리박혀 있던 생각에 대한 실로 중대한 도전이 아닐 수 없다. 이에 따른 콰인의 자연주의 인식론에 대한 반론 또한 심도 있게 제기된다. 반론의 핵심도, 다른 과학과의 차별성을 통해 그 우위에 놓일 수 있는 근거를 인식론에서 확보하고자 했던 것에 대한 위기의식에서 비롯된다. 인식론에서 바로 그러한 근거의 구실을 해주는 것은 다름 아닌 규범성에 있을 것이다.[15] 이는 아마도 철학의 고유성 내지 독자성은 규범적인 것을 붙잡는데서 확보되었기 때문일 것이다. 바로 이 점에서 김재권 교수는 콰인의 인식론을 '지식의 개념이 사라져버린

---

14) 전통적인 인식론에 대해, 참된 믿음은 지식의 기초라는 점, 정당화는 지식의 규범성을 제공한다는 점, 필요충분조건은 선험적이어야 한다는 점 등에 대한 예외없는 비판이 이루어지고 있다.

15) 인식론에서 제기되는 "어떻게 믿을 것인가?"의 문제에 대해, 우리의 앎의 출발점을 이루는 것은 감각경험이다. 그렇다면 우리의 감각경험을 토대로 세계에 대한 지각적 판단을 구성하고, 여기에서 나아가 이론적 믿음을 통해 세계에 대한 체계적인 접근을 시도하게 된다. 하지만 감각경험이란 전적으로 주관적인 반면, 이를 토대로 구성되는 지각적 판단은 주관을 넘어서서 객관적인 상을 그 내용으로 한다. 우리의 사실적인 경험적 세계에 대한 우리의 판단은 그 시작단계에서부터 감각경험으로부터 외부세계로의 추론을 포함하고 있는 셈이다. 전통적으로 인식론은 이 추론을 어떻게 정당화할 수 있을까?에 대해 이러한 추론들 중에 어떤 것은 어떤 것은 그른가의 규범적인 문제에 관심을 가졌다.

인식론'이라고 비판하고 있다.[16] 말하자면 전통적인 인식론의 기본적인 동기를 잃지 않으려는, 혹은 고수하려는 입장에서 나온 반론들이다.

4. 인식적 합리성의 두 방향

최근 자연주의와 관련된 논의는 콰인류의 '자연화된 인식론'을 과연 인식론이라 할 수 있는가? 또는 전통적인 인식론의 연장선상에서 이해할 수 있을까? 로 집중되고 있다. 그런 점에서 김재권 교수는 어찌되었든 인식론이라고 했을 때, 결코 규범만큼은 포기해서 안 된다고 평가하고 있다. 앞에서도 언급한 바와 같이 '앎이란 무엇인가?'라는 인식론적 물음에서, 인식의 규범은 바로 정당화를 통해서 답해질 수 있다고 여겼다. 말하자면 인식적 정당성은 규범적 인식을 위한 필수조건이다. 하지만 인식론에서 정당화 자체를 배제시킨다 할지라도, 적어도 인식론이라고 한다면 규범성만큼은 유지되어야 한다고 믿는 것으로 보인다. 그래서 이에 대한 개별적인 평가 또한 이 점에 주목한다.

또한 김재권 교수는 콰인이 인식론을 심리학의 한 분과로 보아야 한다는 것 자체가 인식론을 포기하는 것과 마찬가지라는 것이다. 전통적 인식론은 규범적이고 평가적인 것을 주된 것으로 다루는 데, 단순히 기술만을 일삼는 심리학의 한 분과로 된다면 인식론적 규범이나 평가는 아무런 의미도 지니지

---

16) 김재권 교수뿐 아니라, 퍼트남(H. Putman), 스트라우드(B. Stroud) 등과 같은 철학자들이 그러한 반론을 체계적으로 제시한 것으로 꼽는다.

못하게 될 것이고, 인식론의 핵심적인 개념인 정당화도 무의미하게 된다는 것이다. 만일 정당화 개념이 인식론의 영역에서 추방된다면 그것은 인식 자체가 인식론에서 쫓겨나는 것과 무엇이 다르겠는가? 라고 반문하고 있다.[17]

그렇다면 지금까지의 논의를 토대로 인식적 합리성의 두 가지 방향이 가능할 것이다. 크게 보아, 하나는 자연화된 인식론의 틀을 받아들이는 것이고, 다른 하나는 자연화된 인식론의 틀을 받아들이지 않고 최소한 인식론이라고 했을 때 선험성, 규범성만은 유지되어야 한다는 입장일 것이다. 만일 자연화된 인식론의 틀을 받아들일 경우, 그 동기로는 우선 전통적 인식론이 실패했다는 점을 인정하는 것이고, 자연과학의 성공에 따른 그 확대 적용은 당연하다는 점에서 비롯된다. 이러한 동기는 결국 인식적 합리성을 확보하기 위해서는 인식과정에 대한 과학적 접근방식을 통해서만 가능하다는 입장으로 전개된다.[18] 하지만 후자의 경우 그래도 인식적 합리성이 확보될 수 있기 위해서는 규범성과 선험적인 방식을 통해서만 가능하다는 입장이 그 논거를 이룬다. 다음과 같은 두 가지 테제를 통해 그 차별성을 분명히 할 필요가 있다.

E1) 인식적 합리성은 오직 경험과학의 도움을 받아 확보될 수 있다.

---

17) 김재권 교수의 세부적인 논변에 관해서는 1988년에 발표된 그의 논문 "What is Naturalized Epistemology" (*Philosophical Perspectives 2*: Atascadero, CA: Ridgeview Press) 참조.

18) 퍼트남과 같은 경우도 『이성, 진리, 역사』에서 다음과 같이 말하고 있다; "합리성이 어떤 정형화된 규범에 의하여 합리성의 예라고 간주되는 것과 동일하거나 그 규범속에 포함된다는 입장을 옹호한다는 것은 스스로를 논파하는 짓이 되고 만다. 왜냐하면 그러한 옹호 자체가 규범만으로는 옳다고 확증될 수 없기 때문이다. … 철학에서 무엇이 합리적인지를 결정하기 위해 우리는 규범에 호소할 수는 없다." (Putman, Hilary(1981), 134쪽.)

E2) 인식적 합리성은 경험과학의 도움과는 무관한 방식으로 확보
되어야 한다.

앞에서도 살펴 본 바와 같이 E1과 E2는 상호 독립적이다. E2의 입장에 따르면 인식론은 자연과학과는 다른 차원에서 자연에 대한 탐구를 선행적으로 규정하고자 하기 때문에, 인식적 합리성이 확보될 수 있는 가능성 또한 경험과학과는 무관해야 한다는 것이다. 왜냐하면, 경험적 탐구에 의존하여 인식적 규범을 구성하고, 이를 통해 또 다시 경험적 탐구를 하는 것은 명백히 순환적이기 때문이다. 그렇다면 E2의 인식론적 방법은 경험적인 방법이 아니다. 하지만 인식적 내용의 규범을 규명하는 과정에서 인간의 인식능력에 대한 사실적 탐구가 선행되어야 한다면, 인식론의 방법은 더 이상 선험적일 수 없다. 그런 점에서 E1은 인식론이 자연과학의 연구결과에 의하여 제약되어야 한다고 주장한다.

인식적 합리성이 자연과학의 제약 하에 놓인다는 E1의 입장이 E2와의 단절을 의미한다고 했을 때, 그 새로운 면모를 어디에서 찾을 수 있을까? 그것은 단순히 인식적 개념을 정의함에 있어서 단순히 자연과학적 개념을 사용하여야 한다는 개념상의 연관성을 넘어서서, 인식론에서의 구체적 내용이 자연과학의 실질적인 연구 성과를 반영해야 한다는 의미에서 찾을 수 있을 것이다. 말하자면, 자연과학의 연구 성과가 인식론의 실질적인 부분을 이루게 된다는 것은 인식론이 자연과학의 방법인 경험적 방법을 채택한다는 것을 의미한다. 이제 이 입장에 서게 되면 인식론은 자연과학의 성과에 제약되게 되고, 인식적 합리성을 확보할 수 있는 관건도 이에 달려 있다는 결과로 자연스럽게 이끌게 된다.

E2에서 인식적 합리성을 확보하는 것은 인식적 규범을 통해서만 가능할 것이다. 그런데 인식적 규범은 일정한 방식으로 믿음을 구성해야 한다거나 해서는 안 된다는 의미임에 두말할 나위가 없다. 이는 분명 다음을 반영한다. "우리에게 주어진 인식적 구조의 한계 때문에 우리는 이러한 인식적 규범의 내용을 따를 수 없다." 즉, 우리의 인식적 구조의 한계를 전제했을 때, 마땅히 이를 따를 수 없을 것이고, 그렇다면 그러한 규범은 '합당한 규범'으로 성립할 수 없을 것이다. 이에 따른다면 인식적 규범의 내용은 인간의 인식능력의 한계 내로 제한되어야 할 것이고, 인식규범을 해명하는 E2와 같은 인식론은 인간의 인식능력에 대한 사실적 탐구에 제한되어야 할 것이다.[19] 이렇게 되면 인식적 합리성의 가능한 방향을 E1으로 귀착시키게 되고, 동시에 E2를 무력화시키게 된다. 아울러 인식적 합리성 또한 우리의 인지능력에 대한 경험 과학적 성과에 따른다는 의미를 함축하고 있는 셈이다.

5. 인식적 합리성의 가능 근거와 제약

5.1 앎과 합리성의 원천

지금까지의 논의를 토대로, E1에 따른 인식론에 관한 물음은 이제 다음과 같은 물음이 되어야 할 것이다.

---

19) 이는 E1에 관한 옹호 논변으로는 "당위가 수행가능성을 함축한다(ought implies can)"는 논제인데, 이는 골드만의 논지에 따른 것이다. 사실상 E1에 관한 이후의 인지과학적 성과도 이를 전제로 하고 있다.(Alvin I. Goldman(1993), 16-32쪽 참조.)

(KR) 인간의 앎과 합리성의 원천(sources)은 무엇이며, 그 가능성은 어떠한가?

이 물음에 답변하기 위해 우리의 앎과 합리성을 가능하게 하는 특정한 인지능력(cognitive faculties)에 대한 타진에서 그 해결의 실마리를 찾게 된다. 그렇다면 (KR)에서는 앎의 원천이나 그 가능성을 논함에 있어 인간의 인지능력에 관한 학문인 인지과학(cognitive science)이 인식론에 결정적인 기여를 한다는 점에 주목하게 된다.

우선 앎의 원천과 관련해서 제기될 수 있는 물음은 "인간의 어떠한 능력이 참인 믿음(true belief)이나 정확한(accurate) 믿음을 산출할 수 있게 하는가?' 일 것이다. 이 물음에 대해 근대 합리론자와 경험론자들 사이에 벌어졌던 공방 또한 "믿음 형성에 기여하는 가장 신뢰할만한 인간의 정신 능력에 어떠한 것이 있는가?' 에 관한 답변에 있었다. 데카르트(R. Descartes)와 버클리(G. Berkely) 사이에 벌어졌던 심도(depth) 지각에 관한 논쟁이 그 대립을 잘 대변해 주고 있다.[20] 데카르트에 따르면 우리가 대상의 거리를 알게 되는 방식은 모든 사람에게는 본래적(innate)으로 갖추어져 있는 일종의 기하학적 능력이 있기 때문에 대상의 거리를 측정해 낼 수 있다고 주장한다.[21] 이에 반해서 버클리는 데카르트가 가정하고 있는 본유적(innate)인 수학적 원칙에 있는 것이 아니라 '학습된 연상 관계(learned associations)' 를 상정하고 있다.[22]

---

20) Alvin I. Goldman(1993), *Philosophical Applications of Cognitive Science*, Westview Press, 2-5쪽.

21) 데카르트는 신으로부터 부여받은 인간 이성에 본래적으로 주어져 있는 지식인 '자연 기하학' 에 의해 대상의 거리를 계산할 수 있다는 입장이다.

22) 버클리는 거리가 시각에 의해 직접적으로 지각되는 것이 아니라, 과거에 이미 성립된 보여지거

심도 지각에 관한 이러한 논쟁이 오늘날에도 인지과학의 영역에서 여전히 이어지고 있다. 말하자면 인지과학자들 사이에서 지각의 본유적 요소들의 역할(role of innate factors in the perception)에 관한 논쟁이라고 할 수 있다. 지각 체계에는 그 내부에 대체로 정확한 표상을 산출하는, 즉 세계에 대한 본유적 가설(innately specified "assumptions")이 있다고 많은 학자들은 생각하고 있다. 실제로 시지각 운동에 관한 연구 성과를 통해 인간의 지각 체계에는 이미 완결된 '고정체 가설(rigidity assumption)'이 있으며, 대부분의 경우 특히 정확한 시각 판단을 제공한다는 것이다.[23] 그렇게 본다면 이 고정체 가설은 본유적이라 할 수 있고 또한 매우 신뢰할만하다.

이것으로 지각 체계에 대한 신뢰성을 확신하기에는 아직 이르다. 우리는 일반적으로 대상에 대한 부분적인 포착만이 가능한 상황을 얼마든지 접할 수 있다. 말하자면 일상생활에서 우리의 시지각(visual perception)을 통해 언제나 분명하게 보이는 것만이 있는 것은 아니다. 오히려 대상이 부분적으로만 드러나거나 경우에 따라서 재빠르게 대상을 알아보아야 할 경우가 많다. 이 점을 반영해 줄 수 있는 시지각에 기반한 지식의 가능성을 보다 더 검토해

나 만져진 대상과의 연상 관계에 의해 추론되는 것이라고 주장한다.

23) 왈라치와 오코넬(Wallach and O' Connell)의 연구에 따르면 철사조각들을 구부려 추상적인 삼차원의 입체들을 만들어 움직이는 회전판 올려 놓고, 그 입체 뒤에 전등을 비추어 피험자들이 (subject) 스크린 위에 변화하는 그림자를 볼 수 있게 한 실험이었다. 그림자는 시간에 따라 변화하는 이차원적인 이미지이고 그 장면 이외에 모든 다른 정보들은 배제되었다. 그러나 피험자들이 그 그림자를 보고 철사로 만들어진 삼차원의 대상을 지각하였다는 보고이다. 이 연구와 또 다른 연구 성과를 토대로 지각 체계에는 이미 완결된 '고정체 가설'이 존재한다는 것을 입증시키고 있다. 변화하는 이차원적 요소가 움직이는 입체로 해석이 가능한 경우 우리의 시각 체계는 언제나 그 대상을 입체로 해석하게 되고, 이차원적 배열을 삼차원의 입면체로 보이도록 만든다는 점에서 고정체 가설은 대부분의 경우 정확한 시각 판단을 제공한다는 것이다.(Wallach, H. and D. O'Connell(1953), "The Kinetic Depth Effect", Alvin I. Goldman(1993)에서 재인용)

보아야 할 것이다. 어빙 비더만(Irving Biederman)의 이론에 따르면, 구체적인 대상의 범주들은 관련된 지온(geon; 기하학적 구성체)들의 특정한 결합으로 표상된다는 것이다.[24] 말하자면, 지각자가 한 대상을 바라볼 때, 시각체계는 망막 자극을 지온이라는 요소와 그들과의 관계로 해석한다고 지온이론은 가정한다. 대상의 시각적 파악에 관해 비더만이 밝혀낸 바는 이러한 지식을 산출할 수 있는 신뢰할만한 과정, 즉 기억에 저장되어 있는 특정한 대상의 모델에 들어맞도록 충분한 수의 지온과 그 결합을 탐지하는 과정의 속성(nature)에 있고, 이러한 과정으로 인해 시각체계는 부분적으로 드러나 있지 않거나, 다른 것에 가려져 있는 대상에 대해서도 지식이라 할만한 충분한 정보를 가질 수 있다는 것이다.

　　지금까지 인간의 능력 가운데 무엇이 앎의 원천을 이루는가에 관해 주로 인간의 지각체계를 중심으로 인지과학의 성과를 살펴보았다. 이러한 인간의 지각체계에 관한 이러한 성과는 인식적 합리성을 확보할 수 있는 관건임에 분명하다.

---

24) 사람들은 책상, 컴퓨터, 전화기 등의 다양한 범주들의 많은 표상들을 기억 속에 저장하고 있다. 어떤 대상을 지각할 때, 관찰자는 그의 지각표상과 범주표상을 비교하게 된다. 그리고 그것들이 서로 '들어 맞으면' 지각된 대상을 범주의 한 사례로 파악하게 된다. 그렇다면 제기되는 물음은 어떻게 범주가 표상되며, 어떻게 이 처리된 정보가 어떻게 저장된 표상과 비교되어 자극에 올바른 범주가 부여되는가 하는 것이다. 이에 관한 어빙 비더만의 제안은 구체적 대상들이 속하는 각각의 범주들은 육면체, 구 그리고 각뿔과 같은 부피를 지닌 단순한 모양들의 조합으로 마음에 표상된다고 한다. 이러한 각각의 기본적 형태들을 지온이라 하고, 이 지온들은 위에, 옆에, 붙이고, 보다 큼과 같은 여러 가지 관계에 의해 결합되는 것이다. 말하자면 컵은 곡선으로 된 손잡이 지온과 원통 지온이 결합된 형태이다. 게다가 코끼리는 아홉 개의 지온들이 결합된 것으로 표상될 수 있다. 물론 중요한 몇가지 형태의 지온만 파악하더라도 이를 토대로 적절히 연결시킴으로써 코끼리를 정확하게 파악할 수 있다. (Irving Biederman(1993), "Visual Object Recognition", *Readings in Philosophy and Cognitive Science*, A Bradford Book, The MIT Press, 17-20쪽.)

5.2 증거에 따른 인식적 합리성과 그 제약

인식적 합리성에 관해 가장 일반적으로 알려진 총체적 증거 원리를 다음과 같이 정식화시킬 수 있다.

> (ER) S라는 사람이 시간 t에 가지고 있는 전체 증거(total evidence)가 명제 p를 잘 지지하는(well supported) 오직 그 경우에 한해 S라는 사람이 명제 p를 시간 t에 믿는 것은 합리적이다.[25]

이 조건을 있는 그대로 받아들인다면 그 타당성은 아주 분명해 보인다. 하지만, 한 사람이 가지고 있는 증거가 주어진 명제를 아무리 잘 지지한다고 할지라도, 그가 가지고 있는 다른 증거에 입각하여 그러한 지지가 무너지는 경우 또한 있을 수 있다. 다음과 같은 경우를 생각해 보자. 학교에 도착한 길동이는 서라벌홀 옆에 주차해 있는 김 선생의 흰색 승용차를 보았다. 이 사실은 김 선생이 학교에 있다는 명제를 뒷받침하게 된다. 그러나 길동이는 이러한 뒷받침 관계를 무너뜨릴 수 있는 다른 추가적인 정보를 가질 수 있다. 길동이는 김 선생이 어제 회식이 있어서 술을 마신 뒤, 차를 학교에 두고 택시를 타고 집에 갔다는 사실을 알았을 수 있다. 이러한 전체 증거 관계에 따라 고려해 볼 때에, 김 선생이 학교에 있다고 믿는 것은 합리적이지 않다.

그렇다면 다음과 같은 의문이 제기될 것이다. 전체증거 원리를 타당하다고

---

25) Richard Feldman and Earl Conee(1985), "Evidentialism", *Philosophical Studies*, 334, 337 쪽, Richard Feldman(1988), "Having Evidence", *Philosophical Analysis*, ed. by Austin, 95쪽.

했을 경우 이를 정확하게 어떻게 받아들여야 할지, 또한 한 사람이 어떤 증거를 가지고 있다는 것은 무엇을 의미하는지? 이와 관련된 예를 통해 어떠한 답변이 가능한지 살펴보자.[26] 친구인 철이는 나에게 지리산 정상을 거쳐 횡단하는 것이 그리 힘들거나 위험한 일이 아니며, 별 어려움 없이 해낼 수 있을 것이라고 말했다고 하자. 물론 철이는 나에게 있어서만큼은 허풍을 떨거나 허튼말을 하는 사람이 아니다. 그는 또한 내가 그러한 일을 충분히 할 수 있으리라 생각하고 말했다. 이를 바탕으로 지리산을 횡단하는 것은 내가 충분히 할 수 있는 일이라고 믿는다. 내가 이렇게 믿는 것이 과연 합리적인가? 더 나아가서 다음과 같은 점을 고려해 보자. 내 능력으로는 도저히 불가능한 일이지만, 나에게 북한산 인수봉을 암벽 등반하여 정상에 오를 수 있다고 철이가 말한 적이 있었는데, 이를 새까맣게 잊어버리고 있다고 가정해 보자. 이러한 사실을 현재 기억해 내고 있지는 못하지만, 그 사실은 여전히 나의 기억에 저장되어 있고, 언제라도 그 기억을 되살릴 수 있다.

여기에서 하나의 문제가 발생하게 되는 데, 되살려 지지 않은 채 다만 기억으로만 저장되어 있는 정보(information)도 내가 확보하고 있는 증거로 간주될 수 있는가? 하는 점이다. 그것이 만일 내가 가지고 있는 증거에 포함되는 것이 아니라고 한다면, 지리산을 횡단하는 것이 내 능력으로 할 수 있는 일이라고 믿는 것은 합리적이게 된다. 그러나 기억으로만 저장된 정보가 현재 나의 증거에 포함된다면 그 양상은 달라지게 된다. 즉 지리산을 횡단하는 것이 나의 능력에 맞는 일이라고 믿는 것은 철이에 대한 믿음을 결정적으로 포기하게 할 만한 사건이 있었기 때문에 비합리적이게 될 것이다. 이 예를

---

26) Richard Feldman(1988), "Having Evidence"에 제시된 예를 재구성한 것이다.

통해 드러난 문제는, 우리가 새로운 증거를 근거로 해서 어떤 명제를 믿기는 하지만, 그에 반대되는 증거를 기억해 내지 못하게 될 때, 이 반대 증거는 우리가 가지고 있는 증거에 포함되는 것인가? 이 질문에 두 가지 답변이 가능할 것이다.

(1) 기억에 저장된 모든 정보는 증거이다.
(2) 현재 시점에서 바로 기억해 낼 수 있거나 그 가능성을 갖는 오직 그 경우에 한해 증거로 간주된다.[27]

(1)의 답변을 받아들인다면, 적절한 증거가 필요한 상황에서 현재의 기억으로 재생될 수 없는 것을 증거로 간주하는 결과가 되기 때문에 비합리적이게 된다. 따라서 (1)을 받아들이는 것은 분명 믿음의 합리성을 포기하는 것과 다를바 없다. 반면에 (2)를 받아들인다면, 또 다른 의혹이 제기된다. 어떤 사안에 대해 '즉시(immidiately)' 기억을 재생한다는 것은 어느 정도의 기억을 말하는 것이며, 그 기억의 정도를 어떻게 측정할 수 있을까? 이쯤 되면 이 물음에 대한 어떠한 답변이 되었든 인간의 기억에 대한 속성을 반영하고 있음에 분명할 것이다.[28]

인지 과학자들에 의하면 기억은 강도(strength)를 갖는 것으로 파악한다. 기억이 강력하면 강력할수록 다시 재생될 확률이 높아지며, 재생하는 데 걸리는 시간도 짧아진다는 것이다. 기억의 강도를 좌우하는 것으로

---

27) R. Feldman에 따르면, 증거를 갖는다는 것에 관한 분석을 "어떤 사람 S가 t에서 E라는 증거는 갖는 필요충분조건은 S가 t에 E를 머리에 떠올리고 있음"으로 하고 있다.

28) 이러한 기억과 관련된 보다 상세한 논의는 Christopher Cherniak(1986), *Minimal Rationality*, 49-58쪽 참조.

쇠퇴(decay)와 간섭(방해; interference)이 있다고 한다. 시간이 흐를수록 기억의 강도는 점차 쇠퇴해 가지만, 기억의 다시 상기시키는 것은(reactivation of memory) 기억의 강도를 다시 한 번 높여주게 된다. 반면에 기억을 상기시키지 않는다면 기억은 지속적으로 쇠퇴해 간다. 간섭은 관련된 자료(정보)들이 염두에 둔 정보와 서로 뒤섞이거나 중첩되어 서로 바뀌는 경우에 나타난다.[29] 앞의 예에서 쇠퇴는 내가 북한산 인수봉을 암벽 등반할 수 있다고 철이가 속인 것을 기억하지 못하게 된 것은 그 일이 오래전에 일어난 일이었고, 그 사이에 내가 그 일을 다시 상기시킨 적이 없었기 때문이다. 또한 철이는 나에게 늘 잘 대해 주었고 나에게 있어서만큼은 정직했기 때문에, 그 모든 일련의 행위들이 북한산 사건에 대한 나의 기억을 방해하게 된다. 게다가 어떤 기억을 특정한 시점에 재생해 내는 데 있어 '단서(cues)'에 의존하게 된다는 점[30]과 테일러(Shelly Taylor)에 의해 제안된 '자아에 대한 환상(illusions about the self)'은 인식적 합리성에 관한 중요한 가능성을 시사하고 있다.[31]

자아에 대한 환상의 경우, 자신이 한 번도 해 본 적이 없는 것들을 할

---

29) 예를 들어, 학교에 도착하여 시간이 어느 정도 경과된 후, 당신의 자가용을 어디에 주차시켰 는가? 라고 물었다고 하자. 이에 관해 바로 기억해 내기 어려운 것은, 주차에 있어 비슷한 과 거의 사건들에 관한 기억이 오늘의 주차에 관한 자신의 기억을 간섭하기 때문이다. (Alvin I. Goldman(1993), 11-13쪽)

30) 말하자면 기억은 연상 관계이므로 상호 연결된 고리와 요소들의 복합구조라고 할 수 있다. 한 단서가 이러한 구조의 특정한 고리에 연결되면 그 고리는 활성화되는 데, 활성화는 고리들 사이 의 연결 강도에 의해 다른 부분으로 확산된다. 이 때 확산의 속도와 방향은 각 개별적인 것 간의 강도에 의존하게 된다. 특정한 시점에 기억의 내용이 재생되느냐의 여부는 기억체계에 주어지 는 단서와 단서의 고리 그리고 목표가 되는 고리 사이에 있는 연결통로나 이전에 주어진 연상에 의존하게 된다. 강한 연결통로가 나타날 가능성이 없는 경우 목표가 되는 고리는 재생되기 어렵 다는 것이다.

31) Taylor, S. E.(1989), *Positive Illusions: Creative Self-Deception and the Healthy Mind*, Goldman(1993), 13-14쪽에서 재인용.

수 있다고 믿는 아이들에게서 특히 많이 나타난다는 보고이다.[32] 이러한 환상이 정신 건강에 매우 긍정적인 기여를 할 수도 있지만, 인식적 합리성의 측면에서 보면 분명 비합리적이다. 이와 관련된 여러 연구 결과에 따라 인지심리학에서는 '자기 구조(self-schemas)'라는 개념으로 설명한다. 자기-구조의 설명에 따르면 우리가 이미 가지고 있는 자기 개념에 맞게 정보를 해석하도록 해주며, 동시에 그러한 자아관을 보다 확고하게 해 준다. 이에 따르면 우리가 이미 가지고 있는 자아관이 증거에 대한 지각에 중대한 영향을 미치게 되고, 기억이 자아관에 긍정적으로 지지하는 측면만이 오히려 쉽게 재생된다는 점이다.[33] 이것이 기억의 한 중요한 특징이라면, 그 특징은 비합리적임에 분명하다. 말하자면 긍정적인 증거들이 부정적인 증거들보다 더 잘 기억에 저장되고 더 잘 재생된다면, 우리가 확보하고 있는 전체 증거를 공정하게 평가할 방법을 찾는다는 것은 불가능할 것이다.

이 이외에도 희망적 사고(wishful thinking)의 역할이라든가 욕구(desire)와 연결된 다른 인지 현상들도 기억 과정에 영향을 미치며, 기억은 때때로 자신의 개인사를 만들어 내고 각색한다는 주장 등은 적어도 자아의 문제에 관해서 만큼은 인식적 비합리성의 성향을 지니고 있음에 분명하다. 또한 한 믿음이 합리적이기 위해서는 그 믿음이 증거로부터 논리적으로 연역되어야 하거나

---

32) 대부분의 유치원생이나 저학년생들은 어떤 특정한 사안에 대해 자신이 그 학급에서 거의 최고라고 생각한다. 즉, 여자아이들의 경우 자신이 제일 예쁘다는 것을 당연한 것으로 여긴다. Goldman(1993), 13-14쪽.

33) 다음의 예가 이에 해당될 것이다. 자기 자신을 재치있다고 생각하는 한 선생님이 학생들에게 자신의 교훈적인 말에 대해 스스로 익살스럽다고 생각하고(물론 학생들은 그 말을 전혀 재치있다고 생각하지 않음에도 불구하고), 그 익살을 나중에 다시 기억할 것이다. 이 경우 자기 구조에 들어맞는 정보를 기억하면서, 무의식 중에 자기구조를 강화한다. 그 선생님은 그가 한 행동을 재치있는 사례로 생각할 때마다, 그 자신의 재치에 대한 증거로 덧붙여진다.

그 증거에 대한 높은 개연성이 확보되어야 할 것이다. 그렇다면 한 믿음의 합리성은 명제들 간의 논리적, 확률적 관계를 파악하는 능력에 크게 의존하게 될 수 밖에 없다. 이에 관련된 인간의 논리적 능력에 관한 실험에서도 몇가지 가능성을 시사하는 데, 공통적인 것은 기억의 결함 때문에 논리와 관련된 프로그램을 제대로 수행하지 못한다는 평가와 아울러, 사람들이 비록 올바른 추론 규칙들을 가지고 있다고 하더라도, 다만 효율적인 전략이나 통제 구조를 결여하고 있다는 가능성은 여전히 열려 있는 셈이다.[34]

이에 관련된 처니액(C. Cherniak)의 논증은 인간의 논리적 구조(logical structure)에 문제가 있음을 간명하게 지적하고 있다. 우선 전체증거의 요구에 따르면, 어떤 사람이 한 믿음을 합리적으로 받아들이기 위해서는 그 자신이 갖고 있는 모든 증거를 남김없이 고려해야 한다는 것이다. 즉 한 믿음에 대한 인식적 합리성이 확보되기 위해서는 그 자신이 갖고 있는 모든 증거를 고려하여 그 믿음이 참이 되는지를 판단하고 난 연후에 그 믿음을 받아들여야 한다는 것이다. 그렇다면 그 믿음이 참이 되기 위한 최소한의 요건은 그 믿음이 다른 믿음들과 논리적으로 일관될 경우에만 가능하다는 것이다.[35] 처니액에 따르면 이러한 조건이 그럴듯해 보이기는 하지만, 사실은 인간의 인식능력의 한계를 넘어서는 것으로 도저히 인간에게 충족될 수 없는

---

34) Alvin I. Goldman(1993), 16-31쪽 참조.

35) 처니액이 계산하기를 우리의 마인드 용량이 작아서 단지 138개만의 논리적으로 독립적인 원자 믿음들을 포함하고 있다고 전제하고, 이들을 진리표를 통하여 논리적 일관성을 평가할 때, 진리 표의 한 줄을 평가하는 데 단지 빛이 광자의 지름을 통과하는 데 걸리는 시간만 걸린다고 하더 라도, 이러한 최고의 속도로 논리적 일관성을 검증하여도 이러한 작은 믿음체계의 논리적 일관 성을 결정하기 위해서는 최소한 이백억 년 이상이 걸린다고 지적한다.(Christopher Cherniak(1986), *Minimal Rationality*: 93-94쪽.)

조건이라고 주장한다. 말하자면 한 믿음이 인식적으로 합리적이기 위해서는 그 믿음이 다른 모든 믿음과 논리적 일관성을 고려하여 그 믿음이 구성되어야 한다는 식의 요구는 인간의 주어진 인식적 한계 내에서 따를 수 없는 규범이기 때문에 잘못된 것이라고 지적하고 있다.

지금까지의 논의에서 말해 주는 것은 무엇인가? 다만 인지과학의 성과에 입각한 한도 내에서만 인식적 합리성에 관한 논의가 가능하다는 것일까? 오히려 앞의 논의에 대한 공통적인 입장을 정리해 본다면, 인간의 인식 능력의 한계를 부분적으로 수용할 수밖에 없고, 이로부터 인식적 합리성에는 제약이 따른다는 데에서 찾을 수 있을 것이다. 따라서 인식적 합리성은 인간이 수행할 수 있는 가능성에 맞도록 변경되어야 하는 조건으로 제약됨을 의미한다. 바로 이러한 가능 조건에 관한 탐구는 결코 선험적 방식에 따른 것이라고 할 수 없다. 오히려 인지과학의 성과에 의존할 문제임에 분명하다. 이 점에 주목한다면 인지과학은 합리성의 기준을 설정하는 문제에 결정적으로 기여하게 될 것이다.

6. 지식과 합리적 믿음의 문제

지금까지 인식적 합리성이 갖는 위상에 대해 다각적으로 조망해 보았다. 기존의 접근방식이 갖는 문제점을 극복하는 차원에서 개념상의 구분, 역사적인 배경, 최근 논의가 갖는 의의, 특히 인식적 자연화의 특징과 전망, 인식적 합리성에 제기될 수 있는 물음에 대한 답변 등에 관해 언급하고, 특히 쟁점이 될 수 있는 부분은 상호 교차시켜 가며 논의의 가닥을 잡았다. 이러한 성과를 토대로 몇 가지 중요한 결론에 도달할 수 있었다. 인식적 합리성의 가능한 두 가지 입장이 있을 수 있다고 했고, 인식적 합리성을 확보할 수 있기 위해서는 인식적 제약이 뒤따른다는 점을 지적했다. 그 인식적 제약이란 우리의 인식적 구조의 한계로 인해 그러한 인식적 규범의 내용을 따를 수 없다면, 그러한 규범은 합당한 규범으로 성립될 수 없다는 점을 상정했을 때, 첫째는 인식적 규범의 내용을 해명하는 인식론의 작업이 인간의 인식적 구조와 분리될 수 없다는 것이고, 둘째로 인식적 규범의 내용은 인간이 수행할 수 있는 인식적 능력의 한계 내에 제한되어야 한다는 점이다. 이로부터 인식론은 인간의 인식능력을 사실적으로 탐구하는 인지과학의 도움없이는 불가능하다는 측면에서의 제약이 될 것이다. 인식적 합리성에 관한 골드만(Alvin I. Goldman)의 다음 구절은 이 점을 보다 분명하게 드러내고 있다.

> "인지과학은 인식론에 두가지 방식으로 기여할 수 있다는 점을 지 적한다. 첫째, 인지과학은 지각, 기억, 연역추론 그리고 확률추론 을 포함하는 다양한 영역에서 우리 인간의 고유한 자질(native endowments)을 면밀하게 검토함으로써 인간의 지식과 합리적 믿음 의 가능성 문제를 다룰 수 있다. 둘째, 인지과학은, 예를 들어 증거 확보의 여부에 관한 가능한 대안들을 하나하나 짚어 봄으로써 혹은 합리성의 본유적 소유(innate possession)의 개념과 학습 가능성 개 념과 같은 조건 중에 어떤 것에 두느냐 하는 문제에 사실적 측면을 제공함으로써, 합리성의 표준을 설정하는 데 도움을 줄 수 있다."[36]

사실상 E1의 방향에 관한 논의가 현재 진행 중이라는 점을 감안한다면,

---

36) Alvin I. Goldman(1993), 30-31쪽.

조심스럽기도 하다는 측면에서 오히려 새로운 철학적 방향의 모색이라고 보는 편이 타당할 것이다. 그런 면에서 뭐라 단언하는 식의 논지가 그리 석연치 않은 구석이 있다. 따라서 이에 대한 비판 내지 다른 방향으로의 시도 또한 만만치 않은 것으로 알고 있다. 그 대표적인 것으로 인식적 규범이 철학의 선험적 방식을 통해 일차적으로 제시된다는 점은 유지하면서 이것이 결국 정당한 인식적 규범으로 성립하기 위해서는 인간의 인식능력에 대한 고려를 통해 최종적으로 확정된다는 절충안이 그것이다. 하지만 이것도 반만 취하고 반은 버린다는 입장으로 비쳐질 수 있는데, 그럼에도 불구하고 이 또한 인식적 합리성에 대한 새로운 시도라는 점에서 그 일차적인 목표는 달성한 셈이다.

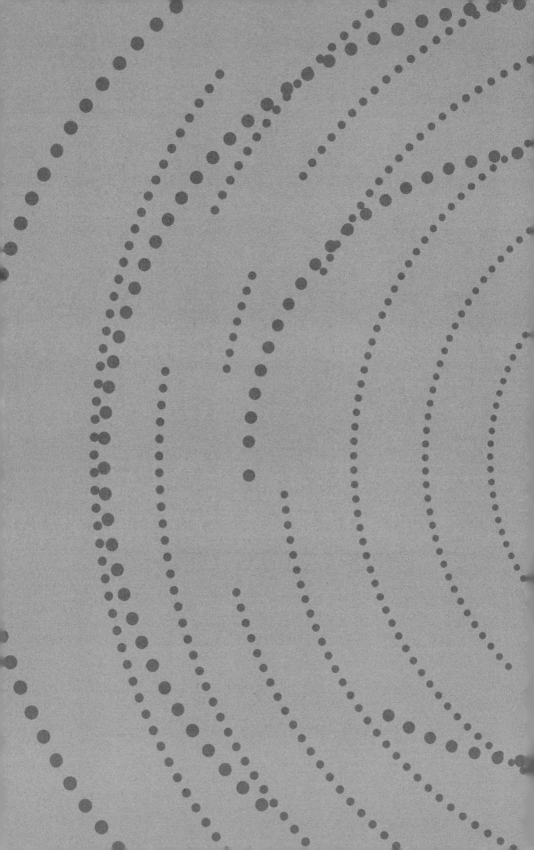

제2장

현대 인식론에서
데카르트식의
토대론적 전략은
유효한가?

1. 인식적 토대론을 둘러싼 담론

지식의 가장 이상적인 모델을 확실성을 근간으로 하는 토대론적 모델이라고 했을 때, 이러한 토대론적 모델을 선보인 20세기 이전의 철학자로 데카르트를 꼽는 것은 지극히 자연스러울 것이다. 확실성에 토대를 둔 기초적 믿음을 근간으로 하여 우리의 전반적인 지식 체계를 견고하게 재구성해 냄으로써 그 어떠한 회의주의에 대해서도 방어할 수 있다는 그의 토대론적 전략은 그 실현 여부는 둘째 치고라고 우리의 매력을 끌기에 충분하다. 특히, 인식 정당화의 소급 문제[37]에 대해서도 더 이상 불가해한 개념[38]을 설정할 필요 없이 즉각적으로 그 답변을 마련해 준다는 점에서 더욱 그럴 것이다. 그래서 현대 인식론자들의 관심도 여전히 데카르트의 관심사와 연장선상에 있을런지 모르겠다. 최근 보다 세련된 형태의 실질적 토대론[39]을 구축하기 위한 시도와

---

37) 인식 정당화의 소급 논증(regress argument of epistemic justification)은 토대론이 성립될 수 있는 방안을 모색하기 위해 고안된 논증이다. 모든 믿음이 의존적으로 정당화된다고 했을 때, 비의존적으로 정당화되는 종결자가 있어야 다른 믿음의 정당화가 가능하다는 가설에 근거하고 있다. 만일 그 종결자인 기초적 믿음이 존재하지 않을 경우, 인식정당화의 소급으로부터 회의론적 귀결을 피할 수 없다는 요지를 담고 있다. Alston(1976), 172쪽, Bonjour (1985), 17-25쪽 참조.

38) 여기에서 불가해한 개념이란 다음을 의미한다. 인식정당화의 소급에 가능한 네 가지 대안이 있는 데, 그 중 정당화의 순환에서 전제로 사용된 믿음이 또 다시 정당화의 전제로 도입될 수 있다는 정합론의 경우 기초적 믿음의 존재를 인정하지 않기 때문에, 한 믿음의 정당화는 다른 믿음들과 함께 잘 짜여진 정합적인 체계를 속함으로써 그 정당성이 확보된다는 것이다. 그런데, 문제는 정합론에서 한 믿음이 정당화되기 위한 선행 조건으로 제시되는 '정합성' 부터가 구체적으로 무엇을 의미하는지에 관해 아직 합의가 이루어지지 않고 있음을 염두에 둔 말이다. 정합성 개념에 대한 비판적 고찰은 Fumerton (1993), 245-50쪽 참조.

39) 토대론을 본질적으로 규정짓는 두 가지 논제 가운데 '자생적 정당성' 은 다른 믿음에 의해 추론 과정을 거치지 않고 정당화됨을 의미한다. 그렇다면, 그 정당성을 부여해 주는 속성이 무엇이냐에 따라 구체적인 내용을 갖는 다양한 토대론이 가능하다. 이를 구체적 혹은 실질적(substantive) 토대론이라 한다.

이를 둘러싼 논란도 데카르트적 토대론이라는 이상적 모델이 그 배경에 자리잡고 있으며, 현대의 다양한 인식론적 이론들도 이를 염두에 두고 생겨난 것임에 분명하다.

그러나 최근 많은 인식론자들 사이에서 토대론적 전략은 더 이상 지식의 본성을 반영해 낼 수 없으며, 따라서 이제는 폐기되어야 할 철학적 유물이라는 목소리가 그 어느 때보다 높다. 그러한 드높은 목소리의 출처가 '기초적 믿음'에 대한 의혹에서 비롯되었다는 점은 주지의 사실이다. 말하자면, 토대론을 본질적으로 규정하는 두 가지 테제 가운데 토대론의 성립 가능 근거라 할 수 있는 '자생적 정당성 논제[40]'에 대한 불신은 곧장 토대론 자체에 대한 불신으로 이어지게 되고, 따라서 토대론의 회생가능성은 이미 상실됐다는 것이 그들의 진단이다. 이와 같은 진단에 따라 우리 믿음의 구조에 대한 변경의 불가피성을 역설하고 나선 정합론의 등장이 이 점을 잘 반영해 준다.[41] 그러나, 이러한 그들의 진단이 곧장 토대론적 전략 자체를 포기해야 한다는 의미로 해석될 수는 없다. 왜냐하면, 토대론적 전략을 유지하면서 보다 정교하고도 세련된 형태로 토대론을 얼마든지 유지할 수 있기 때문이다. 이 점은 토대론을 옹호하는 입장에 서있는 대부분의 철학자들이 토대론적

---

40) 'self-justification'를 일반적으로 '자기-정당성' 등으로 번역하는데, '자생적 정당성'이 기초적 믿음이 갖는 의미를 보다 정확하게 반영한다고 생각하기 때문에 이 논문에서는 '자생적 정당성'으로 쓸 것이다.

41) 20세기 들어, 명시적으로 토대론을 비판하고 나선 셀라스(W. Sellars)는 기초적 믿음이 의존하는 감각 경험의 "주어진(given)" 요소는 신화라는 주장을 필두로 하여 경험적 지식의 기초가 인식론적으로 확실하다고 하는 루이스(C. I. Lewis)의 주장에 대해 이의를 제기하고 나선 굳맨(N. Goodman)등을 비롯하여, 콰인(W. V. O.Quine)의 인식론의 자연화 계획으로 이어지는 반토대론에 관한 논의는 결국 우리의 인식 구조를 전환해야 할 것의 요구로 이어지는 수순을 밟게 된다. 레셔(N. Rescher), 레러(K. Lehrer) 그리고 이후에 봉쥬르(Bonjour) 등은 이러한 생각을 토대론의 대안인 정합론의 발전에 적용하게 된다. Triplett(1990), 참조.

전략의 수정가능성을 내비치면서 '완화된 토대론' 혹은 '약한 토대론' 등과 같은 입장으로 어떻게든 토대론을 살릴 수 있다는 그들의 요구에서 확인할 수 있다.[42] 이러한 그들의 주장에는 현대 인식론에서 전통적 토대론의 전략 가운데 여전히 유효한 것이 있다고 한다면 그것은 그 이론의 구조, 즉 논리적 형식이지 그것이 담고 있는 실질적 내용은 아니라는 것이다. 이는 토대론의 형식을 유지하면서 그 속에 담게 되는 내용물의 차이에 따라 다양한 실질적 토대론이 얼마든지 가능할 수 있음을 시사한다. 이렇게 보았을 때, 물론 어떻게 유지될 수 있느냐 하는 물음은 여전히 남겠지만, 토대론이 유지될 수 있는 가능성은 일단 열려 있는 셈이다. 현대 인식론에서 인식적 토대론의 유효성 시비가 여전히 하나의 쟁점으로 남을 수 있는 것도 바로 여기에 있는 것으로 보인다. 그러나 토대론적 전략이 아직 유효하다는 평가가 다른 지식관으로의 대안적 가능성을 원천적으로 차단하자는 것은 아니다. 다만 현대 인식론에 관한 수많은 논의에는 그 배후에 토대론이 중심에 놓여 있기 때문에, 그 성립가능성 여부를 중심으로 그 논쟁의 성격을 구체적으로 검토해 보고 토대론을 전망하자는 것이다.

그러나 이와 같은 진단에 따라 토대론적 전략을 유지하기 위한 다각적인

---

42) '온건한' 혹은 '약한' 토대론은 대략 다음과 같은 가정에 근거하고 있다. 우선 기초적 믿음이 인식적 특권을 갖는 믿음을 별도로 상정할 필요가 없으며, 따라서 물리적 대상에 관한 믿음을 기초적 믿음으로 여기지 않을 이유가 없다는 것이다. 이에 따르면, 상부 구조를 이루는 믿음과 토대를 이루는 믿음 사이의 차이는 믿음 내용의 기능이 아니라, 오히려 그것이 정당성을 제공받는 방식에 따라 그 속하는 위치가 서로 다를 뿐이다. 만일 그 믿음이 다른 믿음이 아닌 경험에 의해 정당성을 제공받는다면 기초적 믿음이 된다. 반면에, 그 믿음이 다른 믿음에 의해 제공받는다면, 기초적 믿음이 아니다. 여기에서 기초적 믿음이 된다는 것은 그리 특별한 일이 아니다. 어떤 믿음이 이성, 지각, 내성, 기억 등에 의해 정당화되고 그 정당성을 다른 믿음으로부터 제공받지만 않으면 되기 때문이다.

모색에도 불구하고, 결국 회의론적 귀결을 피할 수 없다는 진단이 대세를 이루고 있는 실정이다.[43] 비록 확실성에 근거하여 견고하게 짜여진 데카르트식의 토대론적 구조가 지식의 가장 이상적인 모델을 반영하는 것으로 받아들여지고 있기는 하지만, 그 존립 근거라 할 수 있는 기초적 믿음의 '자생적 정당성'에 관한 부분이 해명될 수 없다면 토대론적 전략이 유지될 수 없음은 물론이다. 그 이유는 어디에서 기인한 것일까? 그것은 토대론의 성립가능성을 결정짓는 기초적 믿음의 '정당화 부여 속성'과 관련이 있다고 생각한다. 토대론의 성립가능성 여부를 둘러싸고 벌어지는 논쟁의 성격에 대한 보다 근본적인 이해는 기초적 믿음의 정당화 부여 속성에 관한 이해를 전제로 하기 때문이다.

2. 토대론적 전략과 데카르트의 유산

세계에 관한 우리의 모든 지식을 명석판명한 인식으로부터 연역적으로 도출함으로써 그 확실성을 확고한 기반 위에 세우고자 한 데카르트의 토대론적 전략은 전통적으로 인식론이 지향하는 하나의 이상적인 모델로

---

43) 1975년 이후, 최근 인식적 정당화 구조에 관한 지배적인 시각은 정합론에 있다는 폴리(Foley)의 주장을 필두로 하여 인식론의 자연화 경향, 토대론과 동떨어진 가장 급진적인 경향인 새로운 형태의 "문화적 해석학"과 "인식론적 상대주의"의 대두는 토대론의 사멸을 선언하고 있다. 특히, 로티(Roty)는 토대론이 사라졌다는 관점에 대해 가장 분명한 철학자일 것이다. 그들은 적어도 우리의 '경험에 주어진 것'과, 경험적 정당화의 주관적 출발점, 그리고 기초적인 명제에 대한 확실성이나 의심불가능성을 설정하는 것은 애초에 그 달성이 불가능한 것이라는 입장을 그 바탕에 깔고 있다. 이에 관한 상세한 논의는 Triplett(1990) 참조.

여겨 왔음에 분명하다. 물론 현대 인식론에서도 그의 토대론적 모델만큼은 그대로 공유되고 있다. 그러한 모델에 따를 경우 토대론이 갖는 본질적인 형식은 다음을 반영해야 한다. 즉, 기초적 믿음의 존재를 인정한다는 점과 다른 믿음들의 정당성은 궁극적으로 기초적 믿음에 의존함으로써 확보된다는 점이다. 여기에서 비기초적 믿음들의 정당화는 기초적 믿음에 의한 직접적 추론, 혹은 다른 비기초적 믿음을 매개로 하여 간접적으로 정당화되는 두가지 방식에 따른다.[44] 말하자면, 기초적 믿음과 비기초적 믿음이라는 서로 다른 믿음의 존재를 인정하고, 동시에 비기초적 믿음이 기초적 믿음으로부터 추론을 통해 정당화되는 구조를 갖는다. 따라서 토대론을 본질적으로 규정짓는 것은, "정당성의 원천인 기초적 믿음이 존재하고, 다른 어떠한 믿음도 기초적 믿음에 의존함으로써 그 정당성이 확보된다" 는 두 가지 테제이다. 이는 정당성의 출처가 서로 다름을 의미한다. 전자의 출처가 자생적이라면, 후자의 출처는 의존적이다. 그런데 여기에서 토대론 성립의 가능근거는 다름 아닌 기초적 믿음의 '자생적 정당화'에 있다. 그런 점에서 현대의 다양한 인식정당화를 둘러싼 이론들이 성립할 수 있었던 것도 기초적 믿음에 대한 자생적 정당화의 가능성 여부를 둘러싼 치열한 논쟁의 부산물로 여겨진다.

이와 같이 토대론을 본질적으로 규정짓게 되는 것이 그 정당성을 스스로 발생시키는 자생적 정당화에 있다고 했을 때, 과연 그러한 자생적 정당화가 어떻게 가능한가 라는 물음은 자연스럽게 제기된다. 이 물음에 대한 답변의 배경에는 자생적 정당화가 어떠한 형태로든 답변될 수 없다면,

---

44) 토대론의 형식에 관한 논의는 Sosa(1980) 참조.

회의주의에 대한 면역성을 결코 가질 수 없기 때문에 궁극적으로는 지식의 성립이 불가능하다는 사고가 자리하고 있기 때문이다. 따라서 데카르트에게 있어서나 현대 토대론자들에게 있어서도 회의론적 도전을 차단하고 지식의 존립을 가능하게 하기 위해서는 기초적 믿음의 자생적 정당화는 반드시 확보되어야 하며, 따라서 그 가능성 타진에 사활을 걸게 된다. 그런데 기초적 믿음의 자생적 정당화가 확보되는 방식에 있어 대부분의 토대론자들이 부딪치는 문제는 '자생적' 이라는 의미가 다른 믿음에 의존하지 않는 방식을 말하는 것인지, 아니면 기초적 믿음 내부에서 그 정당성을 스스로 발생시키는 것인지에 관한 것이다. 다시 말해서, 후자가 한 믿음을 믿게 되는 사실만으로 정당화됨을 의미하기 때문에 다른 그 어떠한 것에도 의존하지 않는 방식이라고 한다면, 전자는 다른 믿음에만 의존하지 않는 방식으로 정당화된다면 충족될 수 있다. 엄격히 말해서 후자가 '자생적' 이라는 의미를 있는 그대로 반영하는 것으로 보인다.[45] 동시에 이 점은 토대론의 성립여부에 관한 논란에 빌미를 제공하게 된다. 우선 자생적 정당화가 갖는 의미를 다음과 같이 두 가지 테제로 정리할 수 있을 것이다.

> (A) 자생적 정당화는 다른 믿음에 의존하지 않는 방식으로 그 정당성이 확보된다.
>
> (B) 자생적 정당화는 다른 어떠한 것에도 의존하지 않는 방식으로 그 정당성이 확보된다.

---

45) 말 그대로 자생적 정당화란 믿는 것 그 자체로 정당화됨을 의미하기 때문에, 다른 어떠한 것에도 의존하지 않는다고 말할 수 있다. 그렇다면, 감각 경험 뿐 아니라 믿음에 의한 정당화 역시 엄밀한 의미에서 않된다고 보아야 할 것이다. 그 의미상 논란의 여지는 얼마든지 있을 수 있다. 이에 관한 상세한 논의는 Van Cleve(1985) 참조.

사실상 (A)는 약한 반면, (B)는 너무 강하다. (B)가 강한 이유는 자생적으로 정당화된 믿음이란 믿는다는 것 그 자체로 정당화될 수 있는 믿음을 의미하기 때문에, 믿게됨으로써 정당화되는 것 이외에 그 어떠한 것도 정당성을 제공할 수 없다는 말이다. 이는 믿음상의 상태(*doxastic state*)만이 믿음을 정당화시킬 수 있는 것으로 이해된다. 적어도 데카르트에게 있어서 기초적 믿음은 (B)가 되어야 한다고 생각한 것 같다. 말하자면, (B)와 같은 믿음만이 다른 모든 믿음을 정당화시킬 수 있는 초석의 구실을 할 수 있다고 본 것이다. 예컨데, "이 대상이 나에게 붉게 보인다"는 믿음은 그 명제를 믿는 것 자체로 확실성을 갖기 때문에 의심불가능하고, 따라서 그 명제를 믿는 것은 적어도 자생적 정당성을 갖게 된다. 데카르트는 그러한 확실성의 요건을 만족시킬 수 있는 것으로 심리적인 일인칭 명제에 관한 믿음을 들고 있다.[46] 그러나, 이것만으로는 우리가 가진 믿음들이 정신 밖의 외부 세계에 대한 참된 지식을 제공하기에 불충분하다고 보고 이 양자 사이의 간격을 메꾸기 위한 전제로 '명석 판명성'이라는 기준을 도입함으로써 그 문제를 해결하려 한다.[47] 그러나 그는 그 간격을 끝내 메울 수가 없었다. 왜냐하면, 의심불가능성이라는 주관적인 심리적 태도에 관한 명제의 확실성이 객관적 확실성으로 곧장 전이될 수 있는 성질의 것이 아니기 때문이다.[48] 말하자면, "나에게 붉게

---

46) 데카르트의 토대론에 관한 상세한 논의는 Sober(1995), 161-174 참조.

47) 데카르트는 "원인에는 적어도 결과에 있는 만큼의 실재성이 있다"는 원리를 신존재 증명을 위해 사용하고 있는 데, 이는 인식론적으로 정당화하기 어려운 것이라는 지적이다. 그 지적에 따르면, 데카르트가 "나는 생각한다"는 명제로부터 다른 것으로 넘어가는 단계가 정당하지 않은 비약일 수밖에 없는 데, 그는 스콜라철학에서 무비판적으로 사용했던 개념을 그대로 사용했기 때문이라는 것이다. 김효명(1992).

48) 의심불가능한 나의 믿음과 외부 세계에 관한 믿음 사이의 간격을 메꾸려는 그의 시도를 다음의 예를 통해 살펴 보자. (1) "나는 지금 내 앞에 있는 것이 종이라고 믿는다." (2) "나의 현재의 믿

보인다" 는 믿음과 "내 앞에 붉은 대상이 있다" 는 것과는 별개라는 점에서 기인하는 데, 실제로 내 앞에 붉은 대상이 없음에도 불구하고 붉은 대상이 있다고 믿는 경우는 얼마든지 있을 수 있기 때문이다. 이러한 데카르트의 시도가 실패하게 되는 이유를 좀 더 구체적으로 검토할 필요가 있을 것이다. "나에게 붉게 보인다" 는 믿음으로부터 "내 앞에 붉은 대상이 있다" 는 믿음을 도출했다고 하자. 데카르트의 토대론에 따르면, 후자가 정당화되는 비기초적 믿음이라고 했을 때, 후자는 그 정당성을 전자로부터 추론에 의해 제공받아야 한다. 전자로부터 추론에 의해 후자로 귀결되는 논증이 연역적으로 타당한 경우에만 후자가 정당화된다는 것을 의미하는데, 이 논증은 물론 타당하지 않다. 실제로는 붉은 대상이 없음에도 불구하고 붉은 대상이 있는 것으로 보이는 환영 등이 개입될 경우 전자는 참이면서 후자는 거짓이 되기 때문이다. 그렇다면 P인 대상이 없는 경우에도 P로 보일 수는 있기 때문에, "나에게 P로 보인다, 그러므로, 내 앞에 P인 대상이 있다" 는 데카르트식의 논증 형식은 타당할 수 없다. 결국, 데카르트가 제시하고 있는 입장이 (B)를 만족시키지 못하게 된다. 따라서 의심불가능한 명제에 대한 나의 믿음이 곧장 외부 세계에 대한 명제의 확실성을 보장하지는 않는다는 과제를 남기고 만다.

음은 명석 판명하다." (3) "명석 판명한 관념은 참이다." (4) "그러므로, 내 앞에 종이가 있다." 데 카르트는 이 논증에서 전제들이 의심불가능하고 주장하고, 그 결론 역시 의심불가능한 전제들 로부터 도출되기 때문에 이 명제를 안다고 생각한 것 같다. 그런데 여기에서 우리가 내성에 의 해 어떤 믿음이 명석 판명한지의 여부에 관해 구별할 수 있다고 했을 때, 일단 (2)가 참이라는 것 은 보장될 수 있다. 그러나 이 경우 결코 (3)이 참이라는 보장은 없다. 여기에서 문제는 '명석 판 명함' 을 믿음의 특징으로만 볼 것인가 하는 물음과 관련된다. 만일 내가 내 자신의 믿음의 내용 을 검사함으로써 그것들이 '명석 판명' 한지 말할 수 있다면, 명석 판명한 믿음이 진리라는 보장 이 없다. 역으로, 만일 '명석 판명' 함을 진리와 필연적으로 연결되는 것이라고 한다면, 나는 어 떤 믿음이 '명석 판명' 한지를 내성에만 호소함으로써 알 수 있는 것이 아니다. Sober(1995) 결론 참조.

그렇다면 비록 (B)를 살리지 못한다고 할지라도 (A)를 살림으로써 기초적 믿음의 자생적 정당성을 유지할 수는 없는 것일까? 말하자면, 기초적 믿음의 자생적 정당화가 반드시 (A)가 아닌 (B)이어야 하는 이유가 어디에 있는가 하는 점이다. 자생적 정당화란 (B)만을 반영한다고 했을 때, 데카르트적 문제의 해결가능성은 없게 되고 결국 토대론은 우리의 인식 구조에 관한 그릇된 견해일 것이다. 이는 받아들일 수 없다. 인식 정당화의 소급 문제와 관련하여 기초적 믿음이 갖추어야 요건을 상기해 본다면, 소급의 종결자로서 역할하는 것만으로도 최소한의 요건은 만족될 수 있기 때문에 다른 믿음에 의존하여 정당화되지만 않으면 되는 것이다. 이러한 종결 조건은 믿는 것 그 자체로 정당성이 제공되어야 함을 의미하지는 않는다. 그렇다면, 지각 경험이나 내성적 경험 등에 의해 얼마든지 자생적 정당성이 확보될 수 있다는 주장 역시 가능하다. 이로써 (A)를 살리면서 토대론을 유지할 수 있는 길은 열리게 된다.

3. 경험에 주어진 것으로서의 내성적 믿음

자생적 정당화의 현대적 해결 역시 데카르트의 문제와 밀접하게 연관되어 있다. 그런데, (B)가 아닌 (A)를 통해 그 가능성을 타진하는 것은 데카르트의 문제에 대한 해결책이라는 관점에서 제시된 것이다.[49] 여기에서 내세우게

---

49) 현대 인식론자들이 데카르트에게서 물려 받은 유산은 외부 세계에 대한 우리의 일상적인 경험적 믿음들의 정당성을 어떻게 철학적으로 확보해 줄 수 있는가 하는 문제이다. 말하자면, 외부 세계에 대한 우리의 인식이 불가능하다는 데카르트적 교훈은 객관적인 세계를 포기하는 방식이 아니라, 경험적 믿음의 정당화에 관한 이론으로 해결하려는 움직임으로 이어지게 된다. 1930년대를 전후로 하여 루이스(C. I. Lewis)를 필두로 한 경험론적 전통내에서 그 해결 방안을 모색하

되는 기초적 믿음의 일차적인 후보는 이른바 '내성적 믿음'[50]이다. 내성적 믿음이 기초적일 수 있다는 주장에는 감각 경험이 믿음상의 상태(*doxastic state*)가 아니므로 이들에 의해 정당화되는 내성적 믿음은 정당화의 소급 문제와 관련하여 "다른 믿음에 의존하지 않는다."는 요건은 만족시키게 된다.[51] 비록 기초적 믿음에 대한 (B)의 요건은 만족시키지 않지만, 적어도 다른 믿음에는 의존하지 않기 때문에 (A)는 만족시키게 된다. 따라서 기초적 믿음의 요건으로 결코 손색이 없다는 것이다.

이러한 주장이 얼핏 보기에 데카르트가 제시하고 있는 의심불가능성 논제와 같아 보이지만, "그 확실성이 어디에서 비롯되는가"에 대한 답변에 있어 서로 다르기 때문에 차별성을 갖는다. 말하자면, 데카르트에 따른 믿음의 확실성은 그 믿음을 이루는 명제에 의존하는 반면, 내성적 믿음은 주관적 심리 상태를 내성적으로 파악하는 능력이 갖는 절대적 확실성에 따른다는 점에서 확실성의 출처가 다르다.[52] 여기에서 내성은 경험에 주어진 것을 아무런

려는 시도가 그것이다. '경험에 주어진 것'에 대한 믿음을 기초적 믿음으로 보고, 그로부터 나머지 믿음의 정당성을 확보하려는 당시의 노력은 토대론을 유지하기 위한 최선의 대안으로 여겨진다. Triplett(1990) 참조.

50) 여기에서 내성적 믿음은 인지자 자신의 현재 심적 상태(first person current mental stste)에 관한 믿음을 말하며, 이러한 심적 상태로는 'sense data', 'the empirically given' 등으로 불린다.

51) 예를 들어 "내 앞에 붉은 대상이 있다"는 나의 믿음은 붉게 보임이라는 경험에 의해 정당화된다는 기초적 믿음의 요건은 충족될 것이다. 여기에서 착안한 것은 어떠어떠하게 보임이라는 경험이 또 다른 믿음에 의존하지 않으면서 "내 앞에 어떠한 것이 있다"는 나의 믿음을 정당화하는 것이다.

52) 이에 관해 김기현은 "감각 경험에 주어진 것에 대한 믿음을 기초적 믿음으로 간주하는 토대론은 지식의 체계를 확실성의 기반 위에 재구성하려 한다는 점에서 데카르트적 토대론과 일치한다. 이들은, 내성적 믿음들은 지각적 믿음이 갖고 있지 못한 확실성을 갖는다고 생각한다. 내가 의도적으로 거짓말을 하려하지 않는 한, 내성을 통한 나의 감각 경험에 대한 믿음은 틀릴 수가 없다는 것이다. …… 이러한 고찰은 나는 현재 나의 심리 상태에 대하여 거짓된 믿음을 가질 수

매개 없이 직접적으로 파악하는 능력을 의미한다. 그래서 '직접성주의'로 불리우기도 하는 이 견해는 비믿음상의 상태(nondoxastic state)가 기초적 믿음에 직접적으로 정당성을 부여하는 것으로 이해된다.[53] 그렇게 되면, 기초적 믿음에서 비기초적 믿음으로의 이행에 비연역적 정당성을 허용하기 때문에 기초적 믿음과 비기초적 믿음간의 간극을 적절히 메꿀 수 있게 된다. 말하자면, 어떤 경험이 내게 주어진다고 하는 것은 내가 그것의 존재를 믿는 일이 정당화되는 것을 의미하기 때문에, 붉게 보이는 경험이 또 다른 믿음에 의거하지 않고 내 앞에 붉은 대상이 있다는 나의 믿음을 정당하게 한다. 그렇다면, 경험에 주어진 것에 대한 내성적 믿음은 적어도 (A)를 만족시키고 있기 때문에, 기초적 믿음이 되는데 아무런 문제는 없다. 단순히 한 믿음이 확실한 명제를 내용으로 하고 있다는 이유만으로 그 믿음이 정당화되지 않을 수 있다는 데카르트에게 가해진 비판[54]이 여기서는 더 이상 적용되지

없다. 즉 내성적 믿음은 확실하다 혹은 오류불가능하다는 것을 시사한다" 고 주장한다. 김기현 (1998), 182-3쪽.

53) 내성적 믿음을 기초적 믿음으로 제시하는 대표적인 인물로 치즘(R. Chisholm)을 꼽을 수 있다. 그는 현상적 믿음, 말하자면, 나타나는 방식에 관한 믿음은 (A)를 만족시킨다는 것이다. 몇몇 개념적 장치를 동원하여 정교하게 논증하고 있기는 하지만 중요한 것은 '자기 현전성(self-presenting)', 혹은 '자기 제시성(self-intimacy)'이라는 개념을 통해 자생적 정당성를 확보하려 한다는 점이다. 그에 따르면 어떤 사태가 자기 제시적이라는 것은 만일 어떤 사태가 내게 발생한다면, 나는 그 사태가 발생한다고 믿는다는 것이다. 이는 S에게 직접적으로 명증적이고 그 사태가 스스로를 나타내기 때문에 결코 숨겨질 수 없음을 의미한다. 예를 들어, 만일 고통이 나에게 발생한다면, 나는 그 고통을 직접적으로 명증하게 의식하기 때문에 그러한 고통의 존재를 믿지 않을 수 없다는 것을 의미한다. 말하자면, 나에게 감추어진 나의 고통은 있을 수 없다는 것이다. 고통을 내가 의식하지 못한다면, 내게 그러한 고통은 존재하지 않기 때문이다. Chisholm(1977), 22쪽, Chisholm(1982), 1장, Chisholm(1989), 3장, 참조.

54) 데카르트에 따른 기초적 믿음의 확실성은 그 믿음을 이루는 명제의 내용에 의존하기 때문에, 오류불가능하다고 판단되는 명제를 그 내용으로 포함하고 있으며, 따라서 그 믿음의 정당성은 명제에 속하는 이러한 성질로부터 확보된다. 그런데, 확실한 명제를 포함한 믿음일지라도 그 믿음

않는다. 이는 확실성의 기반 위에 우리의 모든 지식을 견고히 재구성하려는 데카르트적 이상과 그 호흡을 같이 하면서 확실성의 지반을 경험의 영역에서 찾는다는 특징을 갖는다. P로 보이는 경험이 다른 믿음에 의존하지 않고 내 앞에 P가 있다는 나의 믿음을 정당화한다는 착상은 토대와 상부구조 사이의 틈을 연역적으로 메꿀 수 없다는 반론을 피함으로써 그 답변을 제공하는 것과 더불어, 토대론이 성립할 수 있는 최소한의 요건인 소급의 종결이라는 역할을 동시에 만족시키게 된다.

기초적 믿음의 자생적 정당성이 믿음이 아닌 경험을 통해 정당화된다는 생각은 (A)를 만족시킴으로써 토대론의 유지라는 데카르트적 꿈을 실현시켜 주게 된다. 그래서 데카르트의 묵은 문제를 해소하고 (A)를 만족시켜 준다는 차원에서 경험에 따른 내성적 믿음의 정당화는 매우 견고한 것으로 비쳐지는 것이다. 그럼에도 불구하고, 경험에 주어진 내성적 믿음들이 '확실성', '오류불가능성'과 같은 인식적 특권을 지닐 수 있느냐의 여부에 관한 논란은 여전히 남게 된다.[55] 그래서 논란의 배경에는 주로 기초적 믿음의 특권적인 측면과 깊이 관련되어 있다. 사실상 반론을 허용하게 되는 이유는 다음의 단순한 의문에서 비롯된다. 나에게 붉게 보인다고 하는 나의 경험이 내 앞에

이 옳지 않은 방식으로 형성된다면, 그 믿음은 인식적으로 정당화될 수 없게 된다.

55) 반론의 유형들에는 크게 '인식적 원리의 순환에 관한 논증[레러(K.Lehrer)에 의하면, "모든 믿음의 정당성은 하나가 다른 하나를 정당화시키는 상호의존적 관계이다"]', '믿음의 순환에 의한 논증[봉쥬르(L. Bonjour)에 의하면, "모든 정당 부여 속성은 궁극적으로는 추론적이다", 레러에 의하면, "믿음의 정당화에 있어 우리가 호소할 수 있는 유일한 것은 또 다른 믿음 뿐이다"]', '믿음의 상승에 의한 논증[봉쥬르에 의하면, "모든 상태는 그것이 정당성을 갖는 경우에만, 정당성을 부여할 수 있다. 명제적 상태 즉 믿음만이 정당성을 가질 수 있다. 따라서 명제적 상태만이 정당성을 부여할 수 있다"]'와 같이 3가지로 볼 수 있는 데, 이들은 내재론적 정당화에 가해지는 비판이다. 그래서 모두 내재론적 소급의 문제로 포섭될 수 있다고 본다.

붉은 대상이 있다는 나의 믿음을 정당화하기에 충분한가 하는 점이다. 앞에서 제시된 바와 같이 토대론자에게 있어서 "이것은 P이다"라는 믿음이 기초적 믿음일 수 있는 이유는 P로 보임이라는 경험에 의해 정당화된다는 주장에 근거하고 있다. 그러나, 내 앞에 P가 있다고 믿는 일이 정당화되지 않으면서 나에게 P로 보이는 경우가 있다면, P로 보인다고 해서 내 앞에 P가 있다는 나의 믿음은 정당화되지 않을 것이다. 다음의 예를 고려해 보자.

[예 1]

영수는 어느 날 한국을 대표하는 화가들의 그림이 전시된 한 전시회에 가게 되었다. 나름대로 미술에 일가견이 있던 그는 전시된 그림을 유심히 감상하다가 한 그림에 눈이 가게 되었다. 영수는 그림에 어느 정도 식견이 있었기 때문에, 면밀한 검토 끝에 그 그림이 진품이라고 확신하게 되었다. 그러나 실제로 그것은 진품이 아니라, 전문가라도 식별하기 어려울 정도로 매우 정교하게 그려진 모조품이었다. 진품은 매우 중요한 작품이었기 때문에 손상 내지 도난의 우려 때문에 바로 뒤에 숨겨 두었으며 대신 모조품을 전시했던 것이다. 그렇지만 영수는 그 앞에 놓여 있는 그림을 보고 진품이라고 믿는다.[56]

이 경우 영수의 인식 체계 내에서 일어나는 일은 진품의 그림을 보고 있는 경우와 동일하며, 따라서 정상적인 시각에 의한 믿음이 인식 정당화된다면, 영수의 믿음 역시 인식적으로 정당화된다고 해야 한다. 그러나 영수는 문제의 그림이 진품이라는 자신의 믿음에 도달하기는 했지만 자신 앞에 진품의 그림이 있다는 것을 안다고 할 수는 없다. 이 예에서 영수의 믿음을

---

56) [예 1]과 다음 장의 [예 2]는 홍병선(1999), 26-7쪽에서 빌려온 것임.

정당화하는 근거는 단지 감각 경험으로서 다른 어떠한 믿음도 전제로 하고 있지 않다. 그렇다면, 경험에 주어진 내성에 따른 믿음을 만족시키고 있기는 하지만, 정당화되었다고 할 수 없는 결과가 나온다. "이것은 P이다" 라는 믿음이 기초적 믿음일 수 있는 이유가 P로 보임이라는 경험에 의해 정당화되기 때문이라고 했을 때, P로 보임이 "내 앞에 P가 있다" 는 믿음을 정당화할 수 없다면 "내 앞에 P가 있다" 는 믿음이 기초적이지 않음은 물론이다. 따라서 "내 앞에 P가 있다" 는 믿음의 정당화를 위해서는 P로 보이는 것 이외에 또 다른 측면이 요구된다는 것을 의미한다.

이와 같이 경험에 주어진 것에 대한 내성적 믿음이 이와 같은 반례를 허용하게 되는 보다 근본적인 이유는 어디에 있는 것일까? 그 이유의 속사정을 들여다보면, 경험에 주어진 것에 대한 내성적 믿음이 정당화되기 위해서는 인식 주관이 내성이라고 하는 인식능력이 믿을만한 것임을 알아야 할 것에 대한 요구가 깔려있다. 다시 말해서, 내성적 믿음에 어떠한 거짓 전제도 포함되서는 않된다는 인식 주체의 의식이 동반되어야 함을 의미한다. 그렇다면, 모든 믿음의 정당성은, 그 믿음이 참이라는 내성적 믿음이 감각 경험에 의해 정당화되기 위해서는, 그러한 경험에 주어졌을 때, 왜 그 믿음을 참이라고 할 수 있는지에 대한 이유를 인지자 자신이 소유하고 있어야 할 것이 전제되어야 한다. 내성적 믿음이 기초적일 수 없다는 가장 강력한 비판으로 알려진 봉쥬르(R. Bonjour)의 반론 역시 이와 동일한 맥락에서 이해될 수 있다. 그의 주장에는 어떤 믿음이 되었건 그것이 정당성을 갖기 위해서는 그 믿음이 왜 참인지에 대한 별도의 믿음이 요구되며, 그 믿음 역시 정당화되어야 한다는 주장을 담고 있다.[57] 이는 어떤 믿음이 인식 주체의 정당한 믿음이기 위해서는 그 믿음이 참인 이유를 그 자신이 소유하고 있어야 한다는 것이 전제되어야 하고, 그 전제란 어떠한 믿음의 정당화도 인식 주체의 내적 상태에 좌우된다는 내재론적 관점에 입각하고 있다. 이러한 내재론적 관점에 따라 기초적 믿음이 참이라고 하는 이유를 인식 주체가 소유해야 할 것이 요구되기 때문에 이 요구는 무한하게 계속될 것이고 결국 내재론적 소급[58]을 야기하게 된다.

지금까지의 논의를 토대로 다음과 같이 정리할 수 있을 것이다. 경험에 주어진 것에 대한 내성적 믿음은 내재론적 관점을 전제하고 있다. 따라서 [예 1]을 허용하게 되는 것도 이와 같은 내재론적 관점에 입각하고 있기 때문이다. 더 나아가 이러한 내재론적 관점은 내재론적 소급을 동반하기 때문에 어떠한 믿음도 기초적일 수 없게 되고, 그렇다면 (A) 역시 만족시킬 수 없을 것이다. 결국, 경험에 주어진 것에 대한 내성적 믿음으로 기초적 믿음을 삼으려는 계획은 이제 실패한 것으로 규정지어야 하는가?

이 물음에 '그렇다'고 답할 경우, 믿음의 정당화에 인과 관계와 같은 '외재론적 개입'을 허용하는 것만이 유일한 대안될 수 있다는 노선을 걸을 수 있다. 이 노선에 의하면 한 믿음이 지식이 되기 위해서는 그 믿음이 참이어야 하고, 그 믿음을 참이게 하는 사실과 인과 관계를 맺고 있어야 한다.[59] [예

---

57) 물론 봉쥬르 자신도 이 점을 분명히 의식하고 있었다. 비록 인식정당화의 구조를 달리 설정하고 있기는 하지만, 그의 정합론 역시 내재론임에 분명하기 때문에 그 돌파구를 '믿음상의 가정 (doxastic presumption)'이라는 장치를 동원하여 해결하려 한다. Bonjour(1985), 101-6쪽 참조.

58) 내재론적 소급에 관해서는 Jacobson(1992), 416쪽, Bonjour(1985), 16-33쪽을 참조하기 바람.

59) 이를 정식화하면, "S가 p를 믿는 일이 적절한 방식에 따라 p라는 사실에 의해 인과적으로 발생하는 오직 그 경우에 한해 S는 p를 안다"가 된다. 말하자면, 내 앞에 책이 있다는 것을 본다는 사실은 나로 하여금 내가 책을 보고 있다는 것을 믿도록 만든다. 왜냐하면, 내 앞에 있는 책을 보는 일이 내가 책을 본다고 믿게 만드는 원인이 되기 때문이다. 이후에 그는 자신에 가해진 비판

1]에서 영수의 믿음이 형성된 원인은 진품이 아닌 모조품으로서 결국 그의 믿음은 모조품과만 인과적 관계를 맺고 있을 따름이다. 따라서 주어진 경험에 의해 문제의 그림이 진품이라는 영수의 믿음은 정당화될 수 없다. 반대로 영수의 믿음의 원인이 된 그림이 진품이었다면, 영수가 그 사실을 직접 지각하고 이 사실에 대한 지각 때문에, 그 앞에 진품이 있다고 영수가 믿었다면, 그 믿음은 정당화되었으리라는 것이다. 이처럼 외재론적 관점을 도입함으로써 내성적 믿음에 제기된 [예 1]과 같은 반례에 대해서도 손쉽게 해소할 수 있다는 점에서 매력적임에 분명하다. 뿐만 아니라, 내재론에 제기되는 소급의 문제를 차단함으로써 기초적 믿음이 되기 위한 요건인 (A) 역시 살릴 수 있다.

인과론적 개입이라는 외적 조건을 통해 [예 1]의 문제를 해결하고 내재론적 소급을 종결시킬 수 있다는 발상은 인식정당화론에 중대한 변화를 가져오게 된다. 전통적인 인식론에서 그토록 거부해 온 인식론에 외재론적 전략을 도입함으로써 어찌되었건 소급만큼은 종결시키고 보자는 의도가 깔려 있다는 의혹이 제기될 수 있기 때문이다. 이러한 우려의 출처는 어디에서 비롯된 것일까? 전통적인 인식론자들이 제시하고 있는 토대론이란 믿음들이 정당하기 위해 갖추어야 할 구조에 대한 규범적 이론으로 여겼다. 그래서 확실성에 근거한 기초적 믿음을 출발점으로 하여 우리의 모든 지식 체계를 견고하게 재구성하는 것이 인식론의 임무라고 생각한 것이다. 이러한 관점에서 볼 때, 감각 경험에 따른 내성적 믿음에 비추어 그 확실성이 보장되지 않는 외부 사태에 대한 믿음을 기초적 믿음으로 여길 수 없었던 것이다. 감각

을 고려하여 보다 세련된 형태로 "정당화된 믿음이란 신빙성 있게 그 참임을 산출하는 믿음-형성 과정에 의해 야기된다"고 주장하고 있다. Goldman(1967), Goldman(1979), 참조.

경험에 주어진 것에서 그 참임에 대한 의식이 동반되지 않은 상태로 단순히 외부의 사태에 대한 믿음을 구성하는 것은 오류의 가능성에 그대로 노출될 수밖에 없다는 지적이다.[60] 그렇기 때문에, 내재론적 관점에 따른 정당화만이 오류의 가능성을 차단할 수 있다는 것이다. 이러한 관점에서 본다면, 외재론을 도입함으로써 정당화의 소급을 차단하는 것이 자칫 미봉책에 불과할 것이라는 주장도 설득력 있게 들린다.

4. 토대론이 해결해야 할 남은 문제들

경험에 주어진 것에 대한 내성적 믿음에 제기된 반례에 대해 아직 분명하게 응수하지는 못했다. 다만 외재론적 관점에 입각하여 [예1]의 문제에 대한 답변의 타진과 그것이 내재론적 관점에서 볼 때, 오류의 가능성에 노출될 가능성이 오히려 크다는 점을 개괄적으로 제시했을 따름이다. 그럼에도 불구하고, [예1]에 답하기 위해 어떤 믿음이 그 사실로부터 야기되지 않을 경우 지식이 될 수 없다는 생각을 떨치기는 어렵다는 사실이다. 내가 양을 식별함에 있어 나의 인식 과정이 양이 있다는 사실에 의해 야기되지 않는다면, 내가 그 동물이 양이라는 사실을 안다고 할 수 있는가 하는 점이다. 결국 한 믿음의 정당화는 그 사실로부터 신빙성 있는 믿음-형성 과정에 의해 야기되는 외적

---

60) 일반적으로 외재론에 따르면 기초적 믿음을 정당화하는 속성이 외부와의 적절한 관계에 의해 결정되기 때문에, 기초적 믿음을 참이게 하는 그러한 관계는 인지자의 주관적 파악과는 무관하다는 것이다. 그래서 외재론적 조건을 충족시킴으로써 그 자신이 내적 의식과는 무관한 선견지명의 능력, 예지력, 투시력 등에 의해 산출된 참인 믿음이 정당화될 소지가 있음을 염두에 둔 지적이다. Bonjour(1985), 38쪽.

조건을 만족시킴으로써 확보될 수 있다는 점을 시사한다. 그렇다면 여기에서 요구되는 신빙성은 사실적 신빙성이 될 것이다. 내가 P임을 식별함에 있어 사실적 신빙성이 있다는 것은 인식 주관의 개입과는 무관할 수 있다는 의미에서 외적인 문제이다.

이와 같이 사실적 신빙성이라는 외재론적 관점을 도입함으로써 내재론적 소급을 차단하고, 이에 따라 기초적 믿음에서 요구되는 (A)의 조건을 만족시킬 수 있기는 하지만, 이 역시 내재론적 관점에서 볼 때 다음과 같은 결정적인 반례를 허용하게 된다.[61]

[예2]

위의 [예 1]에서 영수가 관람한 전시회에서 진품이 바로 뒤에 숨겨져 있던 것이 아니라 모조품과 나란히 전시되어 있었다고 하자. 영수는 두 그림 가운데 진품을 가려내려 애를 썼지만 아무리 해도 두 그림 간의 차이점을 찾을 수 없었으나 신중하게 검토한 끝에 그 중 하나를 진품으로 확신하게 되었다. 그런데 영수가 진품이라고 지목한 그림이 실제로 진품이었다.

이 예에서 영수가 지목한 그림이 진품이라는 그의 믿음은 참이며 또한 실제로 영수의 믿음을 참이게 하는 사실이 그의 믿음의 원인이 되고 있다. 영수의 믿음은 즉 인과론적 개입을 만족시키고 있으며, 따라서 새로운 지식의 정의에 의하면 충분히 지식으로서의 자격을 획득한다. 그러나 [예2]에서 영수는 자신이 보고 있는 그림이 진품임을 알고 있다고 말할 수는 없을

---

61) Lehrer(1990), 48-50쪽 및 Goldman(1976), 121-123쪽 참조.

것이다.[62]

이 반론을 결정적으로 여기는 인식론자라면, 진품의 여부를 식별함에
있어 인과적 조건을 만족시키고 있음에도 불구하고 진품임을 안다고 할 수
없는 결과가 초래될 수 있기 때문에, 지식이 되기 위해서는 내재론적 개입이
필수적이라고 여길 것이다. 그렇다면, 내가 진품임의 여부를 식별함에 있어
단지 그 사실에 의해 야기되어야 할 것에 대한 요구라기 보다는, 내가 그
작품이 진품이라고 여길만한 합당한 근거(이유)를 가져야 할 것에 대한 요구가
되어야 할 것이다. 여기에서 내가 진품임을 식별함에 있어 내 자신이 그것이
진품이라고 여길만한 합당한 이유를 가지고 있는지는 전적으로 나의 주관적
관점에 속하는 곧 내적인 문제가 된다. [예 2]에서 내가 지니고 있는 유일한
인식적 근거는 그 작품에서 주어진 '감각 경험' 이다. 두 작품이 나란히
전시되어 있다는 선택적 상황이 있기는 하지만, 지목한 작품이 진품이 아닌
모조품이라고 하더라도 동일한 경험이 주어졌을 것이다. 따라서 나의 경험은
그 원인이 되는 작품이 진품이라고 믿을만한 합당한 이유가 되지 못한다.
즉, 나의 믿음은 신빙성 있는 믿음-형성 과정에 의해 야기되지 않았기 때문이
아니라, 인식적으로 정당하다는 나의 의식을 동반하고 있지 않기 때문에

---

62) 코헨(S. Cohen)이 제기하고 있는 예도 이와 동일한 맥락에서 이해할 수 있다. 사악한 악마의 세계
   에서 우리의 인지 능력이 신빙성이 없다고 할지라도 우리의 믿음이 정당화되는 경우를 생각할
   수 있다. 우리의 지각 경험이 사악한 악마에 의해 야기된다고 했을 때, 그 경우 우리는 실제로는
   아무것도 없음에도 불구하고 물리적 대상들로 이루어진 세계가 있다고 믿도록 속임을 당하게
   되는 존재이다. 그러나 우리 자신이 그러한 속임수의 희생자라고 생각할 어떠한 이유도 가지고
   있지 않다. 그러한 조건하에서 실제로 존재하지 않는 물리 세계에 관한 우리의 믿음은 실제의
   세계에서와 같이 대부분 정당화된다는 것이다. Cohen(1984), 281쪽. 이에 대한 판단은, 만일 A
   라는 세계에서의 경험 a와 B라는 세계에서의 경험 b가 인지자의 의식적 개입에 따라 구별될 수
   없다면, a와 b는 둘 다 정당화되는 경험이거나 혹은 둘 다 정당화되지 않는 경험이라는 전제에
   근거하고 있다.

안다고 할 수 없는 것이다. 또 다시 반전되고 말았다. 이에 따를 경우 지식의 성립은 오직 내재론적 관점에 의해서만 확보될 수 있기 때문에 기초적 믿음의 자생적 정당화 역시 내재론적 관점을 그 기반으로 할 수밖에 없다는 의미로 해석된다.

그럼에도 불구하고, 외재론적 관점을 배제하고 내재론적 관점에 입각한 정당화만이 가능하다는 그들의 주장을 속단하기에는 아직 이르다. 왜냐하면, 기초적 믿음의 자생적 정당화와 관련하여 외재론자들이 끝까지 물고 늘어질 수 있는 소지는 얼마든지 있기 때문이다. 그들에 의하면 내재론이 궁극적으로 처하게 되는 곤경의 근본적인 이유는, 다름 아닌 인식 주체의 의식적 개입에 따른 정당화 개념에 근거하기 때문이라고 주장할 것이다. 인식 정당화가 인식 주체의 개입에 따를 경우 상위 의식을 끊임없이 요구하게 될 것이고, 이러한 무한 소급의 요구는 결국 회의론적 결론으로 이어질 것이라는 주장이다. 이러한 귀결은 인식 주체의 의식 상태를 개입시키는 내재론적인 정당화에 집착하는 한 피할 수 없는 일이기 때문에 내재론적 개입을 배제하는 것만이 이와같은 귀결로부터 벗어나게 된다고 주장할 것이다. 이처럼 내재론적 관점에 따른 정당화는 결국 기초적 믿음을 받아들이지 않는 결과가 되기 때문에 내재적 토대론은 성립될 수 없다고 주장하게 된다.

지금까지 [예1]과 [예2]를 통해 우리는 믿음의 정당화 부여 속성과 관련하여 두 견해가 첨예하게 대립되고 있음을 보았다. 결국 토대론의 성립가능성 여부와 관련하여 귀결되는 바는 기초적 믿음의 정당화 부여 속성에 관한 문제에 있음을 다시금 확인할 수 있었다. 그 속성을 무엇으로 보느냐에 따라 기초적 믿음의 자생적 정당성이 확보되는 방식이 달라질 수 있기 때문이다. 그 속성이 내재론적 관점에 따를 경우, 기초적 믿음의 자생적 정당화에 인식 주관의 의식이 필수적이라는 측면에서 데카르트적 전통과의 연상선상에서 이해될 수 있다. 그럼에도 불구하고, 내재론적 소급이라는 난제를 떠안고 있기 때문에 이를 해결하지 않는 한, 기초적 믿음이 되기 위한 조건 (A)를 확보하기란 어렵다는 문제를 앉게 된다. 물론 그 돌파구를 찾는 것이 그리 쉽지만은 않을 것으로 보인다.

반면, 외재론적 관점에 따를 경우 적어도 P로 보임이 "내 앞에 P가 있다"는 믿음을 정당화할 수 없는 상황에 직면해서 신빙성 혹은 인과론적 개입이라는 외적 요인을 도입함으로써 이러한 문제를 종식시키고 객관적인 사실을 충실하게 반영해 준다는 효과를 기대할 수 있다. 동시에 내재론적 소급을 차단할 수 있기 때문에, (A)의 요건을 만족시킬 수 있다는 점에서 유리한 고지에 있기는 하다. 그러나 인식정당화를 위해 인식 주체의 개입(접근)을 배제해 버린다면 [예2]에서와 같은 반례를 허용하게 될 것이다. 말하자면, 한 믿음의 참임에 대한 의식은 인식 주관의 평가를 통해 가능한 것인데, 이와 같은 평가는 결코 사실적인 성격을 지닐 수 없다는 점이고, 따라서 '합리성'을 배제시키고 말게 될 것이다.

이러한 사실은 우리에게 무엇을 말해 주는가? 내재론적 관점만을 고집한다는 것은 사실과의 괴리를 결국 인정하는 꼴이 되고 만다는 것을, 외재론적 관점만을 고집한다는 것은 인간 의식의 배제라는 막다른 길을 선택하는 결과가 되고 만다는 것을 말해주고 있지 않은가? 결국 토대론 성립의 가능 근거라 할 수 있는 기초적 믿음의 자생적 정당화를 둘러싼 논란은 궁극적으로 내재론과 외재론의 대립 양상으로 그 논쟁의 성격이 전환되고 있음을 보여준다. 말하자면, 기초적 믿음에 대한 자생적 정당성의 확보는 내재론·외재론의 대립이 말해주는 바에 따라 결정될 수 있음을 시사한다.

물론, 두 관점에서 해결해야 할 과제가 여전히 남아 있는 한, 토대론이 종말을 고했다고 선언하기에는 아직 이르다.

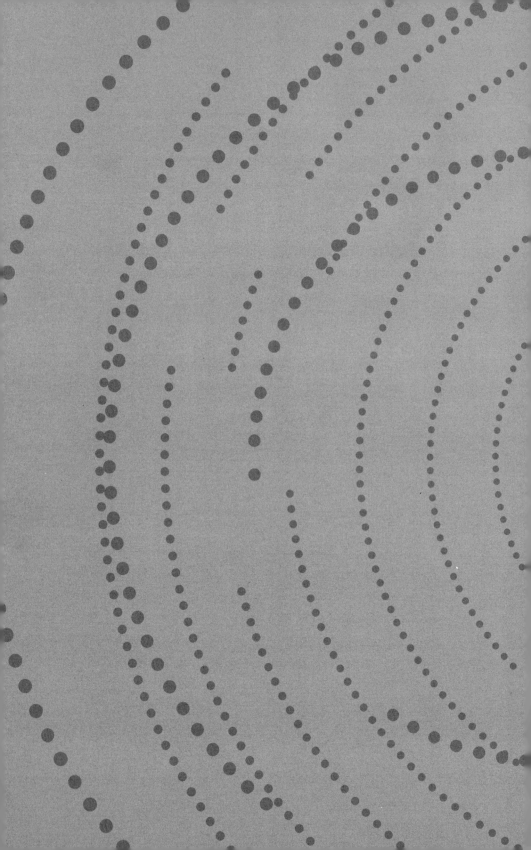

제3장

인식적 내재주의와
무한소급의 문제

1. 내재주의적 소급 문제

토대론(foundationalism)과 정합론(theory of coherence) 그리고 증거론(evidentialism) 등을 비롯한 인식적 내재주의(epistemic internalism)에 대해 가해지는 비판 가운데 가장 치명적인 것으로 알려진 것은 이른바 소급(internalistic regress)과 관련된 문제일 것이다. 인식론에서의 자연화 전략을 포함하는 그 어떠한 외재론적 계획에서도 끝까지 물고 늘어지는 부분이 있다면 바로 여기에 있을 것이다. 이들은 내재론이 극복하기 어려운 난제로 이를 지목하면서 그 극복의 가능성을 애써 축소시키려는 경향이 짙은 것 또한 사실이다.

그렇다면 내재론적 소급이 발생하는 이유는 무엇이며, 또 어디에서 비롯된 것일까? 분명한 것은 한 믿음의 정당화 부여 조건이 무엇이건 간에 내재론자들은 정당화가 이루어지기 위해서는 단순히 그 조건이 성립하는 것으로는 충분치 않으며, 인지자가 그 조건이 성립한다는 사실에 직접적으로 접근(directly access)해야 할 것에 대한 요구에서 비롯된다. 그런데 내재론자들에 따르면 그 사실에 직접적인 접근이 가능하기 위해서는 그 사실을 이루는 것이 인지자에 내재적이어야 혹은 인지자의 '마음 안에' (in the mind) 존재해야 한다고 생각한다. 그처럼 '마음 안에' 존재하는 것의 가장 대표적인 예로 들만한 것은 아마도 '감각 자료(sense data)' 일 것이다. 감각 자료는 인식 주체가 그에게 접근할 수 있는 일종의 특권적 지위를 갖는다는 의미에서 '심성 내에' 있다. 여기에서 인식 주체가 '특권적 접근 가능성(privileged access)' 을 갖는 것으로 '마음 안의' 감각 자료가 지니는 의미는 곧 내재론과 외재론간에 실제로 문제가 되는 것이 무엇인지를 이해할 수 있는 실마리를 제공해준다.

내재론자들이 정당화 부여 조건으로서 인지자 자신만이 직접적으로 접근할[63] 수 있는 특권적인 지위를 갖는 그러한 조건만을 막무가내로 주장하는 사람들로 흔히 비판자들에게 비쳐지는 것이 사실이다. 내재론에 대해 갖는 이러한 견해는 지식 혹은 인식 정당화가 전적으로 인지자 내부에서 이루어져야 할 문제라고 내재론자들이 보는 데서 비롯되었을 것인데, 이러한 점들이 특히 외재론자들에게는 좋은 반론의 표적이 되는 것이다. 말하자면 한 믿음의 정당화가 인지자의 직접적인 접근에서 비롯된다는 사실은 그 믿음의 정당성에 대한 정당한 의식의 소유에서 비롯되어야 한다는 것을 의미하고, 이러한 요구가 그 반론의 빌미를 제공하게 되는 것이다. 이와 같이 내재론적 소급이 발생하게 되는 이유가 접근(access)에 대한 요구에서 비롯된다는 사실이 외재론의 진영에서 보자면 여기에 소급이라는 원죄의 딱지를 붙여 지식에 대한 회의론적 귀결의 불가피성이라는 의도를 동시에 포함하고 있다는 사실이다. 그런데 필자가 보기에 이러한 소급의 문제가 발생하게 된 보다 본질적인 이유는 접근에 대한 단편적인 이해에서 기인한 것이라고 생각한다. 이는 소급이 접근의 요구를 단일한 방식으로 해석한데서 비롯된 것이므로 이를 달리 해석함으로써 그 차단의 가능성 또한 모색될 수 있다는 말이기도 하다.

　　소급의 문제가 외재론에 발목을 잡힐 수 있는 유일한 관건이 된다고 했을 때, 지금까지 내재론적 소급의 문제에 대해 대처해 온 방식은 한 믿음의 정당성에 대한 인식주관의 접근의 불가피성에 따라 상위 의식의 요구가 필수적일 수밖에 없다는 내재론 고유의 입장만을 되풀이한 것에 지나지 않은

---

63) 여기서 말하는 '접근'(access)이 그 자체 인식적 개념임은 물론이다.

것으로 평가된다. 이는 소급에 대한 차단의 효과를 지닐 만큼의 응수가 충분히 이루어지지 못했다는 말이기도 하다. 따라서 이후의 논의에서는 내재론적 소급의 차단과 관련된 문제를 중심으로 특히, '접근'의 문제를 둘러싸고 전개된 쟁점들에 대한 검토를 통해 그 해소 방안을 마련하는 데 주안점을 두고 이루어질 것이다. 이를 위해 선행적 논의에서의 문제점들을 되짚어 보는 것이 필수적이다.

2. 내재론적 무한소급에 갖는 의미

인식정당화의 본성을 밝히는 작업은 다음 진술, 즉

(J) "S의 믿음 p가 속성(features) F1, F2, F3, …을 갖는 경우 오직 그 경우에 한해, p는 인식적으로 정당화된다."

를 만족하는 속성 F들을 찾는 일이 될 것이다. (J)는 S의 믿음 p가 어떤 특정한 속성 F들을 갖는다면 정당화됨을 말하고 있는데, 이러한 의미에서 F들 각각은 정당화된 믿음이 되기 위한 속성이 된다. 인식 정당화의 본성을 해명하기 위한 결정적인 관건인 바로 이러한 속성을 내재론에서는 인식 주체의 내적 속성(internal feature)에서 (J)를 충족시키는 속성들을 찾으려는 입장이라고 할 수 있다. 그러나 여기에서 (J)를 만족하는 정당화 부여 속성 F1, F2, … 등이 무엇이건 간에 내재론의 입장에서는 어떤 믿음이 정당화되기 위해서는 그 믿음이 속성 F를 단순히 지니고 있는 것만으로는 충분하지 않다.

말하자면 그 사실을 인지자 자신이 스스로 의식하고 있거나 파악하고 있지 않으면 안 된다. 이를 위해서는 그러한 속성에 대한 인지자 자신의 직접적인 접근(directly access)이 요구된다.[64] 왜냐하면 그러한 속성들이 인지자가 직접적으로 접근할 수 있는 것이 아니라고 한다면 인지자 자신이 그것들을 의식하거나 파악하기가 불가능할 수 있기 때문이다. 바로 이러한 요구가 필연적으로 내재론자들이 인정하는 정당화 속성을 제약하게 되는 결과로 나타나게 된다. 따라서 그렇게 의식한 혹은 파악한 내용에 대한 정당화의 요구는 결국 내재론자들이 무한 소급의 길로 접어들게 됨을 의미하고, 이는 내재론자들의 요구에 따른 당연한 귀결로 보인다. 이것이 내재론적 무한 소급(internalist regress: 이하 IR)의 문제를 발생시키는 동기를 이루게 된다. 다시 말해 내재론은 어떤 인식 주체가 정당화된 믿음을 갖는다고 하는 것은 그 사람이 정당화된 믿음을 갖는다는 것을 정당하게 믿고 있음을 함축하는 것으로 해석되는데 바로 여기에서 내재론자들은 무한 소급이라는 곤경에 빠지게 되는 것이다. 내재론자들이 가장 신경을 곤두세우고 있는 부분도 바로 여기에 있으며, 외재론자의 입장에서 지속적으로 반론을 펴온 것도 주로 이 문제와 관련된 것이다.

위에서 설명한 IR이 발생하는 경위를 제이콥슨(S. Jacobson)은

---

64) 내·외재론의 구분에 관해서는 김기현 교수의 설명이 비교적 선명하다. 그의 말을 직접 들어보자. "… 인식론의 관점에서 볼 때 인식 체계 내에서 발생하는 것이라고 하여 모두 내재적이라 할 수 없다. 인식 체계 내에서 발생하는 것들 중에서 내성(introspection)적으로 포착될 수 있는 정보를 가진 것만이 내재적인 것으로 간주되어야 한다. … (I) 인식론의 관점에서 볼 때, x가 S라는 사람에게 내재적이라 함은 x가 S에 의하여 내성가능함을 의미한다. … 내재적인 것과 외재적인 것은 상호 배타적이면서 동시에 모든 경우를 포괄하여야 한다는 것을 고려할 때, 외재성은 다음과 같이 정의된다. (E) 인식론의 관점에서 볼 때, x가 S라는 사람에게 외재적이라 함은 x가 S에 의하여 내성가능하지 않음을 의미한다." 김기현(1998), 5장.

Jacobson(1992)에서 다음과 같이 정식화하고 있다. 제이콥슨은 우선 인식적 정당화에 대한 다음과 같은 입장은 문제를 야기하지 않음을 지적한다.

> (CT) S가 p라고 믿는 것이 정당화되는 것은 믿음 p가 정당화 부여 속성을 지니는 경우 또 오직 그 경우에 한한다.[65]

그러나 내재론자들은 (CT)와 같은 정식화로 만족하지 않는다. S의 믿음이 정당화되기 위해서는 p에 대한 정당화 부여 속성의 확보뿐 아니라 그 사실에 S가 직접적으로 접근하여 그에 대한 의식 내지 믿음을 가져야 할 것이 요구된다. 앞서 지적한 것처럼 그러한 요구를 충족하기 위해서는 정당화 부여 속성이 S가 직접적으로 접근할 수 있는 종류의 것이 아니면 안 된다. 그러나 내재론자들의 요구는 여기에서 그치지 않는다. 그들은 p가 정당화 부여 속성을 지닌다는 것을 S가 믿는 것만으로는 부족하며 그러한 S의 믿음이 정당화될 것도 필요하다고 주장한다. 왜냐하면 그렇지 않을 경우, 그 믿음이 단지 우연적으로 참일 수 있을 것이기 때문이다. 이것은 내재론자들이 정당화에 대해 (CT) 대신 다음과 같은 정식화를 지지하고 있다는 것을 의미하는 것이다.

> (CT *) S가 p라고 믿는 것이 정당화되는 것은 믿음 p가 다음 조건을 만족하는 경우 또 오직 그 경우에 한한다. 즉
> (1) 믿음 p가 정당화 부여 속성을 지니고 있으며,

---

65) Jacobson(1992), 416쪽. IR은 내재론 가운데에서도 그 주된 표적이 정합론에 있다. 따라서 제이콥슨도 (CT)를 정합론에 맞추어 "S가 p라는 믿는 것이 정당화되는 것은 그것과 관련된 S의 믿음의 집합 (Y)와 정합하는 경우 또 오직 그 경우에 한한다"로 나타내고 있다.

(2) 믿음 p가 정당화 부여 속성을 지니고 있다는 S의 믿음이 정당
화된다.[66]

(CT*)는 IR을 발생시킨다. 만일 (a) (CT*)가 옳다고 하고, (b) 또한 S가 명제 p를 믿는 것이 정당화되었다고 하자. 이 경우, (CT*)의 (2)에 의해 (c) p가 정당화 부여 속성을 지니고 있다는 S의 믿음은 정당화될 것이다. 만일 (CT*)과 (c)가 모두 참이라고 한다면, (d) p가 정당화 부여 속성을 지니고 있다는 믿음 그 자체가 또한 정당화 부여 속성을 지니고 있다는 S의 믿음도 정당화된다는 결론이 나올 것이다. 만일 (CT*)과 (d)가 모두 참이라면, (e)… 등이 계속해서 귀결될 것이다. 이처럼 내재론적 관점에서 어떤 명제를 정당하게 믿기 위해서는 다른 인지자는 무한히 많은 명제들을 정당하게 믿어야 한다는 결론이 나오게 되고, 따라서 어떤 인지자도 내재론적 정당화 조건을 충족시킬 수가 없게 된다.

우리가 믿음이 정당화되기를 원하는 것은 문제의 믿음이 우연적으로 참이 되는 상황을 배제하기 위함이다. 내재론자들은 그러나 우리의 믿음이 우연적으로 참이 되는 것을 막는데는 그 믿음이 어떤 정당화 조건을 충족시키는 것으로는 부족하며 인지자가 그 사실에 대한 정당화된 믿음을 지니는 것이 필요하다고 생각한다. 왜냐하면 "정당화된 믿음을 갖는다고 하는 것은 인지자가 정당화된 믿음을 갖는다는 것을 정당하게 믿고 있다는 것을 포함하는 것"이기 때문이다. 다시 말해 내재론적 관점에서는 한 믿음을 정당화하기 위해서는 그것의 참임에 대한 인식 주관의 상위 의식과 그것의 정당화가 요구될 수밖에 없기 때문에 정당화의 요구를 만족시킬 수 있는

---

66) 앞의 책, 같은 쪽.

유일한 방식은 무한하게 증가하는 복잡한 의식 지향적 상태를 갖는 심적 가능성을 허용해 버리는 길밖에 없게 된다. 이러한 난감한 결과는 인식 주관이 특권적으로 접근할 수 있는 것에 의거하여 인식적인 정당화를 설명하려는 내재론자들의 동기에서 비롯된다.

    IR이 작동하는 것은 믿음의 정당화가 그 믿음이 정당화되었다는 상위 믿음의 정당화를 포함한다는 정당화에 대한 내재론자들의 관점에서 기인한다. 따라서 정당화 개념을 구체적으로 어떻게 분석하는가? 와는 상관없이 내재론에 속하는 모든 이론이 그 사정거리 내에 들 수밖에 없으며 특히 인식 의무론적 견해뿐 아니라 내재론의 전형이라 할 수 있는 '증거론' 도 여기에서 자유로울 수가 없다. 예를 들어 인식 의무론적 견해에서 말하는 '인식적 책임' 은 인식 주관의 의무에 대한 이행 여부와 관련된 것으로서, 그 의무의 이행 여부는 정당화 결정의 관건을 쥔 믿음의 주체에 관한 것이지 믿음 그 자체에 관한 것은 아니다. 따라서 인식 정당화를 인식 주관의 접근을 통한 진리의 확보에 둘 경우 IR은 여전히 발생한다. 한 믿음을 정당화함에 있어 인식적 책임을 다하기 위해서는 그 믿음을 갖는 것이 정당화된다는 상위 믿음을 인식 주체가 소유할 것이 요구된다. 그러나 인식 주체가 단순히 상위 믿음을 갖는 것으로 인식적 책임을 다했다고 할 수는 없을 것이다. 왜냐하면 그 믿음의 정당화여부에 대한 (인식 의무에 따른) 합리적인 판단 없이 상위 믿음만을 단순히 가질 수 있기 때문이다. 한 믿음이 정당화된다는 상위 믿음을 가져야 한다는 인식적 책임의 조건은 곧 메타-정당화 조건이 되는데, 이는 결국 IR을 초래하게 된다. 한마디로 인식 의무란 그 믿음에 대한 참임을 의식하는 반성적 의무를 말하는 것이고, 이러한 의무를 이행한다고 하는 것은 상위 의식에 대한 정당화를 통해서 실현되는 것이다. 이러한 상위 정당화는 물론 현재의 믿음에 대한 완벽한 정당화를 실현하기 위한 것인데, 이와 같이 상위 의식에 대한 정당화의 요구는 결국 소급을 야기하는 결과를 초래하게 된다.

앞서 언급한 것처럼 내재론자들은 믿음뿐만이 아니라 믿음의 정당화 조건도 인지자가 직접적으로 접근 가능해야 할 것을 요구한다. 그 경우에 한해 인지자는 문제의 믿음이 정당화 조건을 충족시킨다는 사실에 직접적으로 접근할 수 있기 때문이다. 그러나 그 사실에 직접적으로 접근했다는 것은 그에 관한 믿음, 즉 상위 믿음이 형성되었다는 것을 의미하는 것이다. 이러한 상위 믿음 역시 정당화를 하지 않을 수 없으며 이렇게 해서 내재적인 방식으로 정당화를 해야 하는 무한히 많은 믿음의 체계들이 형성되는 것이다. IR은 결국 정당화에 관한 내재론적 특성에서 비롯되는 것인데, 분명한 것은 IR이 내재론이 안고 있는 가장 큰 취약점 가운데 하나라는 사실이다. 따라서 내재론의 입장에서는 내재론적 소급의 문제가 시급히 해결되지 않으면 안 되는 커다란 걸림돌임에 분명하다. 내재론의 테두리 안에서는 소급의 문제를 해결할 수 없을 것이라는 비관적 견해가 외재론처럼 상위 정당화를 요구하지 않는 정당화 개념으로 시선을 돌리게 하였지만, 그럼에도 불구하고 내재론에서는 굳이 외재론적 정당화 전략에 의존하지 않으면서 그 해결의 실마리를 찾고자 한다.

3. 내재론적 소급과 '의견상의 가정'

앞 장에서 살펴 본 것처럼 IR은 인식적 정당화를 부여하는 속성이 무엇이냐 하는 것과는 상관이 없다. 정당화 부여 속성 그 자체가 무엇이건 간에 정당화가 이루어지기 위해서는 문제되는 믿음이 그 속성을 지니는 것으로는 충분치 않으며 그 믿음이 그 속성을 지니고 있다는 것을 인식 주체가 정당하게 믿어야 한다는 요구가 있을 때 비로소 IR은 작동하게 된다. 다시 말해, 정당화된 믿음을 갖는다는 것은 정당화된 믿음을 갖는다는 것을 정당하게 믿고 있음을 함축할 경우에 IR은 발생하게 된다.[67] 그렇다면 신빙론자들과 같은 외재론들이 내세우는 정당화 부여 속성, 즉 신빙성 있는 믿음 형성 과정에 따라 형성되어야 한다는 조건에 대해서도 IR과 같은 소급이 일어날 수는 있다. 예를 들어 신빙론자들에게 있어 한 믿음이 정당화되는 것은 단지 그 믿음이 신빙성 있는 믿음 형성 절차에 따라 형성되었을 뿐 아니라 인식 주체 내에서 원래의 믿음이 신빙성 있는 믿음 형성 절차에 따라 형성되었다는 상위의 믿음이 신빙성 있는 믿음 형성 절차에 따라 형성되어야 한다고 요구한다면 IR이 발생할 소지가 있게 된다.[68] 물론 외재론자들은 한 믿음의 정당화 조건으로서 믿음이 정당화 부여 속성을 지닐 것, 즉 신빙론자들의 경우에는 신빙성 있는 믿음 형성 절차에 따라 형성되었다는 것만을 요구할 뿐이다. 따라서 그 사실에 인식 주체가 또다시 직접적으로 접근할 것을 추가로 요구한다고 보기 어렵다. 그럴 경우 무한 소급은 발생하지 않는다.

지금까지 우리는 IR이 한 믿음의 정당화에 있어 그 믿음의 정당화 조건에 인지자가 특권적으로 그리고 직접적으로 접근해야 한다는 내재론자의 요구에서 비롯된 것임을 보았다. 따라서 IR의 성격을 보다 잘 이해하기 위해서는 그와 유사한 이유로 그와 비슷한 악소급(vicious regress)을 야기하는

---

67) Fumerton(1988), 445쪽.

68) 물론 원래의 믿음의 형성 절차와 상위의 믿음의 형성 절차가 반드시 일치해야 하는 것은 아닐 것이다.

토대론과 관련해서 IR을 검토해 볼 필요가 있다. 토대론의 경우 정당화 부여 속성을 '추론적 믿음'과 '비추론적 믿음'으로 구분하여 달리 설정하고 있는데, 비추론적 정당화와 달리 추론적 정당화에서 소급이 발생하는 과정은 추론적 정당화가 지니는 다음과 같은 특성에 비추어 어렵지 않게 이해된다. 즉 믿음 E로부터 믿음 P를 추론하는 것이 정당화되기 위해서는 (a) 우선 믿음 E가 정당화되어야 하며, (b) 믿음 P의 정당성은 E의 정당성에 의존해야만 한다. 말하자면 믿음 P는 이를 정당화해주는 이미 정당화된 믿음인 E가 있으면 추론적으로 정당화되는 것이다. 이 조건은 위의 내재론자의 원리만큼 강한 원리로서 일단 한 명제로부터 그 명제를 정당하게 추론하기 위한 상위 명제로의 무한소급 과정을 발생시키게 된다. 이에 대해 토대론자들은 전통적으로 그와 같은 원리를 받아들일 경우, 무한소급을 피할 수 있는 유일한 길은 소급의 어느 단계에 가서 비추론적으로 정당화할 수 있는 믿음이 있음을 인정하는 것이라고 주장해 왔다. 그러나 비추론적 정당화라는 장치만으로는 무한 소급에서 결코 벗어날 수 없음을 봉쥬르(L. BonJour)는 BonJour(1985)에서 설득력 있게 보이고 있다.

봉쥬르는 인식적 정당화 조건에 직접적으로 접근할 것을 요구하는 강한 원리에 의거하여 정의된 내재론을 옹호하면서 이러한 강한 내재론의 테두리 내에서는 토대론자들이 정당화의 소급을 종결짓기 지극히 어려운 상황에 봉착하게 될 것이라고 솔직하게 털어놓고 있다.[69] 그 논지는 앞서 IR이

---

69) Bonjour(1985), 16-33쪽. 봉쥬르는 특히 2장에서 토대론이 안고 있는 또 다른 약점을 지적하고 있다. 그것은 결코 비추론적 지식에 도달할 수 없으리라는 것인데 논지는 다음과 같다. 비추론적 정당화의 관건을 쥐고 있는 것은 기초적 믿음에 있는 셈이다. 이러한 기초적 믿음이 경험적 지식의 확고한 토대를 제공하기 위해서는, 특권화된 믿음에 기초로서의 자격을 부여하는 속성 또한 그 믿음이 참이라고 여길만한 이유가 있어야 할 것이다. 여타의 믿음과 구별되는 기초적

발생하게 되는 경위와 크게 다를 바 없다. 만일 X를 비추론적 정당화 부여 속성이라고 할 경우, P라는 믿음을 비추론적으로 정당화하기 위해서는 P가 속성 X를 갖는다는 사실만으로는 충분하지 않다. 봉쥬르의 내재론에서는 (a) P가 속성 X가 지니며, (b) 그로 인해 P가 참일 개연적이 높아진다는 두 가지 사실을 정당하게 믿을 것이 요구된다. 이렇게 해서 비추론적 정당화의 이상은 무산되고, 토대론자들이 무한 소급이 종결될 것으로 절실히 기대했던 비추론적 정당화 단계에서 IR이 다시 시작되는 결과가 초래되는 것이다.

내재론자처럼 정당화 조건에 대한 직접적인 접근 가능성을 요구하는 강한 원리를 받아들일 경우, 제이콥슨이나 봉쥬르가 제시하는 것과 같은 논증에서 벗어날 수 없을 것으로 보인다. 이것은 봉쥬르처럼 토대론에서 정합론으로 방향을 돌렸다고 해서 회피될 수 있는 것도 아님은 IR이 발생하게 되는 경위에 대한 위의 논의에 비추어 볼 때 자명하다. 봉쥬르의 정합론은 내재론을 통한 경험적 정당화를 확보하기 위해, 믿음에 대한 인식적 접근과 더불어 그 믿음이 그와 관련된 믿음의 체계들과 정합 관계를 가져야 할 것에 대해 요구하고 있다. 경험적 명제에 대해 그가 인정하고 있는 인식적 접근은 오직 정합성을 통한 것이기 때문에, 현재 믿고 있는 것과 정합하는 믿음을 찾아야만 한다.

인 비추론적 믿음의 속성을 φ로 놓을 경우, 다음이 성립되는 믿음 B만이 인식적 기초로 자격이 부여될 것이다. (1) 믿음 B는 속성 φ를 갖는다. (2) 속성 φ를 갖는 믿음은 참이 될 가능성이 매우 높다(highly likely to be true). 그러므로 믿음 B는 참일 것이다. 여기에서 믿음 B가 기초적인 비추론적 믿음이라면 (1)은 당연히 참이어야 하지만 B를 기초적 믿음으로 받아들이고, 이를 통해 다른 믿음을 정당화하기 위해서는 (2) 역시 참이어야 한다. 그런데 논증의 두 전제 가운데 적어도 하나는 φ를 어떻게 선택하느냐에 따라 선험적으로 정당화시킬 수 있다. 그러나 B는 가정상 경험적 믿음이니 만큼 경험적 명제가 선험적 근거에서 정당화될 수는 없기 때문에 두 전제 모두를 선험적으로 정당화시킬 수는 없다. 이것은 위의 두 전제 가운데 적어도 하나는 경험적일 수밖에 없다는 것을 의미하는데, 이렇게 되면 B를 정당화시키는데, 또 다른 경험적 믿음이 요구되며 결국 B도 기초적이지 않다는 결론이 나온다. Bonjour(1985), 30-33쪽 참조.

그러나 내재론의 원리는 그 믿음이 그와 관련된 믿음의 체계와 정합한다는 상위 믿음에 대한 접근을 가져야 한다는 측면에서 여전히 IR의 문제를 안을 수밖에 없다.

이러한 궁지에서 벗어나기 위해 봉쥬르는 인식적 정합론의 이상을 실현해 줄 수 있는 특별한 요청에 의존하는 전략을 택하고 있다. 그 요청이란 상위 믿음들이 대체로 옳다고 전제함으로써 더 이상 상위믿음으로 소급하는 것을 막자는 것인데, 봉쥬르는 그 전제를 '의견상의 가정(*Doxastic Presumption*: 이하 DP)' 이라고 부르고 있다. 위에서 설명한 것처럼 정합론에서는 한 인지자의 믿음 B가 정당화되기 위해서는, 그 믿음이 그의 믿음체계 C에 있는 다른 믿음과 정합해야 할뿐만 아니라, 그 정합 관계를 그가 정당하게 파악하고 있어야 한다. 이러한 요구가 IR을 유발하게 되는데, 그러나 DP는 믿음체계 C에 대한 인지적 확신을 당연시 여기도록 보장해 주기 때문에 DP가 참이라면 믿음 B로부터 그것이 정합해야 하는 믿음체계와의 관계에 대한 상위 믿음으로의 소급을 차단할 수 있게 된다.[70]

봉쥬르가 지적한 대로 DP는 정합론에서 무한 소급을 막기 위해 필요하다. 그러나 그것이 어떤 목적에 필요하다는 것과 그것이 참이라는 것과는

---

70) Bonjour(1985), 101-106쪽 참조. 봉쥬르의 의견상의 가정(DP)은 주어진 믿음을 그것과 대조하여 정합적인지를 판가름하기 위한 전체적 믿음 체계와 관련된 것이다. DP는 그 믿음 체계에 대한 인지자의 파악이 '대체적으로 옳다(approximately correct)' 는 가정인데, 그는 "그 체계에 대한 나의 전반적인 인지적 파악이 대체로 정확하다는 점이 정합론적 정당화 이론을 시작하기 위해서는, 당연한 것으로 여겨져야 한다"고 주장한다. 그의 이러한 주장은 문제의 믿음 체계를 '참인 상위 믿음들의 집합' 으로 잡음으로써 소급이 진행되는 것을 사전에 차단하기 위함이다. 여기서 유의해야 할 것은 그 믿음 체계에 대한 인지자의 파악이 대체로 옳다고 할 때 '대체로' 인지자의 파악의 모든 측면이 의심의 여지가 없다는 뜻은 아니라는 것을 의미한다. 오히려 어떤 특정한 믿음이나 작은 수의 체계에 대해서는 의문을 제기하는 것이 가능하며 그러한 의문에 답하기 위해서는 그것을 제외한 나머지가 옳다는 것을 전제해야 한다는 뜻이다.

차이가 있다. 봉쥬르는 DP가 정합론을 살리기 위해 필요하다는 사실 이외에 그것이 참이라는 증명의 과정을 별도로 제시하지 않고 있다. 만일 DP가 정합론에서 맡은 바 역할을 할 수 있다면 그가 포기한 토대론을 비롯하여 기타 인식론에서도 그와 유사한 성격의 전제를 함으로써 무한 소급을 차단하는 것이 불가능하리라고 생각할 이유는 없을 것이다. 예를 들어 토대론에서도 어떤 종류의 비추론적 명제의 경우, 그 명제에 관한 상위 믿음이 참이라고 가정함으로써 상위 믿음으로의 소급의 기회를 사전에 차단할 수 있을 것이다. 그러나 물론 토대론의 경우, 그 나름의 '의견상의 가정'을 수립한다고 해도 그 가정이 정말 옳을지 우리로서는 문제삼지 않을 수 없는 것이다. DP를 그것이 정말 옳은지 증명하지 않은 채로 내버려두는 한 우리는 인식적 회의주의에 대해 선결 문제를 가정하고 있는 꼴이 될지 모르며 따라서 이 점에서 DP를 가정한다는 것은 사실상 경험적 정당화에 관해 가장 급진적인 회의주의를 함축하고 있는 것으로 해석될 여지가 있다.[71]

---

71) 봉쥬르의 DP에 관해 콘브리스는 몇 가지 의혹을 제기하고 있다. 1) 우리가 과연 봉쥬르가 제안하고 있는 그러한 식의 정교한 믿음 체계를 가질 수 있는지에 관한 것이고, 2) 우리가 우리의 믿음 체계 전부를 인지하고 있다고 하더라도, 그 체계 안에 있는 믿음들의 정합성을 결정짓는 데 어려움이 뒤따를 것이라는 점이다. 또한 3) DP의 중요한 속성 중에 하나는 상위 믿음들이 대체로 참이라는 주장인데, 그렇다면, DP가 그 진리성을 그대로 보장해 줄 수 있느냐에 관한 의혹을 제기하고 있다. 게다가 "우리는 왜 믿음들의 정당화가 정당화되지도 않은 상위 믿음들로부터 추론되어야 하며, 이 믿음들이 참일 확률이 높다고 받아들여야 하는가?"에 있다. 외재론자의 입장에서 DP가 나의 상위 믿음들의 정당화를 제공할 수 없다면, DP에 의존하는 것은 인식론의 제일 원리라 할 수 있는, 인식 정당화가 인지자에 따른 근거나 합리성과는 다른 외적 조건에 의존해야 한다는 원리를 위반하고 있다는 지적이다. Konblith(1989), 207-210쪽.

4. 내재론적 소급에 대한 대안 모색

IR은 내재론이 한 믿음과 그것의 상위 믿음 그리고 그 상위 믿음의 또 상위 믿음에 직접 접근할 것을 요구하는 데서 비롯된 것이다. 그렇다면 그러한 상위 믿음의 계열 가운데 그 하나에 대해 접근의 필요성을 제거한다면 무한 소급은 성공적으로 차단될 것이다. 봉쥬르는 DP를 통해 정당화할 믿음의 바로 상위 믿음에 대한 접근의 필요성을 제거하고 있다. 이에 반해 퓨머턴(R. Fumerton)은 그 대신 정당화된 믿음 혹은 지식의 조건에 대해 보다 '약한 접근(weak access)'을 요구함으로써 IR을 피하려는 전략을 취하고 있다.[72] 정당화의 조건에 대해 직접적인 접근을 요구할 경우 무한 소급이 발생하지만 약한 접근만을 요구함으로써 상위 믿음을 실제로 정당화하는 대신 어떻게 정당화할 수 있을지 그 방법만을 인지자가 손에 넣은 상태에서도 원래의 믿음이 정당화된다는 입장을 취할 경우 무한 소급은 발생하지 않는다는 것이다. 이러한 방식으로 내재론을 완화시킨다는 것은 상위 믿음을 실제로 정당화하는 대신 잠정적으로(potentially) 정당화한다고 해도 원래의 믿음에 접근한 것으로 간주된다는 것을 의미한다. 이러한 약한 접근의 요구에 따른 내재론에서 어떤 믿음을 정당화하는 것은 그 믿음이 정당화된다는 것을 정당하게 믿는다는 것을 함축하는 대신, 그 믿음이 정당화된다는 것을 잠정적으로 정당하게 믿는다는 것을 함축하게 된다.[73]

---

72) Fumerton(1988), 447쪽.

73) 이와 유사한 방식으로 소급에 대처하려는 국내에서의 모색은 이병덕 교수에게서 찾아 볼 수 있다. 그는 김기현 교수가 내재론의 결정적인 취약점으로 소급의 문제를 제기한 것에 대한 응수로 레셔(N. Rescher)의 개념을 빌려 인식정당화를 '추론적 정당화(discursive justification)' 와 '추정적 정당화(presumptive justification)' 로 구분하고 적어도 추정적 정당화는 추론적 정당화와 달리 다른

위에서 본 것처럼 내재론자들에게 인식적 정당화 조건에 대한 강한 접근을 요구할 경우 무한 소급에 빠지는 결과를 초래한다. 이러한 결과가 내재론자들에게 상당한 부담으로 작용할 것임은 말할 것도 없다. 그러나 여기에서 분명하게 짚고 넘어가야 할 것이 있다. 비록 '강한 접근의 요구'가 내재론자에게 상당한 부담을 지우는 것은 사실이지만, 내재론자들이 그 부담에서 끝내 벗어날 수 없다는 사실이 곧장 지식이 불가능하다는 식의 회의론적 귀결의 불가피성을 의미하지는 않을 것이고, 따라서 IR의 발생이 결국 내재론의 성립가능성과 관련된 문제라고 단정지을 이유는 없다는 것이다. 다시 말해 정당화 조건에 대한 강한 접근의 요구에 따른 IR의 발생이 곧 내재론의 테두리 내에서는 어떠한 지식도 불가능하다는 식의 주장과 같은 의미로 해석되어서는 안된다는 것이다. 그렇다고 이러한 지적이 지식과 정당화된 믿음을 정의함에 있어 IR이 발생한다고 해도 별 문제될 바가 없다는 것을 의미하는 것은 아니다. 그럴 경우 소급의 문제 자체를 대수롭지 않게 넘겨버리려는 처사로 비쳐질 수 있기 때문이다.

여타의 믿음에 의존하지 않고서 해당 믿음이 참이라고 추정할 이유가 있다는 주장을 통해 그 답변을 시도하고 있다. 추정적 정당화에 대해 그는 다음과 같이 말한다. "…결국 우리는 더 이상 정당화를 요구하는 것을 멈추어야 하는 어떤 지점에 다다르게 된다. … 그렇다고 이러한 기본적인 믿음들이 무오류성을 가지며, 또한 어떤 경우에도 의심의 대상이 되지 않는다고 주장하는 것은 아니다. 단지 그러한 기본적인 믿음들은 거짓이라고 생각할 구체적인 증거가 제시되기 전까지 추정적으로 정당화된다"고 규정하고, 인식적 내재론의 핵심인 인식 의무론적 견해와도 양립할 수 있음을 시사하면서 그 이유로 "적절한 상위 믿음에 관해 추정적 정당화를 적용하는 것이 세계에 관한 올바른 믿음을 획득해야 한다는 인식적 목표와 관련하여 반드시 인식론적으로 무책임하다고 볼 이유가 없기 때문이다"를 들고 있다. 그러나 필자가 보기에 레셔를 빌려 주장하고 있는 이 교수의 입장이 레셔의 견해를 정확하게 반영하고 있는지의 여부에 관해서는 더 따져보아야 할 문제이지만, 일단 그의 주장만을 놓고 보았을 때 봉쥬르가 제안하고 있는 의견상의 가정(doxastic presumption)과는 결코 다른 것으로 보아야 하는지 모르겠다. 김기현(1998) 제3장, 이병덕(2001) 참조.

인식 정당화 조건에 대한 강한 접근의 요구를 만족시킬 수 있는 유일한 길은 무한한 수의 갈수록 복잡한 지향적 상태를 마음이 지닐 수 있는 가능성을 허용하는 것이다. 예를 들어 내가 P라는 나의 비추론적 믿음을 정당하게 갖자면, P를 믿는 것을 정당화하는 조건 X에 접근하여 그것을 정당하게 믿어야 하며, 또한 마찬가지로 X를 믿는 것을 정당화하는 조건 Y에 접근하여 그것을 정당하게 믿어야 한다. 이러한 과정을 무한히 반복될 수 있는데 그 무한한 과정에서 등장하는 갈수록 복잡해지는 모든 믿음을 마음이 지닐 수 있다고 가정하지 않는 한, 강한 접근의 요구를 수용할 수 없는 것이다.[74] 이처럼 무한한 수의 지향적 상태를 마음이 지닐 수 있다고 인정한다면 IR은 굳이 해결해야 할 문제가 되지 않을 것이며, 따라서 그 문제를 해결하려고 노력할 필요 없이 단지 그에 따른 인식 정당화가 어떻게 이루어지는지 설명하는 것으로 족할 것이다. 이러한 입장을 취하는 것이 전혀 불가능하다고만 할 수도 없는데, 그 이유로 인간은 무한히 많은 생각을 가질 수 있고 또한 얼마든지 많은 지식을 축적할 수 있는 존재로 가정할 수 있기 때문이다. 그러나 이러한 입장을 취하는 것이 논리적으로 가능하다고 해서 IR에 대한 해결책으로 선뜻 그러한 견해를 내세우는 것은 지나치게 안이한 자세라고 평가될 수 있다. 왜냐하면 악소급에서 벗어나는 것만이 IR의 문제를 해결하는 유일한 방안이 될 수 있다는 비판자들의 주장에 대해 그러한 비판을 수용하지 않으려는 식의 태도를 취하는 것일 수 있기 때문이다. 따라서 이와 같은 입장을 취하는 것이 엄밀히 말해 IR의 문제에 대한 근본적인 해결책이라 보기도 어렵다.

이러한 상황에서 내재론자들은 IR의 문제에 대한 해결에 정면으로

---

74) Fumerton(1988), 448-449쪽.

달려드는 대신 문제를 우회해 가는 전략을 취할 수 있다. 그것은 IR이 제기되는 근본적인 이유나 동기를 되물음으로써 그러한 동기나 이유가 비록 IR의 문제를 야기할 수도 있지만 그 문제보다는 훨씬 중요한 타당한 요소를 지닌다고 답변하는 것이다. 즉, IR의 문제 때문에 내재론을 포기한다면 그것은 IR의 문제와 함께 IR을 야기하는 동기나 이유가 지니고 있는, IR의 문제보다 훨씬 중요한 요소를 동시에 포기하는 결과가 될 것이며 따라서 그것은 빈대를 잡자고 초가삼간을 태우는 결과가 되리라는 것이다. 구체적으로 내재론에서 IR이 발생하는 것은 앞에서도 지적한 것처럼 인식 정당화 조건에 대한 인식 주관의 강한 접근의 요구이다. 그런데 이러한 요구는 진리의 추구라는 인식 의무에 충실하기 위한 것으로서, 인식 정당화의 목표가 진리에의 추구를 통한 인식적 합리성의 확보에 있다는 점에 비추어 볼 때 바람직한 요구라고 할 수 있는 것이다. IR의 문제가 이처럼 진정한 의미의 인식 정당화의 목표를 추구하려는 과정에서 나타난 것이기 때문에 반드시 그 문제로 해서 내재론을 포기해야 할 이유까지는 없다고 응수할 수 있다. 그러나 이러한 답변이 과연 IR 문제에 대한 진정한 의미의 해결책이라고 생각할 수 있을까?

위와 같은 내재론자들의 답변 역시 IR 자체에 관한 것은 아닐 것이다. 오히려 내재론의 고유한 입장만을 되풀이 한 것에 지나지 않은 것으로 비쳐질 여지가 있다. 왜냐하면 한 믿음의 정당화 여부는 인식 주관의 현재 관점에 따른 내재론적 제약 하에 놓이게 되고, 이러한 내재론적 제약으로 인해 인식 정당화에 상위 의식이 요구된다는 내재론의 고유한 주장을 펼친 것에 불과할 뿐 달리 그 해결의 관점에서 적절하게 설명해 주고 있는 것은 아무 것도 없기 때문이다. 이러한 답변은 내재론적 정당화에 의거할 때, 한 믿음을 정당화하자면 그 믿음의 정당화 조건에 대한 인식 주관의 접근이 불가피하며 그에 따라 상위 의식의 요구가 필수적일 수밖에 없다는 관점에 따른다. 이러한 식의 응수는 인식 주관의 접근에 따른 믿음으로부터 출발하여 진리에 도달해야 한다는 내재론적 제약은 인식 정당화에 필수적이며 설사 그로 인해 믿음과 진리와의 괴리를 피할 수 없다거나 혹은 IR과 같은 현상이 벌어져도 어쩔 수 없다는 논점을 반영한다. 그렇지만 내재론에서도 IR의 문제에 대해 그러한 태도를 취하는 것으로 충분하여 달리 그 문제를 해결할 수 있는 방안을 내 놓으라는 것은 이해할 수 없는 무리한 요구라고 주장할 수도 있다. 그러나 내재론자들의 이러한 식의 답변은 IR에 대한 직접적인 차단의 효과를 갖지 않기 때문에 악소급 그 자체의 형식(formal vicious regress)과는 동떨어진 답변임에 분명하다.[75]

IR의 형식은 그야말로 악성이기 때문에 소급이 점점 복잡하게 확장되어 나가는 양상을 보이고 있다. 따라서 IR의 문제를 정면으로 해결하라는 요구는 내재론자에게 더욱 힘겨운 짐으로 작용했을 것이다. 그 결과 그들은 그 해결책으로 마음의 능력에 제약을 가해 비추론적 정당화 조건에 대해 약한 접근만을 요구하는 쪽으로 그 선택이 기울게 된다. 즉 내재론의 입장에서는 IR을 허용할 경우 궁극적으로 정당화된 믿음의 가능성을 차단시키고 마는 결과가 빚어질 우려가 있다는 판단 하에 마음의 능력에 제약을 가하면서까지 인식 정당화의 가능성을 확보하고자 한 것인데, 이러한 선택이 내재론자들로서 선택지는 그리 많지 않았기 때문에 내재론의 근간을 유지하는 최소한의 방편으로 어쩔 수 없는 선택이었다고도 말할 수 있을 것이다. IR은

---

75) 적어도 앞에서 살펴 본 봉쥬르처럼 DP를 통해 IR을 차단하는 효과를 가져야 IR 문제에 대한 진정한 해결책이라고 말할 수 있을 것이다. 왜냐하면 그는 DP를 설정하고 이에 관한 정합적 설명을 통해 IR을 차단하고 있기 때문이다.

어떤 믿음이 정당화되었다는 것이 그 믿음이 정당화되었다는 상위의 믿음이 정당화되었다는 것을 함축한다고 할 때 발생하는 것이다. 그러나 원래의 정당화된 믿음과 그것이 정당화되었다는 상위의 믿음, 그리고 더 이상의 상위 믿음을 어느 정도 분간할 수 있을지 의심스러운 바가 있다. 따라서 우리는 그러한 상위의 믿음들이 실제로는 존재하지 않더라도 원래의 믿음을 정당화할 수 있는 길을 찾아야 하며 그렇기 위해서는 정당화 조건에 대한 약한 접근 가능성만을 요구해야 하는 것이다.

5. 내재론적 소급의 출구는 있는가

IR의 문제를 어떻게 해결할 것인가를 둘러싸고 내재론의 진영에서 다양한 목소리가 나오는 것은 내재론 자체가 상당히 복잡한 입장이기 때문인데, 그러한 복잡성의 이면에는 내재론의 핵심적인 요소라고 할 수 있는 정당화 조건에 대한 '접근'의 개념이 자리하고 있다. 그래서 내재론을 둘러싼 공방은 사실 접근의 개념을 둘러싸고 전개되는 논란이라고 해도 지나치지 않다. 우리는 위에서 IR을 발생시키는 주된 원인이 바로 정당화 조건에 대한 강한 접근의 요구임을 보았는데, 이러한 요구가 내재론자들에 대해 정당하게 제기될 수 있는 한 내재론자들이 근본적으로 그들이 처한 곤경에서 벗어날 길이 없다는 생각이 내재론에 비판적인 외재론자들의 입장에 더욱 힘을 실어주게 만드는 요인으로 작용하고 있다. 내재론자들의 곤경에 대한 그러한 고정 관념 때문에 외재론자들이 오로지 IR의 문제만을 물고 늘어져 내재론 진영에서 그 문제에 대한 해결책을 아직도 제시하지 못하고 있다는 비난만을 되풀이할 뿐 그밖에 내재론자의 다른 주장을 귀담아 들으려고도 하지 않은 것이 사실이지만, 내재론자들도 보다 적극적으로 IR의 문제를 해결하는데 나서지 않으면서 IR과 관련된 비판에 대해 아예 대꾸조차 하지 않거나 자신의 기존 입장만을 강화함으로써 그 답변이 이루어졌다고 생각하는 경향이 짙은 것 또한 사실이다. 그러나 이러한 식의 공방이 IR의 문제를 해결하는데 별반 기여할 수 없음은 분명하다.

'접근'의 개념을 그대로 유지할 경우 그 개념을 보다 약하게 해석함으로써 얼마간 IR을 차단할 수 있는 여지가 있음을 앞에서 지적한 바 있다. 그러나 IR의 문제가 바로 '접근'의 개념에서 야기되는 것이니 만큼 그 개념을 강하게 해석할 것인지 약하게 해석할 것인지를 따지기보다는 아예 그 개념을 포기하고 대신 '사실에 대한 직접적인 대면'(direct acquaintance with facts)의 개념을 사용하여 비추론적 정당화를 정의하는 입장이 오히려 IR로부터 벗어나는 보다 효과적인 방안이 되지 않을까? 이러한 방안은 물론 내재론자들보다는 오히려 외재론자들이 취하기에 유리한 것이긴 하나, 그러한 방안을 채택한다 하더라도 그것을 구체적으로 어떻게 추진할 것인가 하는 것은 여전히 문제로 남게 된다. 여기서 그러한 방안을 추진하는 구체적인 예로서 외재론에서 가장 비중 있는 인물인 골드만의 견해를 통해 IR을 둘러싼 내·외재론자들의 논쟁의 성격을 보다 세부적으로 살펴보기로 하자.

골드만은 Goldman(1979)에서 인식적 정당화에 관한 그의 초기 이론을 제시하고 있는데, 그 이론은 인식적 외재론의 유형 가운데 하나인 신빙주의로 알려져 있다. 그 글에서 그는 인식적 정당화에 대한 일종의 재귀적(recursive)

정의를 시도하고 있다.[76] 그의 재귀적 정의에 의하면, 한 믿음이 정당화되는 것은 다음의 두 가지 경우이다. 하나는 조건 없이(unconditionally) 혹은 이미 정당화된 믿음에 의존하지 않고 신빙성 있는 믿음-독립 과정(belief independent processes)에 의해 형성되는 경우이며, 다른 하나는 이미 정당화된 믿음을 투입(input)하여 그것에 의존하여 신빙성 있는 믿음-의존(dependent) 과정으로부터 형성되는 경우이다. 위의 첫 번째 조항은 "시점 t에서 p에 대한 S의 믿음이 신빙성 있는 믿음-독립 과정으로부터 (즉각적으로) 산출된다면, 시점 t에서 p에 대한 S의 믿음은 정당화된다"로 보다 엄밀하게 정식화할 수 있는데, 여기서 믿음 산출 과정이 독립적이고 신빙성이 있다는 것은 그것이 투입되는 믿음과는 무관하게 언제나 참인 믿음을 산출한다는 뜻이다.[77]

반면에 믿음-의존 과정은 투입된 믿음에 의존해서 진행되는 과정으로서, '투입' 믿음이 참일 때, '산출' 믿음이 언제나 참이 될 경우 그 과정은 신빙성이 있는 것으로 간주된다. 다시 말해, 투입된(input) 믿음이 참일 경우, 참인 믿음을 산출(output)하는 경향이 있는 오직 그 경우에 한해서 조건적으로

---

76) Goldman(1979), 1-23쪽. 골드만의 인식론적 입장은 Goldman(1986)에서 보다 정교한 형태로 드러나고 있는데, 그러나 여기에서는 그 동안 일관되게 주장해 온 전형적인 신빙주의에서 다소 벗어나는 경향을 보이고 있다. 그는 그 글에서 정당화가 정상적인 세계에서 신빙성의 함수라고 말하고 있는데, 그 말은 믿음이 정상적인 세계에서 그 세계에 관한 믿음에 의거해서 정당화된다는 것을 의미하는 것으로 해석된다. 그러나 그러한 생각은 정당화가 (실제로) 신빙성 있게 산출된 믿음을 함축한다는 입장을 포기하는 것과 다름없다. 사실상 이러한 견해는 신빙론보다는 오히려 정합론에 더 가까운 입장으로 비쳐지기도 한다.

77) 골드만은 잘못된 믿음 독립 과정의 예로서 혼란된 추론, 희망적 사고, 감정적인 사고, 단순한 육감이나 어림짐작, 그리고 성급한 일반화 등을 들면서 이것들이 잘못된 믿음 형성 과정인 것은 상당 기간에 걸쳐 오류를 산출한다는 점에서 신빙성이 없기 때문이라고 말하고 있다. 이와는 대조적으로 표준적인 지각 과정, 기억, 좋은 추리, 내성과 같은 믿음 형성 과정은 그 과정에 의해 산출된 믿음들이 대체로 신뢰할 만하다는 점에서 신빙성 있는 과정이라고 할 수 있다. Goldman(1979), 179쪽.

신빙성이 있다(conditionally reliable)고 말할 수 있다.[78] 정당화 부여 조건에 대한 이러한 정의에 문제점이 없는 것이 아니며 따라서 골드만은 그 문제점을 극복하기 위해 과정의 적절성에 관한 조건[79]을 이후에 다시 제안하고 있지만, 그의 대안적 전략 자체는 현재의 논의와 직접적인 관련이 없다.

그럼에도 불구하고 골드만류의 외재론에서 신빙성 있는 믿음 형성 과정에 의해 산출된 것이 정당화 부여 속성을 이룬다는 점은 그대로 유지된다. 여기서 신빙성이라는 것은 믿음과 진리간의 연관성에 관한 기준으로서, "참인 믿음을 높은 비율로 산출하는 경향성"을 의미한다. 앞에서도 본 것처럼 무한 소급은 정당화 부여 속성이 무엇이냐 하는 문제와는 관련이 없으며, 그러한 속성에 어느 정도의 강도로 그 접근을 요구하느냐에 달려 있는 문제이다. 따라서 골드만류의 외재론적 정당화에서도 신빙성 있는 믿음 형성 과정에 강한 접근을 요구할 경우 무한 소급이 발생할 우려가 있다. 그러나 골드만은 정당화의 조건으로서 한 인지자의 믿음이 신빙성 있는 과정에 의해 산출되었는가 만이 문제가 될 뿐, 그러한 과정에 대한 인식적 접근(epistemic access)을 굳이 요구할 필요가 없다고 생각한다. 신빙성 있게 산출되었다는 것이 무엇을 의미하는지에 관해 내게 아무런 생각이 없다고 하더라도, 나의 믿음은 신빙성 있게 산출될 수 있다. 또한 나의 믿음이 정당화되기 위해서는

---

78) 골드만에 따르면 연역과 귀납은 조건적으로 신뢰할만한 믿음-의존 과정이다.

79) 골드만 상대적으로 단순한 인지 과정을 적용함으로써 특정한 시점에서 그러한 믿음에 도달할 수도 있지만, 이후에 또다시 수정할 수도 있다는 점에서 위의 정의를 잠정적인 것으로 받아들이고 있다. 이에 대한 대표적인 예로 색에 대한 지각과 같은 경우를 들고 있다. 즉, 보다 세부적인 신뢰성 있는 인지 과정이 있을 경우에 원래의 믿음은 정당화되지 않는다. 즉 뜻밖에 밝혀진 사실과 같은 부가적인 정보에 관한 설명을 받아들이는 경우와 마찬가지로 보다 더 정교한 과정이 적용된다고 했을 때 원래의 믿음을 채택하지는 않을 것이다. 골드만은 이러한 문제점들을 해결할 수 있는 새로운 이론을 이후에 제시하게 된다.

그러한 사실만으로 족하며 그 사실에 접근하여 그에 관한 정당화된 믿음을 또 가질 필요가 없다. 이처럼 정당화된 믿음을 갖기 위해 반드시 정당화 조건에 대한 접근을 요구하지 않는 것이 외재론의 한 중요한 특징을 이루는데, 외재론의 그러한 측면이 동시에 내재론자들의 공격의 표적이 되고 있다.

내재론자들은 인식 주관이 어떤 명제가 정당화 조건을 충족시키고 있다는 것을 정당하게 믿고 있지 않은 상태에서도 그 명제를 정당하게 믿을 수 있다는 것을 허용한다는 점에서 정당화에 대한 외재론적 개념은 분명히 문제가 있다고 지적하고 있다. 내재론자들의 이와 같은 끊임없는 지적에 대해 외재론자들은 이제는 응수조차 하지 않으려는 태도를 보이고 있는 실정이다. 그럼에도 불구하고 우리는 내재론자들이 제기하는 문제의 맥락에서 외재론자에 대해 다음과 같은 물음을 제기하지 않을 수 없다. 그 물음이란 내재론자들이 말하는 정당화 조건에 대한 접근의 요구를 완전히 무시한 채 신빙주의를 유지하는 것이 외재론자들의 입장에서 과연 가능한가 하는 것이다. 인지자는 그의 믿음이 신빙성 있는 과정에 의해 산출되었다는 것을 모르는 채로 그 믿음을 지닐 수가 있다. 이러한 상황에서 외재론자들에 의하면 그 인지자는 자신의 믿음이 정당화되었다는 것을 알지 못한 채로 정당화된 믿음을 지니게 된다.

그런데 우리가 정당화된 믿음을 지닌다고 하는 것은 그 '정당화'가 인식적 책임이나 의무 혹은 선과 관련된 문제이기 때문이다. 만일 우리가 의식하지 못한 채로 정당화된 믿음을 지닐 수 있다는 것은 우리가 의식하지 못한 가운데 인식적 책임이나 의무 혹은 선을 행할 수도 있다는 것을 의미한다. 우리가 어떤 의무를 수행한다고 했을 때, 그 의무를 수행하려는 적극적인 의지를 동반하는 것은 지극히 당연하며 따라서 우리가 모르는 사이에 의무를 수행한 결과가 되었다는 것은 의무와 책임의 용법에 비추어 볼 때 옳지 않은 표현이라고 할 수 있다.

어떤 인지자도 그가 합리적인 인간이라면 정당화된 믿음을 지님으로써 인식적인 책임 내지는 선을 행하려는 의지가 있다고 생각해야 한다. 따라서 어떤 인지자가 정당화된 믿음을 지녔다면 보통 그러한 믿음을 지니려는 의지가 적어도 겉으로는 드러나 있지 않더라도, 있었다고 보아야 옳다. 만일 그 인지자가 외재론자였다면 그는 자신의 정당화된 믿음 이외에도 사실은 그 믿음이 신빙성 있는 믿음 형성 과정에 의해 산출되었으며, 또한 그렇게 형성된 믿음에 대해 정당화된 믿음이라는 생각이 명시적이지는 아니더라도 잠재적으로는 있었다고 생각해야 한다. 그러한 생각이 잠재적으로도 없었다면 그는 자신의 믿음에 대해 내재론자들이 그들의 의미에서 정당화된 믿음에 대해 지니는 것과 같은 태도를 어떻게 지닐 수 있겠는가? 이러한 고찰은 신빙론에서도 '접근에 대한 약한 요구' 마저 거부할 수는 없다는 것을 시사하는 것이다.

여기서 다음과 같은 신빙론의 모델을 생각해 보자. 신빙론자가 자신의 믿음이 정당화되었다고 말할 수 있는 것은 단지 그 믿음이 어떤 과정 P1에 의해 산출되었을 뿐만 아니라 그 사실과 더불어 과정 P1이 신빙성이 있다고 정당하게 믿을 수 있는 경우에 한한다. 신빙론에 따른 정당화를 이러한 모델에 입각하여 해석할 경우, 원래의 믿음이 정당화되기 위해서는 P1이 신빙성이 있는 과정이라는 믿음을 발생시킬 수 있는 또 다른 과정 P2가 있어야 한다. 그런데 이 과정도 인지자가 정당화해야 하므로 P2라는 과정이 신빙성 있는 믿음 형성 과정이라는 또 다른 믿음을 발생시킬 수 있는 또 다른 과정 P3가 요구된다. 이는 또 다른 소급을 부르게 될 것인데, 그러나 이러한 소급이 내재론에서의 강한 접근의 요구에 따른 상위 의식에서 그 상위 의식으로의 소급과 같은 악성적인 것인지에 관해서는 아직 단정적으로 말할 수는 없다.[80] 상위로 소급하는 과정의 어느 단계에서 신빙론자에게 상위의 믿음을 실제로 정당화할 것을 요구하는 대신 잠재적인 정당화만을 요구한다면, 따라서 그 단계에서는 정당화를 이룰 수 있는 방법을 입수할 수 있는 상태에 있는 것으로 충분하다면 더 이상 위로의 소급은 일어나지 않을 것이다. 그러나 신빙론자에게 정당화 조건에 대해 이렇게 약한 의미의 접근 대신 강한 접근을 요구한다면 그는 그 요구를 받아들일 수 있을까?

신빙론자에게 그들의 정당화 조건, 즉 믿음 형성 과정이 신빙성에 대한 강한 접근을 요구할 경우, 무한 소급이라는 보다 큰 문제를 안기게 될 것이다. 따라서 신빙론자로서는 그러한 요구를 수용하지 않으려 할 것이다. 그러나 반드시 수용할 수 없는 것은 아니다. 전통적인 토대론이 강한 접근의 요구에 대처하기 위해 상정한 것과 같은 마음의 잠재적 복합성(potential complexity of the mind)을 가정할 경우, 신빙론자로서도 강한 접근의 요구를 수용할 수 없는 것이 아니다.[81] 물론 이 경우 IR과 같은 무한 소급을 허용하는 결과가 되겠지만 이론상으로 이러한 선택이 전적으로 불가능하다고 볼 수만은 없다. 그러나 신빙론자들이 이러한 선택을 했을 경우, 내재론에 대한 외재론의 우위를 어디서 찾을 수 있을 것인가? 외재론자들이 내재론이 안고 있는 가장 큰 결함으로 지적했던 것이 강한 접근에의 요구와 그에 따른 IR이었다. 따라서

---

80) 여기서 잇달아 등장하는 신빙성 있는 믿음 형성 과정이나 방식이 반드시 모두 달라야 하는지는 분명하지 않다. 예를 들어 어떤 신빙주의자는 귀납의 신빙성에 대한 귀납적 정당화, 지각의 신빙성에 대한 지각적 정당화 등을 허용하는 것으로 보이기 때문이다.

81) Fumerton(1976), 557-569쪽.

자신들도 IR과 같은 무한 소급을 허용한다면 그들이 지금까지 자신들이 지니고 있다고 주장해온 내재론에 대해 외재론이 지니고 있는 유리한 고지를 일거에 상실해 버리는 결과를 초래할 것이다. 만일 이 주장을 그대로 받아들이게 된다면, 이와 같이 설정한 신빙론에서는 일종에 IR을 허용하는 결과가 빚어지게 될 것이다. 신빙론자가 '마음이 무한한 복합성을 지니고 있기 때문에 소급을 허용하는 것이 별 문제가 되지 않다' 고 말하는 것은 신빙론자로서는 넘을 수 없는 한계를 넘어 버린 답변이 될 우려가 있다.[82]

---

82) 만약에 이를 내/외재론간의 논쟁의 관점에서 이해한다면 다음과 같이 말할 수 있을 것이다. IR 을 둘러싼 논의에서 결국 내재론자와 외재론자들이 의견을 달리하는 부분은 한 믿음의 정당화 가 상위 믿음의 실제적인(actual) 정당화나 잠재적(potential)인 정당화를 함축하는가 하는 것이다. 보다 일반적으로 말한다면 정당화라고 하는 것이 정당화 조건을 만족시킨다는 사실에 대해 실 제적인 혹은 잠재적인 접근을 포함하는가의 여부에 관한 것이다.

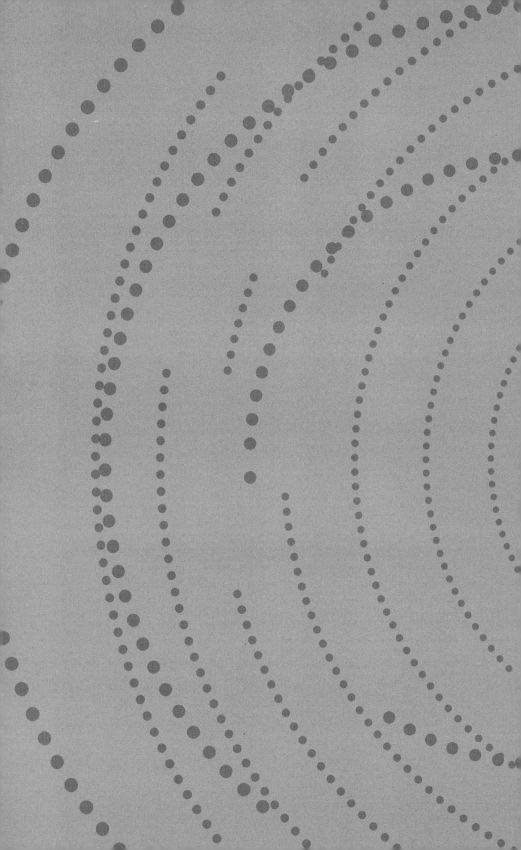

제4장

인식의무의 자연화 전략과 그 한계

1. 인식 의무론적 견해의 배경

현대 영미철학에서 '인식의무(epistemic obligations)'에 관한 논의가 독립적으로 이루어지기 시작한 것은 그리 오래된 일이 아니다. 물론 인식정당화를 둘러싸고 수많은 논의가 진행되어 오기는 했지만 논의 자체에 대한 지지부진함이 지속되는 가운데 새로운 돌파구가 절실히 요구되었던 것으로 보이며, 이러한 상황에서 인식정당화의 의무론적 견해에 대한 비판이 그 구실을 마련해 주게 된다. 이는 인식정당화의 속성에 관한 해명이 무엇보다도 절박한 문제로 부각되기 시작한 시점과도 거의 일치한다. 동시에 인식의무의 충족이 지식 성립의 여부와 무관할 수 있다는 논의가 꾸준히 진행되어 온 것도 한몫 거들게 된다.[83] 여기에는 논의 자체가 겉도는 상황에서 인식정당화가 의무론적 견해를 반영한다는 생각에 의문을 제기함으로써 기존 인식론의 판도에 대한 보다 근본적인 변화를 추구하려는 의도가 깔려 있기

---

83) 그 발단의 구실을 마련한 것 중 대표적으로 콘브리스(H. Kornblith)의 의무론적 견해와 증거론(evidentialism) 간의 논쟁을 들 수 있을 것이다. '인식의무'를 만족시키지 못하는 믿음은 정당화될 수 없다는 콘브리스의 주장에 대해, 타당한 근거(증거)에 의해 뒷받침된, 즉 정당화된 믿음임에도 불구하고 인식적 의무를 만족시키지 못할 수도 있다는 증거론의 답변에서 비롯된다. 달리 말해 인식의무를 만족시키지 않아도 그 인지자의 증거와 믿음이 맞아떨어지기만 하면 정당화된다는 주장에 대해 인식의무를 만족시키지 못하면서 얻게 되는 믿음은 정당화될 수 없다는 콘브리스의 대응이기도 하다. 즉, 인지자 S가 어떤 명제와 맞아떨어지는 증거를 소유하는 것으로 정당화된다는 주장에 대해, 맞아떨어짐(fitness)에 대한 의식 없이 단순히 소유하는 것만으로는 정당화될 수 없다는 요지를 담고 있다. 이는 결국 '정당화 부여 속성이 무엇이냐' 하는 문제로 이어지게 된다. Kornblith(1980) Kornblith(1983), Feldman & Conee(1985) 참조. 이 밖에도 인지자의 증거가 믿음 형성의 중요한 요인이기는 하지만, 그것만으로 전적으로 결정되는 것은 아니라는 메일랜드의 주장[Meiland(1980)], 기존의 의무론적 정당화 개념이 불필요한 문제를 일으켜 왔다고 전제하고 믿음 획득의 과정이 자발적이거나 통제가능한 행위가 아니기 때문에 믿음 형성에는 어떠한 의무도 없다는 플란팅가의 주장[Plantinga(1986)] 등을 들 수 있을 것이다.

때문으로 보인다. 그런데 이러한 의도에서 엿볼 수 있는 보다 본질적인 측면이 있다고 한다면, 그것은 자연화 계획의 일환으로 진행되어 왔다는 사실이다. 즉 의무론적 견해를 근간으로 하는 전통적인 인식론에 대한 전면적인 수정의 불가피성을 내세워 한편으로 자연화 계획을 완수하려는 의도가 숨어 있다는 말이기도 하다.

전통적으로 한 믿음의 정당화를 위한 의무론적 개입이란 필수적이라고 생각해 왔고 이는 별다른 이견 없이 받아들여졌다. 이에 따른 인식의무란 오직 참인 믿음을 받아들이되 그렇지 않은 믿음을 결코 받아들여서는 안 된다는 인식주체의 의무 이행 여부에 따라 정당화가 결정될 수 있다는 논점을 반영한다. 그러나 이러한 견해는 참인 믿음을 받아들이고 거짓인 믿음을 받아들이지 않는 것이 반드시 인식 주체의 의무에 따르지 않을 수 있다는 반론들이 제기되면서 인식론의 판도에 적지 않은 변화를 예고하게 된다. 일차적으로 인식정당화에 대한 의무론적 견해에 반대하는 진영에서는 인식적 정당화가 규범-평가적 개념이기는 하지만, 이 경우의 규범성은 의무와는 아무런 관련이 없는 것이라고 주장한다.[84] 더 나아가 인식정당화는 인식 주체의 의무에 따른 것이 아닌, 인식의무와는 무관한 객관적인 사태에 의해서도 얼마든지 결정될 수 있다는 주장으로 전개된다. 그들은 이를 뒷받침하기 위한 논거로 의무론적 견해에 따른 인식정당화는 인지자의 의지에 따른 통제력 행사 여부에 달려 있다고 보고, 그러한 통제력이 행사될 수 없거나

---

84) 규범-평가적 개념이 반드시 의무와 연관지을 필요가 없다는, 즉 무관하는 것을 다음의 예로 설명한다. 즉, 어떤 컴퓨터에 대해 좋다거나 나쁘다는 평가를 할 때, 그 컴퓨터가 갖추어야 할 의무가 없는 것처럼 이와 마찬가지로, 어떤 믿음에 대한 평가에 있어서도 인식적 목표에 비추어 그 믿음에 대해 좋다거나 적절하다고 평가할 뿐 여기에 의무는 개입되지 않는다는 것이다. 3장에서 보다 구체적인 논의가 이루어짐.

혹은 제한될 수 있다는 입장을 견지하면서 그 가능성을 다각적으로 모색하게 된다.[85]

물론 의무론의 진영에서 보자면 인식정당화가 의무론적 개입과 무관할 수 있다는 반론에 대해 과연 어느 정도 방어해 낼 수 있느냐 하는 문제는 중대한 사안임에 분명하다. 그런데 여기에는 방어 여부의 문제에 선행하는 중요한 철학적 배경이 놓여 있다고 생각한다. 말하자면 인식정당화에는 내재론과 외재론 간의 논쟁을 전제하고 있기 때문에, 이에 대한 답변이 선행되는 경우에 한해 인식정당화에 대한 의무론적 개입 여부에 관한 답변이 가능하다는 의미를 함축한다. 물론 내·외재론 논쟁은 근본적으로 인식론에서의 자연화 계획에서 비롯된 것이다. 그렇다면 인식정당화에 대한 의무론적 개입 여부의 논란 역시 자연화 계획의 산물로 보아야 할 것이다.[86] 이 때문에 인식의무를 둘러싼 논의에 한정해서 그 해소점이 마련될 경우 자칫 나무만 보고 숲은 보지 못하는 누를 범하게 될 소지가 있다고 본다. 이후의 논증을 통해서도

---

85) 이는 인식정당화에 의무론적 요소가 개입된다는 견해에 대해 그 반론을 확장하는 경우이다. 따라서 이들은 믿음이 형성되는 과정에 주목함으로써 의무가 있다는 것을 통제력이 행사될 수 있는 것과 동일시하는 전제에서 출발한다. 그래서 이들은 믿음 형성에 의무적인 요소가 있느냐는 물음에 대해 '그렇다' 고 답한다면 믿음의 형성이 우리 의지의 통제력 하에 제약될 수 있다는 것이고, '그렇지 않다' 고 답한다면 믿음 형성이 우리의 의지와 무관할 수 있다는 것이다. 전자를 '의지주의(voluntarism)' 라 하고 후자를 '비의지주의(unvoluntarism)' 라 했을 때, 의지주의에서는 인식의무를 함축하는데 반해서 비의지주의는 인식의무를 포함하지 않는다. 인식의무에 대한 도전은 비의지주의를 옹호하려는 일련의 시도에서 비롯된다. 물론 중간적인 입장에서 믿음 형성에 의지의 직접적인 통제력은 없지만, 간접적인 통제력은 행사될 수 있다는 입장을 취할 수도 있다. 그러나 믿음 획득이 우리의 의지와 무관할 수 있다는, 따라서 인식의무의 개입이 요구되지 않는다는 주장은 인식 외적으로 확보될 수 있다는 입장으로 전개된다. 대부분의 인식 외재론자 혹은 인식론에서의 자연화 옹호론자들이 여기에 해당한다. 이에 관한 논증은 이 글의 범위를 벗어난다. 특히 믿음 형성을 둘러싼 대립적 양상에 관한 쟁점과 분류에 관해서는 Pojman(1993)을 참조바람.

86) 이에 관한 논증은 이 글의 범위를 벗어난다. 홍병선(2002)와 홍병선(1999) 4장을 참조하기 바람.

밝혀지게 되겠지만, 결국 인식의무를 둘러싼 논의에 대한 보다 올바른 진단은 이미 진행되고 있었던 인식론에서의 자연화라는 흐름과의 연장선상에서 다루어져야 할 것이다.

그래서 필자는 만일 어떤 인식정당화론자가 비의무론적 견해를 취하게 되면 이는 그가 인식론의 자연화 계획에 가담하는 결과를 초래한다고 생각한다. 그 좋은 예가 비의무론적 견해의 대표적 옹호자 가운데 한 사람인 알스톤(W. Alston)의 경우이다. 그는 자신의 비의무론적 견해의 정당성을 초기에는 자연화 전략과 무관하게 입증하고자 했으나, 나중에는 결국 자연화 계획에 포함시키는 방향으로 자신의 전략을 수정하게 된다. 이는 비의무론적 진영에 가담하고 있는 대부분의 인식론자들의 성과가 이후에 흐지부지해지는 근본적인 이유도 그들이 자연화 계획에 따른 전략을 애써 거부하거나 받아들이려 하지 않으면서 인식적 정당성을 확보하려 하기 때문이다. 여기에서는 알스톤의 입장을 검토하는 가운데 이 점을 특히 부각시켜 그 어떠한 비의무론적 전략도 궁극적으로는 자연화 계획에 포섭될 수 있음을 밝히고자 한다.

2. 인식정당화에 대한 의무론적 견해

'정당화'라는 개념은 주어진 대상의 성질을 있는 그대로 기술하는 서술적 개념과는 달리, 어떤 주어진 기준에 입각하여 그 타당성을 가려내는 데 기여한다는 측면에서 평가적 혹은 규범적 개념이다. 이와 마찬가지로 '인식적 정당화' 역시 타당한 근거라고 하는 기준에 입각하여 믿어야 할지 혹은 믿지 말아야 하는지의 여부에 관계한다는 측면에서 규범-평가적 개념이 될 것이다. 그래서 인식 정당화된 믿음은 타당한 근거에 의해 뒷받침된 믿음이라는 의미에서 "인식론적으로 허용 가능한(permissible)" 믿음이 된다. 하지만 이와 달리 정당화되지 않은 믿음은 그 어떠한 근거에 의해서도 뒷받침되지 않았다는 의미에서 인식론적으로 믿는 것이 허용되지 않으며 따라서 그러한 믿음은 믿어서도 "안된다."[87]

이에 따라 한 믿음이 인식적으로 정당화된다는 것은 인식적 평가의 주체인 인지자가 문제의 믿음에 대해 타당한 근거와의 뒷받침 관계에 관한 의무 이행 여부에 따른다는 생각은 매우 자연스럽다. 말하자면, 한 믿음이 정당화되었다는 것은 인지자가 그러한 믿음을 가짐에 있어 그 뒷받침 관계에 관한 인식 의무를 이행했다는 것을 의미한다. 이렇게 보았을 때, 한 믿음이 인식적으로 정당화된다는 것은 참인 믿음을 받아들이되 거짓인 믿음을 받아들이지 않는다는 의무 이행에 속한 사안임을 알 수 있다. 그래서 인식정당화는 인식자의 의무 이행 여부에 의해 확보되고, 동시에 인식정당화라는 개념은 인식적 평가의 차원에서 의무를 나타내는 개념인 '의무', '책임', '허용', '면책' 과 같은 의미로 규정된다.[88] 그래서 대부분의 전통적 인식론자들은 인식정당화의 개념을 의무론적 요소를 포함하는

---

87) 이러한 믿음의 예로 '단순한 추측' 에 의한 믿음이라든가, '억측' 이나 '편견' 그리고 '희망적 사고' 에 따른 믿음 등을 들 수 있다. 제시된 믿음들이 지식이 되지 못하는 이유는 그것들을 참이라고 받아들일 만한 이유가 없기 때문이다.

88) 이 점은 특히 도덕적 정당성과의 유사성을 통해 잘 드러난다. 양자의 유사성이 규범-평가적이라는 차원에서 더 나아가 도덕적 평가의 대상이 행위라면, 인식적 평가의 대상은 우리가 갖게 되는 믿음일 것이다. 그러한 믿음을 갖는 것 역시 넓은 의미의 행위일 것이다. 그래서 양자가 단순한 평가의 차원을 넘어 일종에 행위를 대상으로 한다는 점에서 의무적인 요소를 갖는 것으로 설명한다. 이에 관해서는 Alston(1988a) 참조.

개념으로 여겨 온 것이다. 이러한 견해는 근대의 데카르트, 로크 등으로부터 현대의 제임스(W. James), 치즘(R. Chisholm), 봉쥬르(L. Bonjour), 코니와 펠드만(E. Conee & R. Feldman) 등에 이르기까지 전통적 인식론의 전형적인 모델로 여겨왔다.[89]

현대 인식론자 가운데 이러한 의무론적 견해의 대표적인 옹호자로 치즘을 꼽을 수 있을 것이다. 그에 따르면 우리는 어떤 명제를 받아들임에 있어 그것이 참인 경우 또 오직 그 경우에 한해 자신이 그 명제를 받아들이는 결과가 되도록 해야하는 지적 책임을 지닌다고 보고, 그것은 바로 지적인 존재로서 인간이 져야할 책임이자 의무라는 것이다. 따라서 어떤 시점에서 어떤 인식 주체에 대해 q에 비해 p가 더 합리적이라는 것은 바로 그 시점에서 지적인 존재로서의 그의 책임이 q보다는 p에 의해 더 잘 달성되게 되어 있다는 것을 의미한다.[90] 치즘에 의하면 지적 존재로서 인식 주체는 그의 믿음을 정당화시킴으로써 자신에게 긍정적인 인식적 지위에 도달해야 하는 혹은 인식적 탁월성(epistemic excellence)을 성취해야 할 입장에 있다. 그러한 지위에 도달해야 할 혹은 인식적 탁월성을 성취하는 일은 인식 주체가 얼마든지 할 수 있는 일로서 그가 그 일에 게을리 한다는 것은 인식적 책임을 다하지 못하는

---

89) 데카르트는 "주어진 명제를 믿어야 하는지의 여부는 우리에게 달려 있으며, 우리는 그 명제에 대한 명석하고도 판명한 관념을 갖는 오직 그 경우에 한해 그 명제를 믿어야 한다"고 『성찰』에서 밝히고 있으며, 로크는 우리가 마땅히 해야 하는 바로서 진리를 추구하는 것은 지적 동물로서의 우리의 의무를 충족시키는 것이라고 명시적으로 밝히고 있다. 현대에 와서도 이러한 의무론적 관점은 그대로 이어진다. 특히, 현대의 인식의무에 관한 설명이 유래된 것으로 알려진 제임스(W. James)부터 시작하여 제시된 인식론자들 이외에도 퍼어스(R. Firth), 기넷(C. Ginet), 모저(P. Moser), 폴락(J. Pollock) 등을 들 수 있다. 인식적 정당성 개념의 유래와 그 전개에 관해서는 Plantinga(1990)를 참조하기 바람.

90) Chisholm(1977), 14쪽.

결과가 될 것이다. 이러한 의미에서 인식적 의무의 개념은 전적으로 인식 주체에 의해 결정될 문제인 것이다.

또한 인식 의무에 일관된 입장을 보이고 있는 봉쥬르 역시 "적어도 대부분의 경우에 있어서, 우리의 믿음을 곧장 참이 되게 할 수는 없지만, 아마도 인식적으로 정당화되게 할 수 있는 길이 있을 것" [91]이라고 전제하면서 인식적 정당화의 기준이 적절하게 수립된 것이라면, 그 기준에 맞추어 정당화된 믿음이 참이 되는 경향이 있어야 할 것이라고 지적하고 있다. [92] 이처럼 인식적 정당화의 특징적인 면이 진리라는 인식적 목표와 본질적인 혹은 내적인 연관성을 지니는 경우, 즉 참이라고 생각할만한 좋은 이유가 있는 경우에 한해 주어진 믿음은 정당화될 것이며 또한 그러한 의미에서 정당화된 믿음을 지니는 것은 인식적 책임을 다하는 것이 될 것이다. [93] 인식적 정당화 개념의 핵심을 이루는 것은 바로 이처럼 인식적인 책임을 다하는데 있다고 본 것이다. 그런데 봉쥬르에 의하면 어떤 믿음을 받아들임에 있어 그것이 인식적 정당화의 기준을 충족하도록 함으로써 인식적 책임을 다하기 위해서는 자신의 믿음이 정당화의 기준을 충족시킨다는 것을 다시 정당화할 수 있는 길이 인식 주체에게 열려 있어야 한다는 것이다. 왜냐하면 그러한 의미의 상위 정당화(meta-justified)[94]를 하지 못한다면 인식 주체는 자신의 믿음이 문제의

---

91) Bonjour(1985), 7-8쪽.

92) 앞의 책, 8쪽.

93) 앞의 책, 같은 쪽.

94) 상위 정당화라 함은, 인식의무를 이행하기 위해서는 인식 주체가 주어진 믿음을 받아들이기 위한 근거를 단순히 갖는 것에만 그치는 것이 아니라, 그 근거에 의해 뒷받침된 믿음을 받아들일 만한 이유에 대해 의식하고 있어야 인식적 의무를 이행했다고 볼 수 있다. 말하자면 그러한 상위 의식을 갖고서 믿음을 받아들이는 경우를 말한다. Bonjour(1985), 1장 참조.

정당화 기준을 충족하더라도 그 사실이 문제의 믿음이 참이 될 가능성이 크다고 생각할만한 이유를 가지지 못할 것이기 때문이다.[95]

봉쥬르의 이러한 입장은 인식 의무에 대한 이행 여부의 관건이 오직 인식 주체에 달려 있다는 견해에 따른 것임을 알 수 있다. 이러한 의무론적인 견해에 비추어 볼 때, 인식 주체가 한 믿음을 받아들일만한 적절한 이유가 있음에도 그것과는 무관한 이유에서 그 믿음을 받아들인다면, 인식의무를 올바르게 이행했다고 볼 수 없다. 봉쥬르에 의하면 인식적 의무를 이행하기 위해서는 한 믿음을 참이라고 여길 수 있는 이유가 있어야 함은 물론이고 그 이유가 문제의 믿음을 정당화한다는 의식을 가져야 할 것이 요구된다. 즉 치즘의 경우와 마찬가지로 봉쥬르의 경우에도 인식 주체가 인식적 의무를 다하기 위해 해야 하는 노력은 인식 주체에 달린 문제이기 때문에, 정당성 여부를 결정짓는 것은 전적으로 인식 주체의 능력에 따른 것으로 이해할 수 있다.

이와 같이 인식적 정당화를 책임이라든가 의무의 충족이라는 개념에 의거하여 해명하려는 의무론적 견해는 다음의 핵심적인 논점을 반영한다.

> **(JR) 인식 정당화는 인식적 책임 내지는 의무의 문제로, 어떤 믿음의 소유자가 그 믿음을 형성하고 유지함에 있어 인식 의무를 저버렸다는 혐의를 받지 않는 경우에 그 믿음은 정당화된다.**

이와 같이 (JR)의 견해에 따를 때, 정당화된 믿음을 갖는다고 하는 것은

---

95) 앞의 책, 10쪽.

그 믿음을 소유한 주체가 인식의무를 충실하게 이행했다는 것을 의미하며, 반면에 정당화된 믿음을 지니지 못했다는 것은 자신이 해야 할 의무를 소홀히 한 것이며 따라서 이행하지 못했다는 것을 의미한다.

그러나 참의 극대화와 거짓의 최소화라는 인식 정당화론의 목표에 비추어 그 의무의 충족 여부에 따른 의무론적 견해와 전혀 다르게 접근하려는 시도 또한 꾸준히 전개되어 왔다. 이러한 시도들 가운데 인식 의무론적 견해를 괴롭힌 문제 가운데 하나로 의무론은 '믿음상의 의지주의(doxastic voluntarism)' [96]를 함축하기 때문에 믿음의 획득에 있어 우리의 의지와 무관하게 어쩔 수 없이 형성된 믿음에 대해 의무가 부과될 이유가 없다는 주장이다. 믿음의 형성에 있어 인식의무에 따른다는 말은 내가 그것을 믿을지의 여부에 관한 한 나의 통제력에 달려 있다는, 즉 믿음의 형성이 전적으로 나의 의지에 의해 결정될 수 있다는 것을 의미한다. 말하자면 제기된 반론은 나의 의지와는 무관하게 믿을 수밖에 없는, 즉 어쩔 수 없이 믿게 되는 경우가 우리의 믿음을 형성하는 대부분을 이룬다면, 우리는 믿거나 믿지 말아야 할 어떠한 의무도 가질 수 없다는 요지를 담고 있다. [97]

---

96) 믿음상의 의지주의가 담고 있는 핵심적인 주장을 포이만은 다음의 세 가지로 요약하고 있다. ① 믿음의 획득은 인지자의 통제가능한 행위이다. ② 그래서 믿음의 획득은 그에 대한 인지자의 의식을 동반하는 행위이다. ③ 따라서 믿음의 획득이 증거적 고려 외적으로 획득되기도 한다. Pojmann(1993) 참조.

97) 이 점에 관해서 알스톤의 논지가 비교적 선명하다. 그는 윤리학에서와 같이 "당위가 수행가능성을 함축한다(Ought implies can)"는 원리를 적용하면서 우리에게 인식적 의무가 있다는 것은 무엇을 믿을 것인지의 여부를 선택할 수 있는 능력이 있다는 것을 함축한다는 것이다. 하지만 그 선택에 대한 우리의 통제력이 발휘될 수 없다면, 즉 무엇을 믿을지의 여부를 의지대로 할 수 없다면, 무엇을 믿어야만 하는 당위나 의무가 없을 것이라는 주장이다. 그런데, 믿음상의 의지주의 함축하는 의무론적 견해의 문제는 믿음이 우리의 의지와 무관하게 비자발적으로 형성된다는 사실에서 비롯된다는 요지를 담고 있다. Alston(1988a) 참조. 또한 포이만의 견해에 따르면, 믿

메일랜드(J. Meiland)에 따르면, 증거가 믿음 형성에 중요한 요소이기는 하지만 그것만으로 믿음 획득이 전적으로 결정되지는 않는다고 전제하고, 우리의 믿음이 형성됨에 있어 인식 주체의 가치나 목적 혹은 상황적 요인 등에 직접 혹은 간접적으로 영향을 받아 총체적으로 이루어지는 것이기 때문에, 믿음의 형성에 있어 의무론적 고려는 더 이상 설득력이 없다고 주장한다.[98] 플란팅가(A. Plantinga) 역시 인식의무의 충족과 믿음의 형성간의 괴리가 그 동안 다양한 각도에서 입증되어 왔다고 전제하고, 믿음을 갖게 되는 과정이 자발적이거나 통제가능한 행위가 아니기 때문에 믿음 획득에는 어떠한 의무론적 요소도 개입되지 않는다고 강조하고 있다.[99] 이들의 말이 맞다면 믿음의 형성이 나의 의지와는 무관하게 이루어지기 때문에, 무엇을 믿고 또 무엇을 믿지 말아야 한다는 식의 의무는 부과될 수 없을 것이고 따라서 의무론적 견해를 받아들일 수 없을 것이다. 그러나 이러한 입장이 인식정당화의 의무론적 견해에 별다른 영향을 미치지 못한다는 응수의 가능성

음의 획득은 일종에 세계가 우리를 강제하는 작용이기 때문에 우리 의지의 통제력이 행사되거나 선택하는 것이 아니라고 규정하고, 따라서 믿음의 획득은 어떤 것을 행하는 것이 아니라 어떤 것이 자신에게 발생되는 것으로 일종에 수동적인 명제적 태도라는 것이다. Polmann(1993) 참조.

98) 메일랜드에 따르면, 증거적 고려가 아닌 인지자의 가치, 목적, 상황 등 비증거적 고려에 의해서도 얼마든지 믿음이 형성될 수 있다고 보고, 따라서 "어떠한 경우에 있어서도 인지자의 가치나 주어진 상황적인 요인들이 증거의 역할을 적절히 통제하게 된다"고 밝히고 있다. 물론 메일랜드는 이러한 주장을 토대로 궁극적으로는 도덕적 혹은 실용적 의무에 적용하고 있다. Meiland(1980) 참조.

99) 플란팅가에 따르면, 인식정당화에 대한 기존의 의무론적 견해가 불필요한 문제들을 야기시켜 왔다고 지적하면서 '정당화' 개념 대신에 이와는 다른 '보증(warranr)'의 개념을 그 대안으로 제시하고 있다. 그는 인식 주체가 인식적 의무를 충족시키더라도 지식을 갖지 못하는 경우가 있다고 지적하면서 그 동안 다각적으로 입증되어 왔다고 밝히고, 한 믿음이 지식으로 보증받기 위해서는 그 인식 주체의 인지기관이 올바른 방식으로 작동되는 방식에 따라 적합하게 기능해야 한다는 조건을 전제해야 한다고 주장한다. Plantinga(1993) 1장.

역시 열려 있기는 마찬가지다.

믿음-형성의 의무론적 개입에 대한 반론에는 믿음이 형성됨에 있어 우리의 의지와는 무관할 수 있다는 논점을 담고 있다. 여기에는 믿음이 형성되는 과정에 관한 것이고 동시에 그 과정에서 나의 의지력이 행사될 수 없음을 의미한다. 그렇다면 믿음이 형성되는 과정에만 나의 의지력이 행사될 수 없다는 주장을 함축하기 때문에, 이미 형성된 믿음에 대한 정당화 과정에서 나의 의지력이 행사될 수 없다는 주장과는 전혀 별개의 문제이다. 말하자면, 믿음이 형성되는 과정과 형성된 믿음에 대한 정당화 과정은 서로 다른 문제이기 때문에, 앞의 반론에서 언급하고 있는 믿음상의 의지주의와 관련한 문제는 믿음 형성-과정에만 해당되는 것으로 보아야 할 것이다. 그렇다면, 나의 믿음이 형성되는 과정은 나의 의지력이 행사될 수 없으므로 그렇게 믿지 않을 수 없게 될 수도 있겠지만, 믿음의 정당화 과정에서는 그것이 어떻게 형성되었든 일단 형성된 믿음에 대한 정당화의 의무를 질 수 있다는 점에서 적절한 반론을 구성하고 있다고 보기 어렵다. 따라서 인식 의무론적 견해를 괴롭힌 믿음상의 의지주의 문제가 믿음 형성-과정에는 반론이 구성될 수 있을지 몰라도 일단 형성된 믿음의 정당화 과정에는 별다른 영향을 미치지 못하게 된다.[100]

믿음-형성에 대한 의무론적 개입에 제기된 반론이 아마도 인식정당화론에

---

100) 믿음상의 의지주의 문제에 관한 스토입(M. Steup)의 해결책에 따르면, 믿음 형성의 비의지성을 강한 비의지성과 약한 비의지성으로 구분하고 증거 변화에 따른 대처 능력에 따라 대처 가능한 것은 우리가 지적 능력을 발휘할 수 있는 비의지적 믿음이며, 대처 불가능한 것은 우리가 지적 능력을 발휘할 수 없는 비의지적 믿음이라는 것이다. 그는 후자의 강한 비의지성만이 어떤 믿음을 인식적 의무의 대상이 되지 못하도록 배제시키는 반면, 전자의 약한 비의지성은 믿음을 인식의무의 대상이 되지 못하게 배제시키지 않는다고 답변한다. Steup(1988) 참조.

대한 우회적인 전략일 수도 있다. 인식정당화론이 적어도 믿음에 관한 이론이라고 했을 때, 믿음의 형성에 있어 의무론적 요소의 개입 자체를 봉쇄시킴으로써 정당화 과정으로 넘어가는 것을 차단하려는 일련의 시도일 수 있기 때문이다. 물론 믿음이 형성되는 과정에서 우리의 의지가 필연적으로 개입될 수밖에 없다고 고집하는 인식론자는 아마도 없을 것이다. 그렇다고 어떠한 과정을 통해 형성된 믿음이 곧장 정당화되었다고 주장하는 인식론자 역시 없을 것이다. 만일 그렇게 주장하는 인식론자가 있다면 그는 믿음에 대한 정당성을 요구할 필요가 없기 때문에 형성된 믿음을 곧장 지식으로 여기는 입장을 취해야 할 것이다.

그럼에도 불구하고 제기된 반론은 믿음 형성과정에 따른 문제이기 때문에 이와는 무관한 믿음의 정당화과정에는 별다른 영향을 미치지 못할 것이고, 따라서 인식정당화에 대한 의무론적 견해는 여전히 유지될 수 있다. 그렇다면 인식 의무론적 견해에 대한 효과적인 반론이 구성될 수 있기 위해서는 믿음 형성-과정이 아닌 믿음의 정당화 과정에서 의무론적 견해를 달리 해명하는 전략을 취하거나 아니면 정당성 자체를 포기하는 등의 새로운 전략이 되어야 할 것이다.

3. 비의무론적 정당화 전략의 성격

앞장의 논의를 통해 우리는 인식 의무론적 견해에 가해진 비판이 믿음의 형성에는 적용될 수 있을지 몰라도 일단 형성된 믿음에 대한 정당화 과정에는 적용될 수 없음을 보았다. 이에 따라 적용가능한 전략이 되기 위해서는 한 믿음을 정당화함에 있어 의무의 충족 여부와는 달리 접근하려는 시도가 되어야 할 것이다. 그러한 시도의 후보로 인식정당화가 평가적이라는 측면에는 동의할 수 있어도 그러한 평가가 반드시 의무나 책임의 문제일 필요는 없다는 관점을 반영하는 것일 수 있다. 또한 인식정당화의 개념을 이와 같이 의무론적 관점과 달리 해명한다는 차원에서 비의무론적 견해가 될 것이다.

이러한 견해를 명시적으로 표방하고 있는 알스톤에 따르면 '인식정당화'가 평가적 개념이라는 점에 있어서 만큼은 동의하지만, 반드시 인식의무의 이행과 관련된 평가일 필요는 없다는 것이다. 그는 Alston(1985)에서 의무론적인 개념만이 인식적 평가를 위한 개념이 아님을 분명히 하고 있다.[101] 어떤 인식적 행위를 하는 것이 지적인 존재로서 인식 주체의 의무라고 한다면 그것은 의무론적인 개념이라고 할 수 있겠지만, 그렇게 하는 것이 인식적인 관점에서 좋은 일이라고 말한다면 그것은 비의무론적인 평가일 것이라는 지적이다. 말하자면, 인식적인 관점에서 좋다는 것과 지적인 존재로서 의무라는 것은 분명히 구분되는 것이며 정당화가 지니고 있는 평가적 의미는 후자가 아닌 전자에서 비롯된다는 주장이다. 그렇다면 알스톤이 의도하고 있는 믿음의 정당화란 의무의 이행에 따른 것이라기 보다는 다만 인식적 관점에서 좋은 것이라고 볼 수 있다.

---

101) 만일 믿음을 지니는가 지니지 않는가 하는 것이 의무에 의거하여 결정되어야 할 문제라면 어떤 믿음을 지님으로써 의무를 다한 결과가 된다면 그 믿음은 유리한 평가를 받게 될 것이다. 그러나 알스톤은 믿음을 지니고 안 지니고 하는 것이 의무에 의거하여 결정되는 것은 아니며 따라서 믿음이 어떤 경우에 유리한 평가를 받게 되는가 하는 것에 대한 해답은 달리 구해야 한다고 본다. 알스톤의 답변은 그 믿음을 지니는 것이 인식적 관점에서 좋은 일인 경우에 믿음은 유리한 평가적 지위를 얻게 된다는 것이다. Alston(1985) 참조.

그래서 인식적인 관점에서 좋다는 것은 진리의 극대화라는 인식적 목표의 관점에서 이해되어야 하며 지적 의무를 소홀히 하지 않음으로써 비난받지 않을 상황에 있다는 개념과는 구분되어야 할 것이라는 제안이다. 만일 인식 주체가 자신이 입수한 모든 증거에 입각해 판단할 수 있는 한 그가 믿고 있는 것이 참일 경우 그러한 목표에 가장 근접했다고 말할 수 있으며, 따라서 어떤 믿음이 적절한 근거에 입각해 있고 그 믿음에 상반되는 그 어떠한 근거도 없을 경우, 인식 주체는 위에서 말한 인식적 목표를 달성한 것으로 볼 수 있으며 그렇기 때문에 인식적인 관점에서 좋은 것으로 취급될 수 있다는 것이다. 그의 말을 직접 들어보면 다음과 같다.

> "S가 p라고 믿고 있으며, 또한 p라는 S의 믿음이 적합한 근거에 입각해 있고 그러한 믿음을 뒤엎을만한 충분한 이유를 S가 지니지 못하고 있다는 점에서 S의 믿음 p가 인식적 관점에서 좋은 것(good thing)일 때 또 오직 그 경우에 한해, S는 p를 믿음에 있어 정당화된다."[102]

그렇다면 인식적 관점에서 좋다는 것은 무슨 의미인가? 알스톤은 그것을 인식 주체가 입수할 수 있는 증거에 비추어 가능한 한 진리에 접근했다는 의미로 받아들이고 있다. 인식적 관점에서 좋음의 의미를 그와 같이 해석하게 되면 어떤 인식 주체가 그가 입수할 수 있는 증거에 비추어 가능한 한 진리에 근접했을 경우 그의 믿음은 정당화된다는 결론이 귀결될 것이다. 이렇게 해서 알스톤의 인식적 '좋음'의 개념은 인식 주체의 믿음에 대한 적절한(adequate)

---

102) Alston(1985), 17쪽.

증거의 개념을 요구하게 된다.[103] 결국 정당화와 관련하여 알스톤이 말하는 평가는 우리의 믿음 형성에 있어 진리와의 연관성을 가리기 위한 평가로서의 '좋음'을 의미하기 때문에 알스톤의 정당화 개념이 의무론적 개념과는 다르다.

이와 동일한 맥락에서 레러[104]와 코헨이 주장하고 있는 인식 정당화 역시 인식적 목표에 비추어 이를 얼마나 잘 성취했는지에 관한 평가로 보고 있다.[105] 인식적 목표에 따라 그 정당화 여부가 결정된다는 측면에서 반드시 인식적 의무라든가 책임의 문제일 필요는 없다고 보고, 한 인지자의 인식적 행위는 그러한 목표에 도달하기 위하여 얼마나 좋은 방식(good way)에 따르냐는 점에서 정도에 따른 정당화임을 주장한다. 그럴 경우 용어의 사용에 있어서도 '정당성'라는 개념보다는 '합리성(rationality)'이라는 개념이 오히려 더 적절하다고 보고 있다. 사실상 이러한 관점에 따를 경우 문제가 되는 것도 인식적 목표에 대한 수단의 적절성이라고 할 수 있는 수단-목적의 합리성에 있음은 분명해 보인다. 이는 진리의 반영이라는 인식적 목표를 달성하기 위한 절차적 측면에 주목하는 것으로 이해할 수 있다. 이와 같이 인식 정당화를 인식적 목표에 비추어 얼마나 좋은 방식에 따르냐의 문제로 본다는 측면에서,

---

103) Alston(1985), 25-30쪽.

104) 레러의 경우 Lehrer(1990)에서 취하고 있는 입장은 좀 어정쩡해 보인다. 왜냐하면, 의무론적 견해를 수용하는 입장을 보이기 때문이다. 그에 따르면, 우리의 믿음 자체가 주관적인 것이기는 하지만, 우리의 믿음이 주관적인 것을 넘어 우리밖에 있는 실재와 부합할 때 우리의 믿음은 지식이 될 가능성이 있다고 전제하고, 그 믿음의 정당화 가능성을 인식 주체의 역할에서 찾고 있다. 그래서 레러는 지식의 확보란 순전히 주관적인 믿음에서 시작하여 궁극적으로 진리를 반영해 내는 것이기 때문에 이를 달성하기 위한 인식 주관의 책임을 특히 강조하고 있다. Lehrer(1990), 15쪽.

105) Lehrer & Cohen(1983) 참조.

이에 따른 믿음의 정당성에 대한 평가는 다만 인식적 목표에 따른 평가일 뿐 여기에 의무론적 요소는 개입되지 않는다. 이와 같이 알스톤, 레러와 코헨 등이 주장하고 있는 비의무론적 정당성 개념을 정리하면 다음과 같다.

> **(JP) 인식 정당화는 인식적 목표에 비추어 이를 얼마나 잘 성취했 는지에 관한 평가의 문제로, 이는 어떤 믿음이 적절한 근거에 입각해 있고 그 믿음을 뒤엎을만한 그 어떠한 이유도 가지고 있지 않을 경우, 인식적인 관점에서 좋은 것이다.**

이와 같이 (JP)에서는 인식정당화를 의무론적 개념에 의해 규정하고 있지 않다는 점에서 (JR)와는 다르다. 이에 따른 한 믿음의 정당화는 다만 인식적 목표에 비추어 어떤 특정한 성질을 갖게 됨으로써 인식적 관점에 따라 좋은 믿음이라는 의미에서 비의무론적 규정이 될 것이다. 그렇게 보았을 때, 비의무론적 견해가 의무론적 견해와 그 성격상 전혀 다르게 비쳐지는 것은 당연하다. 그럼에도 불구하고, 일단 (JR)이나 (JP)에서 공통적으로 받아들이는 듯한 부분이 있다고 한다면, 그것은 한 믿음을 정당화함에 있어 "인식 주체가 그 믿음을 받아들일만한 적절한 이유를 소유해야 할 것"에 대한 요구를 표방하고 있다는 점이다. 즉, (JR)에서는 '인식 의무'에 따라 그 이유를 인지자가 소유해야 할 것에 대해 요구하는 반면, (JP)에서는 '적절한 근거에 입각한 인식적 목표의 달성"에 따른 이유를 인지자가 소유해야 할 것에 대해 요구하는 것으로 비쳐지기 때문이다. 그런데 문제는 (JR)의 경우 이러한 요구가 자연스러운 반면, (JP)의 경우에는 "과연 그럴 필요가 있는가?" 하는 점이다.

앞에서도 언급한 바와 같이 (JR)의 옹호자인 봉쥬르나 치즘의 경우 인식적 의무를 이행하기 위해서는 한 믿음을 참이라고 여길 수 있는 이유를 인지자가 소유해야 할 것을 요구하게 된다. 왜냐하면 참이라고 여길만한 이유를 인지자가 소유하고 있지 못할 경우, 그럴만한 이유를 인지자가 갖고 있지 못하므로 참이라고 여길 수 있는 믿음을 받아들여야만 하는 의무가 부과될 수 없기 때문이다. 그렇다면 참인 믿음을 받아들여야 하는 의무가 부과되기 위해 그럴만한 능력의 발휘가 요구된다고 하는 것은 그 믿음을 참이라고 여길 수 있는 이유의 소유(의식적 개입 혹은 접근)가 인식 주관에게 필수적임을 의미한다. 말하자면 인식 의무론적 견해는 내재주의를 함축하고 있다는 말이다. 그러나 (JP)의 경우에는 그 사정이 (JR)과는 다르다. (JP)에서는 오히려' 인식적 목표의 달성'만이 문제가 되기 때문에, 굳이 한 믿음의 참임에 대한 의식이나 이유를 인지자가 소유하지 않고도 그러한 목표의 달성이 가능하다면 그것만으로 충족될 수 있기 때문이다.

앞에서 살펴 본 바와 같이 (JR)이 내재주의를 전제하고 있다는 것에는 아무런 문제가 없다. 그런데 문제는 (JP)가 내재주의를 유지하면서 의무론적 견해인 (JR)을 배제할 수 있는가 하는 점이다. 이러한 상치를 비의무론적 견해인 (JP)에서 마련할 수 없다면, (JP)는 내재주의와 양립할 수 없기 때문에 다른 길을 선택해야 한다는 결론이 나온다. 이러한 (JP)의 문제에 관한 보다 공정한 평가를 위해서는 내재주의가 왜 의무론적 개입을 허용할 수밖에 없는지에 대한 해명과 아울러 의무론적 개입의 근거에 관한 검토가 선행되어야 할 것이다.

4. 인식적 내재주의에 대한 의무론적 개입의 근거

인식 의무론적 견해를 반영하는 (JR)에서 한 믿음의 정당화를 위해 인식 주체가 그 믿음을 받아들일만한 적절한 이유를 소유해야 한다는 것은 인식 주체의 직접적인 개입에 따른 것임을 의미한다. 이러한 요구는 다음의 논점에 따른 것이다. 즉, 한 믿음을 정당화함에 있어 인식 주체의 직접적인 개입을 요구하는 이유는 참의 극대화와 거짓의 최소화라는 인식 정당화론의 목표에 따라 거짓된 믿음을 피하고 참을 극대화하는 노력이 인식 주체에 달린 문제라고 보는 관점에 따른 것이기 때문이다. 어떤 믿음이 지식으로 이행되는 과정은 우리의 인식 내부에서 일어나는 사건이기 때문에, 그러한 믿음이 정당화되도록 하는 것은 인식 주체가 여기에 어떻게 관여하느냐와 직접적인 연관성을 갖는다. 그런 점에서 인식 주체의 인식적 행위는 당연히 인식 정당화에 기여할 수 있는 것이어야 하고, 인식 정당화론이 지향하는 바에 따른 것이어야 할 것이다. 이러한 견해는 다음의 논제를 반영한다.

> **(JI) p라는 인식 주관 S의 믿음이 정당화되는 것은, S가 믿음 p의 정당화 부여 속성에 접근하여 그 속성을 직접적으로 파악하는 오직 그 경우만이다.**

(JI)에서 한 믿음의 소유자는 정당화의 어떤 중요한 요소라든가 그 정당화의 근거, 혹은 그 근거들과 정당화된 믿음간의 관계에 직접적으로 접근할 수 있는 길이 있어야 한다는 의미를 담고 있다. 그래서 여기에서 '직접적인 파악'은 인식 정당화에 대한 내재론의 관점을 특징적으로 규정하고 있으며, (JI)에

따른 믿음의 정당화는 인식 주관에 직접적으로 접근 가능해야 할 것에 대한 요구를 동시에 반영해 주고 있다.[106] 말하자면, 직접적으로 접근하여 파악할 경우에 한해 정당화가 확보된다는 말이다. 그런데 인식정당화는 규범적인 개념이다. 그것은 자신의 믿음이 지식으로 인정받기 위해서 반드시 수행해야 할 작업이라는 의미에서 그렇다. 그래서 내재론자들은 여기서 '수행해야 한다'는 것을 인식과 관련된 윤리적 개념과 같은 것으로 파악하고 있다. 그들은 즉 정당화를 '수행해야 한다'는 것은 인식 주체가 지식을 획득함에 있어 담당해야 할 책임 내지는 의무라는 뜻으로 여기고 있다. 그런 뜻이라고 한다면 정당화 부여 속성을 파악한다는 것은 인식적 의무에 해당한다고 말할 수 있다.

물론 (JI)는 정당화를 인식과 관련된 의무로만 규정하는 (JR)과는 논리적으로는 독립된 명제이다. 그런데 정당화가 인식적 의무라는 명제는 다음의 두 가지 전제로부터 귀결된 것이다.

---

106) 한 믿음의 정당성 확보에 있어 내재론에 따를 경우, 그 정당화 부여 속성은 인식 주관이 그 믿음의 근거에 직접적으로 접근할 수 있는(directly accessible) 오직 그 경우에 한해 정당화된다는 특징을 지닌다. 말하자면, 내재론은 인식 정당화의 속성을 S(인식주체)에 대해 직접적으로 접근 가능한 측면에 호소하여 정의하고자 한다. 인식 주체가 직접적으로 접근 가능한 것은 바로 자신의 내적 상태밖에 없으며 이것은 S가 p에 대해 알고 있거나 그에 대한 정당화된 믿음을 갖는다는 것을 내재론에서는 S가 어떤 '내재적 상태'에 있다는 의미로 받아들인다는 것을 뜻한다. 그 근거를 증거로 파악하고 있는 코니(Earl Conee)는 다음과 같이 내재론을 특징적으로 규정짓고 있다. "누구든 자신의 믿음이 참이라는 증거에 반성적으로 접근할 수 있는 경우에 한해 그 믿음은 정당화된다. …위의 예들에 비추어 다음과 같은 결론을 내리는 것이 합리적이다. 즉, 어떤 믿음이 참임을 뒷받침하는 증거에 대해 인식 주체가 인식적으로 접근할 수 있는 경우에만 그 믿음은 인식적으로 정당화된다. 다시 말해 정당화하는 증거를 반드시 내재적으로 입수할 수 있어야 한다." Conee(1988), 398쪽. 여기에서 "정당화하는 증거를 반드시 내재적으로 입수할 수 있어야 한다"는 구절은 문제의 증거가 단순히 있는 것만으로는 충분하지 않으며 인식 주체가 반성에 의해 그 증거에 내적으로 접근할 수 있는 길이 있어야 한다는 것을 의미한다.

(D) 인식 주체가 지식을 추구함에 있어 인식적 목표(epistemic goal)를 달성해야 할 인식적 의무가 있다.

(J) 정당화를 수행할 경우에 한해 그러한 인식론적 목표가 달성된다.

(D)는 (ㄱ) "X를 달성해야 할 (인식적) 의무가 있다"라는 형식을 지니고 있으며 (J)는 (ㄴ) "Y를 할 경우에 한해 X가 달성된다"는 형식으로 되어 있다. 이 말은 (ㄱ)과 (ㄴ)에서 X 대신에 '인식적 목표'를 대입하고 Y 대신에 '정당화'를 집어넣음으로써 각각 (D)와 (J)가 얻어진다는 것을 의미한다. (ㄱ)과 (ㄴ)으로부터 "Y를 하는 경우에 한해 인식적 의무를 다하게 된다"라는 결론을 도출할 수 있으며, 따라서 (D)와 (J)로부터는 "정당화를 수행할 경우에 한해 인식적 의무를 다하게 된다"[107]는 결론이 이끌려 나올 것이다. 이 명제는 인식적 의무를 다할 경우 정당화된다는 취지의 (JR)과 그 의미상 동치이다. 그런데 만일 (ㄱ)과 (ㄴ)에 (ㄷ) "Z를 하는 경우에 한해 Y가 달성된다"는 명제를 덧붙일 경우 "Z를 하는 것이 인식적 의무이다"라는 결론이 궁극적으로 귀결될 것이다. 여기에서 (ㄷ)에 해당하는 명제를 제공하는 것이 바로 (JI)이다. 구체적으로 (ㄷ)에서 Y 대신에 앞서와 같이 '정당화'를 대입해 놓고, Z 대신에 '정당화 부여 속성을 직접적으로 파악하기'를 대입해 넣음으로써 (JI)가 얻어진다.

위에서 지적한 것처럼 정당화의 정의 (JI)와 정당화의 의무론적 규범의

---

107) 여기서 인식적 의무를 다하게 된다는 것은 인식과 관련된 의무를 하등 저버리지 않게 된다는 것이다. 따라서 이러한 의미에서 어떤 믿음을 정당화하였다는 것은 그 믿음을 믿어야 한다는 것을 함축하지 않는다. 오히려 그것을 믿는 것과 관련된 의무를 저버리지 않음으로써 그 믿음을 지니는 것이 허용된다는 것을 함축하게 된다. Alston(1985), 26쪽.

성격을 주장하는 (JR)은 논리적으로는 별개의 명제이다. 그럼에도 불구하고, 정당화 개념에 관한 내재론적 정의 (JI)를 받아들이면서 (JR)을 정의하는 것은 얼마든지 가능하다. 그래서 대부분의 내재론자들은 (JI)는 물론 (JR)도 받아들이고 있는 것이다. 그렇다면 왜 이러한 현상이 벌어지는 것인가? 그 이유를 '직접적 접근' 내지는 '직접적 파악' 이라는 개념에 의거하여 정당화를 정의하려는 내재론자들의 동기에서 찾아야 할 것이다. 그들이 그 개념을 굳이 고집하는 데에는 정당화 부여 속성이 무엇이 되었건 그 속성을 인식 주체가 직접적으로 파악함으로써 인식적 책임을 다하게 된다는 무의식적 전제가 작용했던 것이다. 만일 인식 주체에게 부여되는 책임이 있다면 그것을 다하는가 그렇지 않은가는 순전히 인식 주체에 달린 문제여야 한다. 그것을 수행하고 안하는 것이 어떤 사람에게 달려 있는 문제가 아니라면 그것을 수행하는 것이 그 사람의 책임이나 의무라는 말은 할 수 없을 것이기 때문이다. 그런데 인식정당화 과정에서 구체적으로 그것을 하는가 안 하는가가 전적으로 인식 주체에 달린 문제가 된다면 그것은 어떤 성격의 것이겠는가? 많은 내재론자들은 인식 주체가 직접적으로 접근할 수 있는 것만이 그러한 성격을 지닌다고 생각하는 것이다. 이러한 고려가 바로 대부분의 내재론자들이 (JR)을 수용하는 이유를 잘 설명해 준다.[108]

---

108) 내재주의에 따른 정당화 결정의 요인은 인식 주체의 정신에 내적인, 즉 반성을 통해 접근 가능한 것이어야 한다. 그래서 나의 믿음이 나의 정신에 내적이라는 것은 그 믿음에 대해 나의 반성을 통해 파악 가능하다는 것을 의미한다. 예를 들어, 나의 지각적 경험이 나의 정신에 내적인 이유는, 내가 현재 나의 주의를 기울일 때 나는 나의 지각에 의해 경험하고 있는 것이 무엇인지를 말할 수 있기 때문이다. 의무론적 견해에 따른 인식정당화가 내재주의를 함축하는 것도 이와 동일한 맥락에서 이해할 수 있다. 말하자면, 내가 p를 믿을지의 여부를 결정하는 것이 주어진 시점에서 나의 의무인지는 나의 정신 외적인 것과는 아무런 관련이 없다. 그렇다면, 나의 인식적 의무를 결정하는 것 역시 현재 내가 가지고 있는 증거에 입각해 나의 반성을 통해 파악가

앞서 우리는 (JR)이 "정당화를 수행할 경우에 한해 인식적 목표가 달성된다"는 명제와 더불어 "인식적 목표를 달성하는 것이 인식적 의무이다"라는 명제로부터 귀결됨을 보았다. 그렇다면 내재론자들은 여기서 말하는 인식적 목표가 어떠한 것으로 간주하고 있는가? 그것은 말할 것도 없이 가급적 거짓을 피하고 진리를 극대화하는 것이다. 다음과 같은 치즘의 말이 이를 뒷받침한다.

> "우리는 모든 사람이 어떤 순수한 지적 조건을 충족시켜야 한다고
> 가정할 수 있을 것이다. 그 조건이란 즉 그가 고찰하는 모든 명제 h
> 에 대해 h가 참인 경우 또 오직 그 경우에 한해 그가 h를 받아들이
> 는 결과가 야기되도록 최선의 노력을 다해야 한다는 것이다. 이것이
> 바로 지적 존재로써 그 사람의 책임이라고 말할 수 있을 것이다."[109]

여기서 치즘이 말하는 '지적 조건'이 인식적 의무에 해당함을, 그리고 '그가 고찰하는 모든 명제 h에 대해 h가 참인 경우 또 오직 그 경우에 한해 그가 h를 받아들이는 결과가 야기되도록 최선의 노력을 다한다'는 것이 바로 그가 가급적 거짓을 피하고 진리를 극대화하도록 노력한다는 것을 의미함을 쉽게 알 수 있다. 다시 말해 치즘도 가급적 거짓을 피하고 진리를

능한 것이어야 한다. 따라서 인식 의무론적 정당화는 반성을 통해 파악 가능해야 하기 때문에 그렇지 않는 것은 정당화 결정의 요인이 될 수 없다.

109) Chisolm(1977), 14쪽. 이어서 치즘은 다음과 같이 말하고 있다. "'t에서 S에 대해 p가 q보다 더 합당하다'는 말을 다시 표현하면 이와 같이 말하는 것이다. 즉 S가 t에 그렇게 적용되는 것은 지적 존재로서 그의 지적 요구와 책임이 p 보다는 q에 의해 더 잘 충족되기 때문이다." 치즘은 이에 관한 예로 "불가지론이 유신론 보다 더 합당하지 않다면, 유신론은 무신론 보다 더 합당하다"고 말하고 있다.

극대화하도록 노력하는 것이 모든 인식 주체가 달성해야 할 의무인 인식적 목표에 해당한다고 보고 있는 것이다. 그리고 앞장에서 언급한 봉쥬르 역시 인식 정당화에 관해 치즘과 같은 의무론적 견해를 피력하고 있다.

5. '인식의무'를 둘러싼 인식론에서의 자연화 전략

앞장에서 우리는 (J)를 전제했을 때, (JR)이 (D)에서 귀결됨을 보았다. 이것은 (JR)을 받아들이는 대부분의 내재론자들이 사실은 (D)를 전제하고 있음을 의미하는 것이다. 그런데 (D) 대신에 다음 명제를 수용하려는 인식론자들이 있다.

(E) 인식 주체가 지식을 추구함에 있어 인식적 목표를 달성하는 것이 인식적 관점에서 좋은 것이다.

(E)가 (J)와 결합하게 되면 "정당화가 되는 것은 인식적인 관점에서 좋은 것이다"라는 명제가 귀결될 것이다. 앞의 3장에서도 언급되었듯이 알스톤, 레러와 코헨의 경우가 (D) 대신에 (E)를 받아들이려는 입장을 취하고 있다. 말하자면, (D)와 (J)로부터 도출된 "인식 주체가 인식적 의무를 다하는 경우에 한해 정당화된다"가 아닌, (E)와 (J)로부터 "인식적 관점에서 좋은 경우에 한해 정당화된다"는 명제를 받아들이고 있는 셈이다. 그렇다면 이들이 (D)가 아닌 (E)를 받아들이려는 이유는 어디에 있는 것일까?

이들에 따르면 인식정당화의 의무론적 견해에 따를 경우 진리와 믿음이 올바른 방식으로 결합되지 않기 때문에, 참인 믿음의 확보라는 인식적 목표를 달성하기 어려울 것이라는 진단에 따른다. 말하자면 어떤 믿음이 정당화되기 위해서는 적합한 근거에 의해 뒷받침되어야 한다는 전제가 충족되어야 함에도 불구하고, (D)는 이러한 전제를 충족시킬 수 없기 때문에 (D)와 (J)는 올바른 방식으로 결합되지 않는다는 말이다.[110] 그렇다면 (J)와 (E)를 결합시킴으로써 가능하다는 의미일 것이다. 따라서 (J)에 인식 의무론적 견해인 (D)가 결합될 경우 진리와 믿음 사이의 간극을 결국 허용할 수밖에 없기 때문에, 새로이 요청되는 (E)와 결합된 모델은 그 간극을 허용하지 않을 것이라는 의도로 받아들일 수 있다. 이는 (J)에 (D)가 아닌 (E)를 결합시킴으로써만 그 간극을 메울 수 있으리라는 계획에서 출발한다. 그런데 문제는 (E)를 통해 그 간극을 어떻게 허용하지 않게 되는가 하는 점과 더 나아가 이에 대한 대표적인 옹호자인 알스톤 역시 그 자신이 실제로 염두에 두고 있는 것이 (E) 자체에 있지는 않다는 사실이다. 궁극적으로 그는 인식 의무론적 관점을 자연화 계획에 편입시켜 그 해결 방안을 모색하고 있기 때문이다. 그렇다면, (J)와 (E)를 결합시키는 방식에 따른 모델을 제시하고 있는 그의 입장을 통해 그가 의도하는 바를 보다 면밀하게 살펴 볼 필요가 있을 것이다.

인식의무와 관련하여 *Alston(1985)*에서 알스톤은 인식 정당화의 개념이 갖는 특성상 기술적이기보다는 평가적 개념이라는 점에 있어서만큼은 분명히 하고 있다. 이 글에서 그는 인식정당화 개념을 사실적 개념이 아닌 넓은 의미의 평가적 개념이라고 규정하면서, 특히 인식적 측면의 평가와만 관련된

---

110) 의무론적 정당화의 견해에 따를 경우 적합한 진리공헌적 근거와 올바른 방식으로 결합되지 않는다는 알스톤의 지적에는 실제로 어떤 믿음이 사실적 개연성을 갖지 않음에도 불구하고 의무론적으로 정당화될 수 있음을 염두에 둔 것이다.

것으로 보고 그러한 인식적 평가는 이른바 "인식적 관점"에 따른 것으로 인식적 관점은 믿음의 체계 내에서 진리를 극대화하고 거짓을 최소화하려는 목적에 의해 정의된다고 규정하고 있다.[111] 말하자면, 인식적 정당성에 대한 평가는 진리의 반영이라는 인식적 목표에 비추어 '좋다'는 식의 평가일 뿐 여기에 의무적인 요소는 없다는 주장으로 받아들일 수 있다. 여기까지는 (E)를 충실히 이행하는 것처럼 보인다.

그러나 이후 Alston(1988)에서 그는 인식정당화 개념이 이러한 평가적 지위가 수반하고 있는 기초에 전적으로 의존하고 있다는 점에서 그렇게 순수하게 평가적이지만은 않다고 일부 수정하여 제안하고 있다. 여기서 알스톤은 '적합한 근거'는 '그 믿음의 참임을 직접적으로 드러내 줄 수 있는 것'이어야 한다는 주장으로 이를 뒷받침하고 있다.[112] 이는 적합한 근거에 기초를 둔 믿음만이 정당화된다는 것을 의미한다. 여기에서 인식 의무나 책임의 문제는 더 이상 개입되지 않는다. 오히려 인식주관 S와 상충되는 그 어떠한 논박가능성도 허용하지 않는 방식으로 자신의 입장을 정리하고 있다. Alston(1989)에서도 알스톤은 다음과 같이 말하고 있다.

> "…어떤 근거가 인식적 목표와 관련하여 좋은 것이기 위해서는 오직 '진리-공헌적'이어야만 한다. 말하자면, 그 근거는 믿음의 참임을 충족시킬 수 있는 근거가 되어야 할 것이다. 다시 말해서, 어떤 근거가 주어졌을 때, 그 근거에 따른 믿음은 참일 개연성이 극히 높은 것이

---

111) Alston(1985), 25-30쪽.

112) Alston(1988a), Alston(1988b) 참조.

어야 한다."[113]

이 주장에 따르면 적합한 근거는 오직 진리 공헌적이어야만 한다. 그런데 적합한 근거가 진리 공헌적이기 위해서는 그 근거로 작용하는 믿음들이 참임을 반영한다는 인식적 목표에 따른 좋은 믿음이 되어야 하는데, 그럴 수 있기 위한 방편으로 참일 개연성을 갖는 믿음의 확보에 두어야 할 것에 대한 제안이다. 그렇다면 여기에서 그가 염두에 두고 있는 개연성이란 무엇인가? Alston(1989)에서 알스톤 자신이 염두에 두고 있는 개연성이란 일종에 '경향성'으로 생각하고 있다고 토로하고 있으며, 이는 세계의 합법칙적 구조에 따른 방식으로 한 사태가 다른 사태를 개연적이게 만드는 그러한 개연성의 개념으로 정리하고 있다.[114] 말하자면, 어떤 근거가 한 믿음을 개연적이도록 하는 것은 세계가 그 믿음을 개연적이게 만드는 합법칙적 구조에 달려 있다는 것이다. 그래서 이에 따른 한 믿음의 정당화는 그 믿음의 역사라고 할 수 있는 근거와의 인과적 혹은 합법칙적 관계에 의해 결정된다.[115] 그의 의도상 분명한 것은, 한 믿음을 개연적이게 만드는 근거는 물리적 세계가 진행하는 방식에 따라 법칙적으로 결정되는 것이기 때문에 의무나

---

113) Alston(1989), 231쪽.

114) 그의 말을 직접 들어보면 다음과 같다. "…내가 염두에 두고 있는 개연성이란 일종의 '경향성'에 따른 것을 의미하는 것으로, 이러한 개연성의 개념에 의거할 경우 세계의 합법칙적 구조는 한 사태가 다른 사태를 개연적이게 하는 그러한 것이다." Alston(1989), 232쪽.

115) 알스톤이 말하는 어떤 믿음의 근거가 그 믿음이 기초를 두고 있는 것이라고 했을 때, 그 기초를 두는 것이란 인과적 혹은 법칙적으로 결정된다는 것을 의미한다. 예를 들어, 찌는 듯한 더위에 연구소가 시원하다는 나의 믿음이 에어컨이 설치되어 있다는 믿음에 기초한 것이라면, 이 때 나는 에어컨이 있기 때문에 시원하다는 믿음을 갖게 될 것이다. 이 경우 두 믿음은 인과적으로 연결되어 있다고 알스톤은 설명한다. 이에 관한 상세한 논의는 Alston(1988b)를 참조바람.

반성과 같은 인식 주체의 접근과는 그래서 무관하게 된다. 결국 그에게 있어한 믿음이 정당화된다고 하는 것은 그 믿음을 사실적으로 개연적이게 하는근거에 기초를 두고 있어야 한다는 것을 의미한다.[116]

지금까지의 논의를 통해 알스톤의 이러한 제안을 어떻게 받아들여야 할지혼란스러울 정도로 그의 입장을 일관되게 이해하기가 어렵다. 일단 분명한것은 그가 Alston(1985)에서 제안하고 있는 주장을 Alston(1988) 이후에는일관되게 유지하고 있지 못하다는 사실이다. 말하자면, Alston(1985)에서내재주의를 유지하면서 의무론적 견해를 배제하고 있는 반면, Alston(1988)을기점으로 해서는 내재주의조차도 은근히 벗어나고 있음을 확인할 수 있다.그렇다면 왜 이러한 현상이 벌어지는 것일까?

우리는 4절의 논의를 통해 인식 의무론적 견해의 옹호자들이 왜내재주의를 받아들일 수밖에 없는지를 보았다. 말하자면, 인식 의무론적견해는 내재주의를 전제하는 오직 그 경우에 한해 유지될 수 있다는지적이었다. 그런데 여기에서 재차 문제가 되는 것은 인식의무를 포기하는방식에 따라 성립될 수 있는 가능성에 관한 것이다. 말하자면 인식의무를포기하면서 동시에 내재주의를 유지시킬 수 있느냐 하는 점이다. 물론여기에는 두 가지 대안이 가능하다. 다음의 가능한 대안을 통해 알스톤의 의도또한 분명하게 드러날 것이다. 그 대안 중 하나는, 인식의무를 포기하더라도

---

116) 이에 관해 스토입은 개연성을 사실적 개연성과 인식적 개연성으로 구분하면서, 알스톤의 경우
    어떤 믿음이 사실적으로 개연적이지 않으면서 의무론적 견해에는 정당화될 수 있기 때문에 인
    식 의무론적 견해는 적합한 진리 공헌적 근거와 올바른 방식으로 결합되지 않게 된다는 주장으
    로 평가하고 있다. 하지만 스토입은 의무론적 진영에서는 증거에 의해 뒷받침되어 믿게 되는
    것이 우리의 인식적 의무라면 인식적으로 개연적이지 않은 것을 믿으면서 인식의무를 충족시
    킬 수는 없다는 응수가 얼마든지 가능하다고 지적하고 있다. Steup(1996), 81-3쪽.

내재주의는 유지될 수 있다는 입장이다. 말하자면, 인식의무를 포기하는 방식에 따라 한 믿음의 정당화가 인식의무가 아닌 진리공헌적이라는 인식적 목표에 따른 좋음이라는 평가의 차원에서 내재주의를 유지하는 것이다. 3장에서 제시된 비의무론적 견해인 알스톤의 일차적인 전략이 여기에 해당한다. 다른 하나는, 인식의무가 필연적으로 내재주의를 동반할 수밖에 없기 때문에, 의식의무를 포기한다는 사실은 내재주의 역시 포기해야 한다는 입장이 있을 수 있다. 이에 따른 믿음의 정당화는 인식 주관의 내적 요인에 의해 확보될 수 없기 때문에, 외부적 요인에 의해 그 정당성이 확보될 수 있는 방식을 취해야 할 것이다. 이른바 자연화 계획의 일환이 될 수 있도록 하는 것이다. 알스톤이 취하고 있는 이후의 전략이 바로 여기에 해당한다.

그런데 전자의 경우는 3장 말미에서도 잠시 언급되었듯이 참인 믿음의 확보라는 인식적 목표의 달성을 위한 효과적인 전략이 되지 못한다. 동시에 4장의 논증을 통해 밝혀진 바와 같이 한 믿음의 정당화가 진리를 극대화하고 거짓을 최소화하려는 목적에 의해 규정되는 인식적 관점에 따른다고 할지라도, 인식적 관점에 입각한 평가라는 측면을 받아들이는 것이라고 한다면 어차피 내재주의적 관점을 포함할 수밖에 없다. 그렇다면 분명한 것은 그러한 인식적 관점에 따른 평가는 인식 주체의 개입이 비록 적극적 의무는 아닐지라도 최소한의 의무론적 요소를 포함할 수밖에 없다는 사실이다.[117] 그것이 아무리 인식적 목표에 따른 관점에 입각해 있다고 할지라도, 그에 따른

---

117) 의무론적 견해에서 내재주의를 포함하지 않는 믿음의 정당화가 확보될 수 없는 이유는 도덕적 의무에서 확인할 수 있다. 이에 따라, 나에게 의무가 부과될 수 있는 것은 내가 행위해야 하는 그 시점에 내가 파악(접근)할 수 있는 정보(증거)에 의해 결정될 뿐이다. 마찬가지로, 나의 인식적 의무를 결정하는 것도 현재 내가 확보할 수 있는 증거에 의해 결정될 따름이다. 게다가 내가 현재 확보할 수 있는 증거는 나의 반성을 통해 파악할 수 있는 것이어야 한다.

평가는 결국 인지자의 개입에 의해 수행되어야만 하는 사안이기 때문이다. 알스톤 역시 이 점을 분명히 의식하고 있었던 것으로 보인다.

Alston(1985)이나 Alston(1988) 이후에도 여전히 알스톤이 염두에 두고 있는 전제는 한 믿음의 정당화는 적합한 근거에 의해 뒷받침되어야 할 것에 대한 요구이다. 이러한 요구를 충족시키기 위해 알스톤은 곧장 뒷받침 관계에 대한 이유의 소유라는 인식 주체의 반성적 측면을 포기하는 극단적인 방법을 선택할 수는 없었다. 왜냐하면 규범성의 영역을 완전히 떨칠 수는 없었기 때문이다. 그래서 그가 취하게 되는 일차적인 전략은 이러한 내재론적 근간만큼은 유지하면서 인식의무를 포기하는 방식에 따른다. 그러나 1988년 이후 그 참임을 직접적으로 드러내 줄 수 있는 믿음의 확보라는, 즉 내재주의를 포기하는 방식으로의 수순을 밟게 된다. 그렇다면 알스톤이 왜 이러한 수순을 밟게 된 것일까? 아마도 인식 내재주의를 포기하지 않고서는 그가 말하는 '적합한 근거에 의해 뒷받침된 믿음의 확보,' 즉 '참일 개연성을 갖는 믿음의 확보' 라는 인식적 목표의 달성은 아마도 어려웠을 것이라는 판단에 기인한다. 그가 의도한 바가 적어도 한 믿음과 그 믿음의 참임을 직접적으로 연결시켜 줄 수 있는 장치의 고안에 있다고 했을 때, 이를 실현시킬 수 있기 위해서는 내재론적 근간을 유지하고서는 불가능하리라는 자신의 진단에 따른 것이다. 이른바 인식론에서의 자연화 전략을 통해 소기의 목적을 달성하려는 의도에 따른 것임을 알 수 있다. 물론 그 선택의 폭이 그리 크지는 않았기 때문에, 인식 의무를 포기하는 동시에 내재주의를 유지한다는 것이 최소한의 의무론적 요소를 받아들일 수밖에 없다는 부담감이 그러한 수순을 밟도록 작용한 것이다.

6. 인식의무와 인식적 내재주의

지금까지 인식 의무론적 견해를 둘러싸고 전개된 논의에 깔려 있는 배경을 보다 명시적으로 밝히기 위해 비판적인 관점을 표방하는 이론이 갖는 전략상의 특징을 인식정당화의 본성과 관련하여 다각적으로 모색해 보았다. 그 과정에서 인식 의무론적 견해에서 내재주의적 조건을 포함하지 않는 그 어떠한 정당화론도 옳은 것일 수 없다는 결론에 도달할 수 있었고, 이를 통해 의무론적 견해에 대한 비판의 이면에는 자연화의 전략적 의도가 숨어 있다는 점과 그 밖에도 몇 가지 사실을 더 확인할 수 있었다. 우선 인식의무와 관련하여 일반적으로 제기되는 주된 비판에는 믿음이 형성되는 과정에서 인식주체의 의무 이행 여부와 무관할 수 있다는 비판이었다. 하지만 그 비판이 믿음이 형성되는 과정과 일단 형성된 믿음에 대한 정당화 과정을 동일시 한데서 비롯된 것이기 때문에, 인식 의무론적 견해에 아무런 영향을 미치지 못한다는 사실 또한 알 수 있었다. 이는 인식 의무론적 논쟁의 성격이 어떤 것이어야 하는지를 확인시켜 준 것이기도 하다.

더 나아가 '인식의무'를 둘러싼 논의가 활발하게 전개되어 오기는 했으나, 실상은 인식의무 자체를 둘러싼 논의에 한정되어 있지 않았다는 점이다. 당시 인식의무에 대한 비판 자체도 의무론적 견해를 근간으로 하는 전통적인 내재주의 인식론의 판도에 근본적인 변화를 추구하려는 자연주의자들의 의도에서 비롯된 것이며, 이를 알스톤을 통해 확인할 수 있었다. 그 과정에서 내재론의 근간을 유지하면서 의무론적 견해를 배제할 수 없음이 특히 4절과 5절의 논증을 통해 드러났다. 말하자면, 한 믿음의 정당화란 '적합한 근거에 의해 뒷받침되어야 할 것'이라는 인식적 목표를 충족시키기 위해 알스톤은 전기에 내재론적 근간을 유지하면서 인식의무를 배제하려 했지만 그리 순조롭지 만은 않았던 것은 어쨌건 내재론적 근간을 유지한다는 사실은 의무론적 요소를 포함할 수밖에 없었기 때문이다. 결국 알스톤의 선택은 다시금 내재주의에 대한 포기라는 수순을 밟게 된다. 말하자면, 내재주의에서 탈피하지 않고서는 인식 의무론적 요소를 허용할 수밖에 없기 때문에 궁극적으로 그의 선택 또한 분명했던 것이다. 이러한 귀결은 한 믿음을 사실적으로 개연적이게 하는 근거에 기초를 두어야 한다는 이른바 인식론에서의 자연화 계획에 따른 것이다.

인식론에서의 자연화 계획은 일차적으로 지식의 본성에 대한 해명의 맥락에 따라 사실적인 자연과학의 개념을 통해 인식정당화를 해명하려는 방식으로 나타나게 되지만, 인식정당화라는 규범적 개념을 단순히 사실적 개념을 통해 분석하려는 시도에만 머물지는 않는다. 오히려 자연화 전략의 본질적인 측면은 그 이상의 의미를 함축하는 것으로, 말하자면 인식론은 자연과학의 실질적인 연구 성과를 반영해야 한다는 견해가 그 이면에 깔려 있다는 점이다. 이 말은 자연과학의 구체적인 연구성과가 인식론의 내용에 실질적인 부분을 이루어야 한다는 것을 의미한다. 이는 적어도 자연과학의 탐구 결과에 따라 인식론의 내용 역시 변화될 수 있음을 의미하기 때문에, 내재론적 인식의무를 근간으로 하는 인식규범의 변화가능성을 허용하게 된다. 그렇다면 한 믿음의 정당화에서 인식의무에 따라 규제적 역할을 수행해 온 인식적 규범은 자연과학의 제약 하에 놓일 수 있다는 주장 역시 가능할 것이고, 더 나아가 기존 인식론에서 경험과학의 도움 없이는 더 이상 독자적인 답변을 마련하기 어렵다는 결론까지 나오게 된다. 따라서 자연화 전략이 갖는 본질적인 측면은 전통적 인식론과의 차별화 전략을 취하려는 것이고, 동시에 자연과학의 실질적인 성과에 의존하지 않는 인식적 규범은 결코 유지될 수 없다는 계획을 완성시키려는 것이다. 여기에는 인식 규범이 주어진 상황에서 어떻게 산출되는가를 경험적으로 밝히고, 이러한 규범이 우리의 인식 과정에서 어떠한 기능을 하는가에 대해 설명하는 것으로서의 인식론에 대한 역할을 재규정하려는 의도를 포함한다.

제5장

인식론에서의 자연화, 그 진화론적 적용의 문제

1. 현대 인식론의 과제와 목표

지금으로부터 100여 년 전 그토록 벗어나고자 했던 자연주의[118]가 그때와는 전혀 다른 모습으로 또다시 등장하게 된다. 어렵사리 벗어난 자연주의가 이와 같이 재등장한 배경에는 필시 그 사정이 전과 다르기에 그리 쉽게 물러날 기세는 아닌 듯하다. 이러한 자연화의 움직임은 비단 인식론에서뿐만 아니라, 윤리학, 심리철학, 언어철학 그리고 과학철학 등에 이르기까지 철학 전 영역에 걸쳐 하나의 운동 내지는 경향성을 이루고 있는 실정이다.[119] 최근

---

118) 서양근대의 인식론은 한마디로 '기술적 인식론'으로 규정지을 수 있다. 당시 철학자들은 지식의 원천과 범위에 관심을 기울이고 지식이 어떻게 획득되는지에 관해 심리적으로 기술하는 것을 주요 과제로 여겼다. 그러나 이러한 심리주의적 방식은 프레게(Frege)를 비롯한 논리실증주의자들의 비판을 받기 시작하면서, 인식론적인 문제를 심리적인 것과 엄격히 구분하게 되고 따라서 논리적인 문제로 여기게 된다. 말하자면, 인식론을 믿음의 정당성을 문제 삼는 규범학으로 규정지으면서, 기술적 인식론으로부터 벗어나게 된다. 20세기 전반 특히 프레게나 카르납을 비롯한 일상언어학파 등에 의해 전개된 철학의 새로운 방향은 더 이상 철학을 과학과 같은 항렬에 속한 것으로 파악하지 않았다. 이는 동시에 자연주의로부터 벗어나게 된다는 것을 의미한다. 그래서 이들은 과학을 선험적인 개념의 분석을 통해 이해하려 한 점에서 반자연주의적이라 할 수 있다. 이와 관련된 주장은 Kitcher(1992)를 참조하기 바람.

119) 이러한 경향은 윤리학의 경우 '도덕적 성질'을 '자연적 성질'에 의해 분석하려는 움직임이라고 한다면, 심리철학에서는 심리상태의 '지향성'이 인과론적으로 결정된다거나 혹은 생물학적 목적이나 기능에 의해 결정된다는 점을 보임으로써 자연주의 원칙에서 벗어나지 않음을 보이려는 시도라 할 수 있다. 또한 언어철학에 있어서도 '의미론적 개념'을 비의미론적 자연적 성질에 의해 분석하려는 일련의 경향으로 볼 수 있다. 물론 이러한 경향을 단일한 관점에서 파악하기는 어렵다. 만일 그 공통 분모를 찾는다면 전통적인 철학에서의 선험성, 환원주의, 통속심리학, 논리적 혹은 개념적 방법, 규범성 등과 연관된 특징을 배제하자는 의도가 그 바탕에 깔려 있다. 여기에는 자연과학의 성공을 기반으로 한 과학에 대한 신뢰가 그 근본적인 동기로 작용한 것으로 평가된다. 그래서 자연과학과의 연속성을 옹호하려는 일련의 시도로 파악하게 되는데, 매피는 이와 같은 견지에서 그 연속성을 여섯 가지 측면에서 찾고 있다. 즉, 맥락상의 연속성, 방법론적 연속성, 인식론적 연속성, 분석적 연속성, 형이상학적 연속성, 가치론적 연속성 등이다. 여기에서 형이상학적, 가치론적 연속성은 다시 제거론, 실재론, 반실재론으로 세분된다. Maffie(1990) 참조.

인식론을 둘러싼 논의에서도 우리를 자연화라는 특정한 방향으로 집요하게 강요하듯 내몰고 있다는 인상이 짙은 것을 보면 뭔가 다르긴 다른 것 같다. 이른바 인식론에서의 자연화를 둘러싸고 전개된 지난 30여 년이 어떻게 보면 자연주의 경연장이라 할 정도로 이와 관련된 논의가 인식론적 논의의 대부분을 이루어 온 것 또한 사실이다.[120] 동시에 이 말은 인식론 내부의 사정을 감안한다면, 기존 인식론의 판도에 대한 보다 근본적인 변화의 요구를 한층 강화시켜 왔다는 말이기도 하다.

인식론에 대한 자연화의 요구는 우리가 어떻게 믿어야 하는지에 대해 충실히 그 답변을 마련해 온 규범적 인식론이 이제는 더 이상 쓸모가 없기 때문에 몽땅 폐기하자는 입장일 수도 있고, 아니면 형식은 놔둔 채 그 내용물만이라도 교체하자는 것일 수도, 혹은 각각을 손질해서 서로 짝 맞추어 다시 출발하자는 입장일 수도 있다. 하지만 그러한 요구의 이면에는 어떠한 입장이 되었건 이른바 기존의 인식론으로는 안된다는 암묵적인 합의가 깔려 있는 것으로 보인다. 말하자면, 이러한 합의에는 인식론에 관한 논의를 더 이상 규범적이고 선험적인 접근 방식이 아닌, 서술적이고 경험적인 접근에 따른 것으로 규정지으려는 시도로 보는 것이 보다 분명한 표현일 것이다. 그렇다면, 단순히 자연과학과 관련된 철학적 논의의 차원이 아닌 자연과학적 논의 자체를 인식론에 견고하게 결합시키려는 시도로 볼 수 있기 때문에, 기존의 인식론에 관한 논의와는 그 성격에 있어 전혀 다른 모습으로 드러나게 된다. 인식론에서의 자연화 계획을 이와 같이 규정지을 경우, 자연과학에서의 방법론을 통해 인식론을 해명하자는 것으로 이해할 수 있을 것이다. 이처럼

---

120) 인식론의 자연화를 둘러싸고 전개되는 논의에 대한 개괄적인 언급은 Maffie(1990)와 김동식(1995)을 참조하고, 자연화의 배경과 성격에 관해서는 Papineau(1993)를 참조하기 바람.

새로운 경향의 인식론이 자연과학적 방법론을 통해 해명하는 것이라고 한다면, 적어도 과학적 방법론을 통해 인식론을 해명하려는 다양한 시도가 여기에 포섭될 수 있을 것이다. 그 가운데 진화론적 설명 또한 과학적 설명방법 가운데 하나이므로, 인식론에 대한 진화론적 설명 역시 자연화 계획의 일환에 따른 것임에 분명하다. 여기에 그 선구자격에 속하는 인물로 콰인(W. V. O. Quine)을 꼽을 수 있는데, 그는 자신의 논문에서 "다윈에게 고무적인 요소가 있다"고 명시적으로 밝히고 있다.[121]

생물학의 한 분야로서의 진화론은 이제 인간에 대한 이해를 근본적으로 달리해야 함을 요구할 정도로 세련되고도 견고한 이론으로 자리잡아 왔다.[122] 어떻게 보면 기존의 자연과학적 방법론을 대치하고도 남을 정도의 괄목할만한 성과에서 그 새로운 가능성에 기대를 걸고 있는지도 모르겠다. 이 입장에서 인간도 많은 유기체 가운데 하나인 점을 감안한다면 인간과 관련된 어떠한 논의도 그 속에서 다룰 여지가 있고 또 이를 부인할 수 없다는 것이다. 그래서 인간의 인식과정 역시 그 안에서 다루어야 할 것을 요구하고 있으며, 인식에 대한 탐구는 인식주체의 생물학적 특성과 그 진화과정을 통해 이루어져야 한다는 주장으로 드러나게 된다. 이와 같은 주장은 결국 전통적 인식론에서

---

121) Quine(1969b) 참조.

122) 그런데 왜 하필이면 진화론이냐 하는 물음에 대해 콰인 자신도 구체적으로 언급하고 있지는 않지만, 다음과 같은 추정을 통해 확인할 수 있다. 일반적으로 자연과학의 방법론 하면 물리학을 염두에 둔 말인데 최근 얼마간 과학철학의 논의에서 물리학과 관련하여 그 성과의 미진함을 들어 논의 자체에 대한 한계를 드러낸 것으로 말하기도 한다. 또한 그 논의 자체가 갖는 전문성 때문에 적용 자체가 그리 쉽지만은 않다는 지적도 있다. 어쨌건 실질적으로 적용가능한 방법의 모색이 요구되었거나 혹은 새로운 논의에 대한 필요성이 절실했던 것으로 보인다. 더군다나 최근 생물학과 생명공학의 성과를 통해서도 알 수 있듯이 인간에 대한 지금까지 이해를 이제는 근본적으로 달리해야 한다는 요구의 목소리가 이를 뒷받침해준다. 그만큼 생물학과 관련된 논의는 진지하게 이루어져 왔고 여전히 활발하게 진행되고 있다.

규범적이고 선험적인 탐구 방식이 마땅히 그 비판의 대상이 된다는 것을 의미한다. 왜냐하면 인식론에 대한 생물학적 혹은 진화론적 적용이란 기존의 규범적이고 선험적인 인식론을 서술적이고 경험적인 성격을 갖는 자연과학적 설명방식으로 대체하려는 시도이기 때문이다. 이는 곧 인식론을 자연화하려는 시도에 따른 것임을 의미하고, 그렇다면 인간 인식에 대한 진화론적 설명은 자연화 계획의 일환에 포섭된다.[123]

그러나 문제는 과연 그러한 시도가 가능하냐 하는 점이다. 물론 이에 대한 답변에 앞서 진화론적 인식론의 성격에 대한 규명이 선행되어야 할 것이다. 이른바 진화론적 인식론의 차별성에 관한 부분이다. 왜냐하면 인식에 대한 진화론적 접근이 자연화 전략의 산물임을 감안했을 때, 자연화 계획 전반에서 진화론적 접근이 어떤 것인지에 대한 성격 규명이 선행되지 않을 경우 그 접근의 가능성에 대한 답변이 극히 자의적일 수 있기 때문이다. 말하자면 인간 인식에 대한 진화론적 설명을 자연화 계획 전반에서 차지하는 역할과 비중을 통해 살펴보자는 것이고, 이를 통해 인식론에 대한 진화론적 접근을 진단하자는 것이다. 이는 곧 인식론에 대한 진화론적 접근이 자연화 전략상의 의도와 본성에 대한 해명의 맥락에 의존하기 때문에, 자연화 계획 전반에 대한 이해로부터 출발하여 그 방향에 대한 설정이 필수적임을 의미한다.

---

123) 물론 개별학문이 갖는 고유한 특성조차 공통적인 것으로 간주하는 것은 아니다. 즉, 인식론에 대한 자연주의적 적용에 있어 자연과학의 공통된 방법론은 공유되지만, 개별학문을 구체적으로 적용시키는데 있어서는 그 학문이 갖는 고유한 측면이 있기 때문에 차별성을 갖는다.

2. 인식론에서의 자연화 배경

전통적으로 인식론을 지배한 근본문제는 "우리를 둘러싼 세계에 대해 우리가 어떻게 아는가?"라는 문제에 있었다. 우리가 일상적으로 알고 있다고 생각하는 대부분의 것들이 감각 경험에 기초해 있음은 분명한데, 문제는 세계가 우리에게 지각된 것과는 별개일 수 있다는, 즉 일치하지 않을 수 있다는 가능성에서 비롯된다. 그래서 그 해결의 실마리 역시 그러한 가능성의 차단에 있었고, 그러기 위해 세계 자체와 우리의 앎과의 불일치를 차단하기 위한 확인 작업이 요구되었던 것이다. 바로 그러한 확인 작업이 인식론에서 해야 할 고유한 업무라고 생각한 것이다. 말하자면, 외부 세계에 대한 우리의 앎의 출발점을 감각 경험이라고 했을 때, 그러한 감각 경험에 기초하여 세계에 대한 지각적 판단을 구성하게 되고, 그 지각적 판단을 통해 다시 객관적 세계상을 구성해 내게 되는 것이다. 이 때 인식론은 그 과정이 어떻게 정당화될 수 있는가에 관심을 기울이게 된다. 그렇기 때문에, 감각 경험을 토대로 직접 구성된 지각적 판단을 일단 옳은 것으로 가정하고 그로부터 체계적인 이론을 구성해 내는 자연과학의 작업과는 그래서 전혀 별개라고 생각한 것이다. 그래서 전통적 인식론에서는 "어떻게 믿을 것인가?"라는 물음에 답하는 것이기 때문에, "어떻게 믿고 있는가?"라는 사실적 물음에 그다지 신경 쓸 필요가 없었던 것이다.

자연과학은 세계 내에 존재하는 자연적 성질들에 대한 탐구를 그 목표로 하기 때문에, 그러한 성질들이 과연 실재하는지의 여부라든가 그 방법론이 정당한가의 문제에 관심을 기울일 필요는 없는 것이다. 왜냐하면, 자연과학은 우리의 감각 경험이 세계상을 올바르게 반영해 주리라는 것을 의심 없이 받아들이면서 그로부터 세계에 관한 체계적인 이해를 제공해 주기만 하면 되기 때문이다. 그러나 철학에서는 그 사정이 다르다. 자연과학의 전제라 할 수 있는 경험의 정당성을 문제삼기 때문이다. 말하자면, 과연 우리의 경험이 세계상을 올바르게 반영해 주는 구실을 할 수 있느냐에 관심을 기울이게 된다.[124]

지금까지의 논의에서 양자가 그 역할상 확연히 구분되는 것임을 알 수 있다. 자연과학은 감각 경험의 도움을 받아 존재하는 세계를 그대로 서술하는 것이 그 방법론적 특징이라고 한다면, 인식론은 자연과학의 정당성 근거에 대해 문제 삼는 규범학의 성격을 갖게 되고, 더 나아가 경험적 사실의 시시비비를 가리기 위해서는 선험적이어야 하는 특징을 동시에 공유하고 있음을 알 수 있다. 그런데 인식론의 자연화 계획에서는 이 양자의 벽을 허물자는 것이고 그래서 인식론을 과학화하자는 것이다. 말하자면, 인식론이 이른바 선험적 방식을 통해 지식에 대한 규범적 지침을 제공해 준다는데 대해 강한 불신을 나타내고, 인식론을 자연과학과의 연장선상에서 이해하자는 것이며 더 나아가 양자를 구분하지 말자는 경향성으로 볼 수 있다. 이에 따라 전통적 인식론을 전면 부정하는 입장에서부터 시작하여 강도의

---

124) 양자의 차이는 실재론과 현상론을 구분에서 보다 분명해 진다. 실재론자에 따르면, 과학의 목표는 감각 경험의 도움을 받아 언어로써 이 세계를 있는 그대로 기술하는 것이다. 여기에서 감각 경험은 이 목표를 위한 도움의 구실을 할 따름이다. 그래서 물리적 대상에 대한 우리의 믿음 역시 가설적이며 어차피 우리가 꾸며낸 것이기 때문에, 내가 보고 있는 손이 손 그 자체라는 상식의 영역에서 그 답변을 마련하는데 있다. 반면에 확실성을 근간으로 하는 현상론자들에게 있어서는 위의 모든 것을 부정하고, 우리가 아는 것은 감각을 통해 우리에게 주어진 것 이상을 넘을 수 없다는 것이다. 그래서 지식은 분명히 우리에게 주어진 것, 즉 감각 경험에 제한되어야 한다는 입장을 취하게 된다. 이들에게 있어 감각 경험을 넘어서는 세계에 대한 주장은 모두 정당화될 수 없는 믿음이자 확실성에 입각하지 않은 믿음일 따름이다.

차이는 있겠지만 부분적으로 수용하자는 입장에 이르기까지 매우 복잡한 양상으로 전개되고 있으며, 혼란스럽게까지 비쳐지는 것이 사실이다. 그래서 인식론에서의 자연화가 철학의 전면에 부각된 배경을 낱낱이 파헤쳐 보는 것이 그리 쉬운 일만은 아니다. 그럼에도 불구하고, 인식론에서의 자연화가 비롯된 배경과 기존 인식론에 미친 영향의 정도에 대한 보다 공정한 이해는 자연주의적 적용의 본성과 그 진화론적 접근에 대한 진단을 위해 매우 중요하다. 그렇다면 인식론의 자연화는 어디에서 기인한 것일까? 일반적으로 인식론 내부의 사정과 외부의 요인이 상호 맞물려 진행된 것으로 평가되곤 한다.

우선 인식론 외부의 사정으로 꼽는 것이 '과학-기술의 비약적인 발전에 따른 자연과학의 성공 인정과 그 확대 적용', '인지과학의 분야들, 즉 인지심리학, 인공지능, 언어학, 신경생리학 등의 발달에 따른 인식과정에 대한 과학적 접근 방식의 옹호' 등이 자연화의 외적 계기로 지적된다.[125] 하지만, 인식론에서의 자연화와 관련하여 이러한 지적에 대한 철학적 평가가 본격적으로 이루어진 것은 70년대 이후의 일이다.[126] 그렇다면 시간적인 순서 상 외부의 사정은 인식론의 자연화에 직접적인 동기를 이루었다고 보기 어려우며, 설사 그렇다고 하더라도 그것은 인식론 내부의 사정과 무관하게 진행되었을 수 있다는 점이다. 이는 무엇보다도 인식론에서의 자연화에 직접적인 계기를 이룬 것은 인식론 내부의 사정에 있음을 보여주는 단서이기도 하다. 흔히 내부의 사정으로는 '논리실증주의 프로그램의

---

125) 외적 계기에 관해서는 Maffie(1990)과 김동식(1995) 참조.
126) 인식론의 자연화를 둘러싸고 본격적으로 논의가 이루어지기 시작한 것은 콰인 이후의 일이다. 특히 이 점은 Papineau(1993)과 Maffie(1990)에서 여러 문헌을 통해 상세하게 제시되고 있다.

좌초에 따라 과학을 경험의 합리적 재구성으로 보려는 시도가 더 이상 설득력이 없다는 공감대의 형성', '데카르트에게서 비롯되는 전통적인 토대론의 실패' 라는 콰인의 지적에서 찾는 것이 상식화되어 있다. 하지만 그의 진단에는 인식론 내부의 속사정을 그대로 반영해 주고 있지 못하는 것으로 보인다. 그렇다고 이러한 콰인의 진단이 잘못되었다는 것은 아니다. 다만 인식론 내부의 사정을 감안해 볼 때에, 인식론을 자연화하려는 시도는 '지식의 본성' 에 관한 해명의 맥락에 따른 이해가 선행되어야 한다는 점이다. 이는 인식론 내부의 사정에 대한 보다 정확한 진단이 요구된다는 말이기도 하다. 이러한 자연화의 움직임이 한 믿음의 정당화라는 규범적 맥락에 따른 지식의 해명이라는 단일망을 걷어버리려는 시도에서 비롯된 것이라는 점을 감안한다면, 게티어(E. Gettier)의 문제에서 비롯되었다고 보는 것이 오히려 공정한 평가일 것이다.[127]

1963년에 게티어의 논문이 발표되면서 당시 인식론 내부에서는 커다란 충격과 혼란에 휩싸이게 된다. 말하자면, 한 믿음을 정당화함에 있어 단순히 그 믿음을 정당화하기 위한 근거가 있는 것만으로는 안다고 할 수 없다는 요구를 담고 있기 때문에, 아무리 새로운 조건을 추가하거나 강화한다고 하더라도 먹혀들리 없었던 것이다.[128] 이 점은 한 믿음이 정당화되기 위해서는

---

127) 자연주의 인식론 옹호의 계기와 논거에 대해 김동식 교수는 다음과 같이 지적한다. "참된 신념은 지식의 기초라는 것, … 이렇게 볼 때 자연주의의 도전은 게티어식으로 전통적 인식론 내부의 문제점에 대한 반증 사례에 머물지 않고 그 전부나 일부를 무시, 거부하거나 무의미한 것으로 보는 발상인 것이다." 이러한 김 교수의 지적은 외적 계기에 특히 비중을 둔 평가라 여겨진다. 하지만 필자는 그 반대라고 생각한다. 오히려 인식론에서의 자연화 혹은 자연주의적 인식론 발흥의 진정한 계기는 게티어의 문제로부터 비롯된 것이라고 본다. 이에 관한 보다 상세한 논증은 홍병선(2002a)을 참조하기 바람.

128) 게티어의 문제를 해결하기 위한 방안으로 제시된 '정당화 조건의 강화' 는 이후 몇 년간 나

그 믿음과 그 믿음의 근거와의 논리적 연관만을 고려한다면 인식정당화에 대한 해명이 이루어질 수 없다는 데에 문제의 심각성이 있었다.[129]

　이와 같은 난관에 봉착해 '정당화 조건'의 강화가 더 이상 먹혀들지 않자 기존의 시도와는 전혀 다른 접근 방식으로 이어지게 되는데, 이러한 움직임은 1967년 골드만(Alvin I. Goldman)에 의해 발표된 "앎의 인과론"이라는 논문[130]에서 찾아볼 수 있다. 이 논문에서 골드만은 게티어 반례에 대한 정교한 분석과 아울러 한 믿음이 지식이 되기 위해서는 그것이 참이 되어야 할 뿐 아니라, 그 믿음을 참이게 하는 사실과 적절한 인과적 관계를 맺고 있어야 한다고 주장하게 된다.[131] 그런데, 그의 이와 같은 시도가 의미 있는 것은 인식론에 대한 전혀 색다른 접근이 이루어지고 있다는 사실이다. 이른바 인식론 내부에서의 자연화 시도가 이루어지기 시작한 것이다. 이러한 골드만의 견해는 뒤이어 '자연화된 인식론'이라는 이름을 명시적으로 언급하면서 보다 확대 적용된 형태로 1969년 콰인에 의해 등장하게 된다. 골드만에 뒤이어 등장한 콰인은 전통적인 인식론과의 단절을 표방하면서 인식론의 역사를 새롭게 쓸 것을 종용하게 된다. 콰인에 따르면, "우리는

타나게 되는데, 어찌보면, 별다른 소득없는 공방으로 이어지게 된다. 그 중 Michael(1963)과 Sosa(1964)는 대표적인 논문으로 꼽힌다.

129) 예를들어, 인지자의 한 믿음에 대한 적절한 근거를 확보하고 있음에도 불구하고 결과적으로 그 믿음을 갖게 되는 것은 그 근거와 무관하게 그 믿음을 표현하는 문장의 소리가 좋아서 얼마든 지 그 믿음을 갖게 될 수 있는 데, 이 경우 그 믿음이 정당화되지 않음은 물론이다. 따라서 한 믿음이 정당화되기 위해서는 그 믿음이 주어진 근거에 기초해야 하며, 여기에서 그 근거에 기초해야 한다는 것은 오직 그 근거에 의해 발생된다는 생각으로 옮겨가게 된다. Kornblith(1980), 제3절, 599쪽.

130) Goldman(1967) 참조.

131) Goldman(1967), 69-70쪽.

어떠한 믿음을 가져야 하는가?'라는 물음은 '물음 그 자체'가 잘못되었기 때문에 한 믿음의 정당화를 근간으로 하는 전통적 인식론을 포기하고, "우리는 실제로 어떠한 믿음을 갖게 되는가?'라는 서술적 물음으로 바뀌어야 한다는 것이다. 말하자면, 인식적 규범을 근간으로 하는 전통적 인식론이 근본적으로 잘못되었기 때문에, 서술적 인식론으로 대체되어야 한다는 그야말로 선언적 요구이다.[132] 이러한 그의 주장에서 알 수 있듯이 콰인의 등장은 인식론에서의 자연화 전략을 더욱 가속화시키는 결과를 가져오게 된다.

전통적 인식론과의 연장선상에서 자연화 시도를 이해할 경우, 그것은 다음의 두 가지 중요한 측면을 시사해 준다. 첫째, 한 믿음이 어떠한 인지과정을 통해 발생되는지에 관한 사실적 고려는 게티어의 문제에 대한 해결이라는 사안을 넘어 인식론에서 자연주의적 방법론을 불러들이게 되는 결과를 초래하게 되었고, 콰인은 이에 힘을 실어줌으로써 인식론에서의 자연화를 가속화/강화시키게 된다. 여기에는 접근 방식의 차이에 따라 이른바 골드만식의 접근이나 콰인식의 접근과 같이 그 차별성을 갖는 형태로 드러나게 된다. 둘째, 자연화 전략에 따른 인식론은 전통적 인식론과 그 성격을 전혀 달리 규정하고 있다는 점에서 이후 인식론에 지각변동을 예고하게 된다.

---

132) 콰인의 의도에 관한 선명한 논의는 Kim(1988) 3절 참조.

3. 자연화 전략의 성격

앞장에서도 밝혔듯이 인식론 내부의 사정을 감안한다면 인식론에 대한 자연주의적 접근이란 게티어의 문제에 대한 극복의 일환에 따른 것임을 알 수 있다. 이에 따라 기존 인식론을 강화하는 방식으로는 게티어의 문제에 대한 근본적인 해결책이 될 수 없다는 이해의 확산과 함께 인식론에서의 자연화를 통해 그 해결 방안을 모색하려는 시도로 이어지게 되고, 이로써 기존 인식론과의 단절을 꾀하려는 노력의 결과로 나타나게 된다. 이른바 '근본적 대체론', '연속론', '약한 대체론', '변형론' 등의 이름으로 불리우며 다양한 모습으로 선보여 온 것도 그 해결 방식의 차이에서 비롯된다. 이는 동시에 자연과학의 성과가 인식론에 반영되는 영향의 정도에 따른 차이이기도 하다.[133] 여기에는 강한 입장을 취할 수도 혹은 완화된 입장을 취할 수도 있다. 그러나 분명한 것은 대부분의 인식론자들이 자연주의적 기조를 살리는 방식에 따라 가능한 대안을 모색하고 있다는 점이다. 심지어 전통적인 인식론의 옹호자들조차도 자연주의적 노선에 동조하는 방식에 따라 부분적으로나마 수용하고 있다는 사실이다. 이는 인식론 내부에서 적어도 이러한 변화를 충분히 의식하고 있다는 것을 의미하며, 다만 남는 문제가 있다고 한다면 그에 대한 대응의 방식에 따른 차이에 있을 따름이다. 결국 현대 인식론의 전반적인 흐름이 자연화 전략의 특정 부분을 수용함으로써 그 해결의 대안으로 삼고 있다는 점에 있어서 만큼은 상당 부분 공유되고 있는 것은 분명하다. 물론 여기에는 그 수용의 정도에 따라 얼마든지 다양한 답변이 가능하다.

---

133) 오히려 인식론의 과학화 정도에 따른 분류라고 보는 편이 보다 분명한 표현일 것이다.

그렇다면 인식론의 과학화에 대해 어느 정도 우호적이냐에 따라 혹은 자연화 전략을 어느 정도 반영해 내느냐에 따라 제시될 수 있는 답변은 크게 다음과 같이 셋으로 나누어 볼 수 있다. ① 인식론과 자연과학의 방법이나 성과를 적절히 조화시키려는 입장을 취할 수도 있고, ② 인식론의 특정 부분을 비판하되 서술적 방법만으로 인식에 관한 모든 것을 해명할 수 없다고 보고 양자에서 취사선택하는 입장을 취할 수도 있을 것이고, ③ 인식론에서의 고유한 방식인 선험적이고 규범적인 측면을 모두 잘못된 것으로 보고 궁극적으로 자연과학의 서술적 방법론으로 대치되어야 한다는 입장을 취할 수도 있을 것이다. 여기에서 ①은 인식론이 특히 인지과학의 성과를 받아들일 여지를 남겨 두려는 입장으로 인식론에 어느 정도의 제한을 가함으로써 인지과학, 특히 인지심리학과 상호 양립할 수 있음을 내비친다. 또한 ②는 자연화 계획을 의식하면서 전통적 인식론의 문제점을 지적하는 동시에 자연화 전략이 안고 있는 문제점 역시 비판하고 있기는 하지만 궁극적으로는 자연화 계획에 포섭하려는 입장을 취한다.

그런데 ①과 ② 각각의 옹호자들이 자신의 견지에서 보자면 양자가 상호 별개라고 주장할 수도 있겠지만, 실상은 인식정당화라는 규범-평가적 개념을 서술적인 비평가적 개념으로 분석하고 있다는 점에서 동전의 양면과 같다. ①을 옹호하는 대표적 인물로 골드만(Alvin I. Goldman)을 꼽을 수 있는데, 그에 따르면 인식정당화라는 인식-규범적 개념을 '신빙성 있는 믿음-형성 과정에 의해 산출됨', '거짓보다는 참인 비율이 높은 결과가 산출됨' 등의 비인식-규범적 개념으로 규정하고 있다.[134] 또한 ②를 명시적으로 표방하고 있는

---

134) Goldman(1979), Goldman(1986).

알스톤(W. P. Alston)의 경우에도 Alston(1985)에서 그는 인식정당화 개념을 사실적 개념이 아닌 넓은 의미의 평가적 개념이라고 규정하면서, 특히 인식적 측면의 평가와만 관련된 것으로 보고 그러한 인식적 평가는 이른바 "인식적 관점"에 따른 것으로 인식적 관점은 믿음의 체계 내에서 진리를 극대화하고 거짓을 최소화하려는 목적에 의해 정의된다고 규정하고 있다.[135] 그러나 이후 Alston(1988)에서는 인식정당화 개념이 이러한 평가적 지위가 수반하고 있는 기초에 전적으로 의존하고 있다는 점에서 그렇게 순수하게 평가적이지만은 않다고 일부 수정하여 제안하고 있다. 여기서 알스톤은 '적합한 근거'는 '그 믿음의 참임을 직접적으로 드러내 줄 수 있는 것'이어야 한다는 주장으로 이를 뒷받침하고 있다.[136] 이와 같이 인식정당화라는 규범적 개념을 평가로 보아야 한다는 전기의 입장에서 인식적 평가를 위한 개념이 적어도 진리와의 연관성이 고려되어야 한다는 후기의 입장을 통해 보았을 때,[137] 전반적으로 어정쩡한 입장을 취하는 듯이 보이지만 궁극적으로는 인식-규범적 개념을 비인식-규범적 개념을 통해 분석하고 있다는 점에서 ①과 차별성을 갖는다고 보기 어렵다.[138] 그렇다면 제시된 세 가지 대안 중 ③만이 남는 셈이다. 일단 ①과 ②를 게티어의 문제에 대한 극복의 대안이라는 차원에서 인식-규범적 개념을 서술적-비규범적 개념으로의 분석으로 이해했을 때, 근본적 대체론을 표방하는 ③이 자연화 계획을 가장 충실하게 반영하고 있는 견해로 비쳐지는 것은 당연할 것이다. 이 견해는 자연화에 도화선을 당긴 장본인으로 평가받는

---

135) Alston(1985) 참조.

136) Alston(1988), Alston(1989) 참조.

137) Alston(1989), 참조.

138) 이에 관한 논증은 홍병선(2002b)을 참조 바람.

콰인에 의해 표방된 견해이기도 하다. 진화론적 설명 역시 자연과학의 연구성과에 따른 인간의 인식에 대한 해명이라는 측면에서 여기에 해당된다고 볼 수 있다. 인간의 인식에 대한 진화론적 설명 방식이 ①과 ②라는 개념의 분석적 차원을 넘어 ③으로의 이행과 맞닿아 있음을 의미한다. 특히, 이후의 논의에서 주목하는 것 역시 이러한 '진화론적 적용'이 ③을 뒷받침하는 결정적인 논거로 어떻게 작용하는지의 여부가 될 것이다.

이를 위해 인식론에 대한 진화론적 접근이 무엇을 의미하는가에 대한 성격 규정을 위해 한 가지 매듭지어야 할 것이 있다. 앞의 논의에서 ①, ②와 ③의 차별성을 언급하고 있기는 하지만, 과연 이들 양자가 본질적으로 구분되는 것인가 하는 점이다. 다시 말해서 인식론에 대한 진화론적 설명이 ①과 ②가 아닌 ③에만 속할 이유가 어디에 있는가에 관한 의혹이다. 이는 ①, ②와 ③과의 관계에서 개념적 분석의 차원에 따라 ①과 ②를 자연화 계획에 포함시킬 경우 기존의 인식론과의 단절이라는 의미를 충분히 반영해 낼 수 없을 것이라는 평가와 관련한 것으로, 이에 따르면 ①과 ②를 통해서는 자연화 전략상의 본질적인 측면을 드러내기 어려울 것이라는 진단에서 비롯된다. 말하자면 자연화 계획의 성격이 ①, ②와 같이 '정당화'라는 인식적 개념을 단순히 비인식적 개념을 통해 분석하려는 시도에 머물 경우 자연화 전략이 갖는 핵심 사안을 거의 건드리지 못할 것이라는 지적이다. 그래서 ①과 ②를 자연화 계획의 본질적인 측면으로 여긴다면, 전통적 인식론을 옹호하는 대표적 인물인 치좀(R. Chisholm)과 정합론자인 봉쥬르(L. Bonjour)도 자연화의 옹호자로 포함시킬 수도 있다는 결론이 나오게 된다. 일관된 정합론자인 봉쥬르의 경우 정당화라는 인식 평가적 개념을 '논리적 일관성'이라든가

'확률적 인과성' 등의 비평가적인 개념들을 통해 정의하고 있기 때문이다.[139] 또한 토대론적 인식론의 대변자로 불리우는 치즘의 경우『지식론』제3판에서 다음과 같이 말하고 있다.

> "우리는 어떤 규범적 진술을 보증해 주기 위한 기준으로 비규범적 측면에 대해 알고자 한다. … 그러한 기준은 인지자 S가 F를 믿음에 있어 정당화되게 하는 조건들이 무엇인가를 알려주게 될 것이다. 문제의 그러한 조건들 자체는 규범적인 것이 아닐 것이다. 말하자면, 그 조건들은 어떤 규범적인 것들의 충분조건을 이루는 비규범적 사실들이다."[140]

치즘은 여기에서 "어떤 믿음이 특정한 조건을 만족시키는 오직 그 경우에 한해 그 믿음은 인식적으로 정당화된다"는 기획을 포함하고 있다. 여기에서 특정한 조건이란 비인식-규범적 사실을 의미하고 이를 만족시켰을 때 '정당화된다'는 인식적 평가가 가능한 것으로 보고 있다. 이 말은 어떤 믿음이 정당화된다고 했을 때, 그 믿음이 정당성을 갖기에 충분할 정도의 기술적 혹은 비규범적 속성들이 제시되어야 한다는 것을 의미한다. 그래서 치즘은 인식적 가치와 비규범적 사실 간에 매우 강한 논리적 연관성이 있다고 보고 있으며, 그래서 한 믿음이 정당화되는 경우 그 믿음은 인식정당화의 충분조건인 비규범적 조건을 만족시켜야 한다는 입장으로 요약할 수 있다. 이 이외에도 인식-평가적 개념을 비인식-평가적 개념을 통해 분석하고자 하는 시도에

---

139) Bonjour(1985), 93-101쪽.
140) Chisholm(1989), 42쪽.

상당수의 전통적 인식론자들이 반대하고 있지 않기 때문에 여기에 그들도 포함시킬 수 있게 된다. 따라서, 인식-평가적 개념을 서술적인 비평가적 개념을 통해 규정하려는 입장인 ①과 ②를 통해서는 자연화 계획의 핵심적인 사안을 전적으로 드러내고 있다고 보기 어렵다. 그런데 여기에서 보다 심각한 문제는 만일 이와 같이 자연화 계획의 본질적인 측면이 인식-평가적 개념을 서술적 비평가적 개념에 의해 분석하려는 시도만을 의미한다면, 치즘이나 봉쥬르와 같은 인식론자들을 골드만과 같은 대표적인 자연주의 옹호론자들과 달리 분류할 아무런 이유조차 없다는 점이다. 이 말은 곧 상호 공유되고 있는 측면이 있는 반면, 차별화되는 측면 또한 분명히 있다는 것을 의미한다. 바로 그러한 차별성이 이들을 달리 분류하게 되는 근본적인 이유를 이루게 된다.[141]

지금까지의 논의를 통해 사실적인 자연과학의 개념을 통해 인식정당화를 해명하려는 방식으로 ①과 ②를 규정할 경우, 이를 통해서는 자연화 전략상의 속셈이 확연히 드러나고 있지 못하다는 점을 확인할 수 있었다. 그렇다면 자연화 전략이 갖는 본질적인 측면은 그 이상의 의미를 함축하고 있음에 분명하다. 말하자면 인식론은 자연과학의 실질적인 연구 성과를 반영해야 한다는 입장이 그 이면에 깔려 있는 것이다. 이 말은 자연과학의 구체적인

---

141) 이에 관한 논쟁적 언급은 본 논문의 범위를 넘어선다. 지적된 대로 전통적인 인식론의 옹호자인 치즘이나 봉쥬르의 기획과 대표적인 자연주의 옹호론자로 꼽히는 골드만의 기획을 비교해보더라도 인식정당화라는 규범-평가적 개념을 서술적인 비규범적 개념에 의해 분석하고 있다는 점에서만큼은 분명히 공유되는 부분이 분명히 있기는 하지만, 그 이상의 단계에서 차별성을 갖는 것은 사실이기 때문이다. 이에 따르면 인식-규범적 개념이 어디에서 비롯되느냐 하는 그 원천에 관한 물음에 있어서는 답변이 서로 다르다. 여기에서 골드만은 한 걸음 더 나아가는 셈이다. 그에 따르면 신빙성 있는 믿음-산출 과정을 쓸모 있게 하는 것은 경험적 탐구라는 것이다. 이는 원천적으로 선험적 방식에 의해 확보될 수는 없기 때문에 인지과학과의 협동이 요구된다는 논지를 담고 있다. 이에 관한 상세한 논의는 Steup(1966), 9장 참조.

연구성과가 인식론의 내용에 실질적인 부분을 이루어야 한다는 것을 의미한다. 이는 적어도 자연과학의 탐구 결과에 따라 인식론의 내용 역시 변화될 수 있음을 시사한다. 이 말은 자연과학의 연구성과에 따라 인식론의 내용이 결정될 수 있기 때문에, 전통적 인식론에서 그 존립 가능 근거라 할 수 있는 인식규범의 변화가능성을 허용하게 된다. 그렇다면 한 믿음의 정당화에서 규제적 역할을 수행해 온 인식적 규범은 자연과학의 제약 하에 놓일 수 있다는 주장 역시 가능하다.

더 나아가, 인식론의 고유한 방법론이라 여겨온, 즉 개별과학의 정당성을 문제삼고 그 시시비비를 가려야 한다는 선험적 방법 역시 포기해야 한다는 결론까지 나올 수 있다. 만일 그렇게 된다면, 전통적 인식론에서는 더 이상 독자적으로 그 답변이 마련될 수 없음을 의미한다고 볼 수 있다. 따라서 이에 따른 자연화 전략은 전통적 인식론과 본질적으로 차별화 전략을 취하려는 것이고, 더 나아가 자연과학의 실질적인 성과에 의존하지 않는 인식적 규범은 결코 유지될 수 없다는 계획을 완성시키려는 것이다.[142] 여기에는 인식 규범이 주어진 상황에서 어떻게 산출되는가를 경험적으로 밝히고, 이러한 규범이 우리의 인식 과정에서 어떠한 기능을 하는가에 대해 설명하는

---

142) 인식규범의 변화가능성을 표방하는 견해에도 "인식적 규범은 자연과학의 제약 하에 놓일 수 있다"는 견해와 "자연과학의 실질적인 성과에 의존하지 않는 인식적 규범은 결코 유지될 수 없다"는 견해가 있을 수 있다. 각각의 견해는 분명 대별된다. 전자의 견해에 대한 대표적인 옹호자로 골드만을 꼽을 수 있다면, 후자의 옹호자로는 콰인을 꼽을 수 있다. 골드만의 경우 "우리의 믿음이 형성됨에 있어 어떠한 과정에 따르는가?"라는 답변을 마련함에 있어 인지 과학과의 협동이 요구된다는 견해라고 한다면, 콰인은 규범적 물음에 대한 관심을 버릴 것을 종용하면서 인간의 인식이란 인지 과학에서의 원인과 결과, 입력과 출력에 대해 연구할 것을 촉구한다. 따라서 골드만이 말하는 '자연화'가 인식론과 인지 과학과의 협동을 의미하는 반면, 콰인에게 있어서의 '자연화'는 전통적인 규범적 인식론에 대한 제거를 의미한다.

것으로서의 인식론에 대한 역할을 재규정하려는 의도를 포함할 뿐만 아니라, 인식정당화라는 규범-평가적 측면을 인식론에서 배제하고 실제로 인간의 인식체계를 지배하는 인지과정에 대한 서술적 탐구로서의 인식론에 대한 역할 또한 동시에 포함한다.

4. 인식적 자연화 계획과 진화론적 접근

앞장의 논의에서 정당화라는 인식-규범적 개념을 서술적 비규범적 개념을 통해 분석하는 것이 게티어의 문제에 대한 해결책 이상의 기존 인식론과의 차별화라는 자연화 전략상의 핵심적인 측면을 거의 드러내 주고 있지 못하다는 사실을 알 수 있었다. 그래서 인식적 규범에 대한 해명은 전적으로 자연과학의 성과에 의해, 즉 경험적 탐구에 의해 주어진다는 주장, 강하게 말해서 인식론은 규범성에 관한 탐구가 아닌 인간의 인식 과정에 대한 사실적 탐구라는 주장을 통해서만 자연화 전략의 근본적인 의도가 드러난다는 점을 확인할 수 있었다. 말하자면 인식론 내부의 사정에 따른 변화의 조짐으로만 자연주의적 접근을 이해할 경우 그 전략상의 핵심 의도를 드러내줄 수 없다는 의미일 것이다.

이제 이러한 주장을 구체적인 자연과학적 성과에 명시적으로 적용함으로써 자연화 계획을 적극 옹호하고 있는 콘브리스(H. Kornblith)의 견해를 통해 보다 구체적으로 검토해 보자. 그는 자신의 주장의 보다 효과적으로 옹호하기 위해 다음의 세 가지 물음을 도입함으로써 자연주의적 연구방식을 옹호하고 있다.

(1) 우리는 우리의 믿음에 어떻게 도달해야 하는가?

(2) 우리는 우리의 믿음에 어떻게 도달하는가?

(3) 우리가 실제로 우리의 믿음에 도달하는 과정들은 우리가 도달
해야 하는 과정들인가?[143]

우선 (1)에 답하기 위해서는 정당화된 믿음에 도달하는 과정과 그렇지 않은
과정을 구분할 수 있는 기준이 요구될 것이다. 그런데 인식론자들의 견해에
따르면 그러한 기준이 되는 인식적 규범은 선험적으로 알려지는 것임을 이미
앞에서 보았다. 이에 반해, (2)에 대한 답변은 우리가 믿음을 실제로 어떻게
형성하는가에 대한 연구인 심리학이나 인지과학에서 마련해 주게 된다.
그런 점에서 전통적으로 (1)에 대한 답변과 (2)에 대한 답변이 전혀 별개라고
생각해 온 것이다. 그런데, 콘브리스는 기존 인식론의 견해와 자연화 옹호론적
견해와의 구분은 궁극적으로 (1)과 (2)와의 관계를 어떻게 보느냐의 여부에
달려 있다고 보고, 기존 인식론의 견해에서는 (2)에 대한 답변이 (1)에 대한
답변을 마련하는 것에 아무런 도움도 주지 못한다고 생각할 수도 있겠지만,
자연화 옹호론적 견지에서는 먼저 (2)에 대한 답변이 마련되지 않고서는
(1) 역시 답변될 수 없다는 관점에 기반해 있다고 진단한다. 물론 그 자신은
후자의 입장에 서 있다. 그래서 그는 (2)에 대한 답변을 알지 못하고서는 (1)에
대해 답변할 수 없다고 하면서 다음과 같이 말한다.

"나는 인식론에 대한 자연주의적 연구 방식이 바로 이 주장에서 성
립한다고 본다. 즉, 물음 (1)은 물음 (2)와 독립적으로 답변될 수

---

143) Kornblith(1985), 1쪽.

없다."[144]

즉 콘브리스에 따르면 (1)에 답하기 위해서는 경험적 연구 방식에 따라야 한다는 것이고, 이 말은 우리가 어떤 믿음에 도달하는 데에는 실제로 어떤 과정에 따르는지에 대한 분석이 요구된다는 말이다. 이른바 (1)과 (2)의 연속성을 옹호하는 것이다. 그러나 이러한 연구가 (1)에 어떻게 도움을 줄 수 있느냐 하는 점이다. 이에 대한 그의 해결책은 다음과 같다. 만일 (3)에 대해 '그렇다' 고 답변할 수 있다면, (2)에 대한 답변이 선행되어야 (1)에 대한 답변이 가능하다는 것이다. 그래서 (3)에 대해 '그렇다' 는 답변이 경험에 기초를 둘 경우, 우리는 경험적인 방식을 통해 (1)에 답변할 수 있다고 주장한다. 이에 대해 콘브리스는 "만일 우리가 도달해야 하는 그 방식으로 믿음에 도달한다는 것을 미리 알기만 하면, (1)에 접근하는 한 방법은 결국 심리학을 하는 일이다. 우리가 실제로 믿음에 도달하는 과정을 발견하는 오직 그 경우에 한해, 우리는 그것에 의해 우리가 믿음에 도달해야 하는 과정을 확보하게 되는 것이다. 그렇게 되면 인식론이라는 계획 자체는 경험 심리학으로 대치될 것이다"[145]라고 주장한다. 이와 같은 그의 제안을 논증의 형식으로 정식화하면 다음과 같다. 즉 (3)에 "그렇다" 고 답할 수 있는 경험적 증거가 있다고 했을 때,

(a) "우리가 실제로 우리의 믿음에 도달하는 과정들은 우리가 도달 해야 하는 과정들이다."를 받아들이는 것이고, 그리고 나서 (2) 에 대한 답이 결정되면,

---

144) Kornblith(1985), 3쪽.

145) Kornblith(1985), 5쪽.

(b) "지각적 과정은 우리가 실제로 우리의 믿음에 도달하는 한 방식이다."

(a)와 (b)에서

(c) "지각적 과정은 우리가 믿음에 도달해야 하는 한 방식이다."

를 함축하기 때문에 타당한 논증이고 따라서 (1)에 대한 답변 역시 마련된다. 이 논증의 핵심 사안은 전제 (a)를 받아들일 수 있기 위한 경험적 증거에 어떤 것이 있을 수 있는가 하는 점이다. 콘브리스 자신은 이러한 증거의 예로 진화론을 들고 있다. 말하자면, (a)를 뒷받침하기 위한 근거로 적자생존이라는 다윈의 진화론적 관점에서 찾을 수 있다는 그의 확고한 계획에서 출발한다. 곧 그는 진화론적 증거에 기초한 이른바 다윈주의 논증(Darwinian argument)[146]을 통해 자연화 계획을 완성하고자 한다. 물론 이 점은 콰인에 의해 이미 지적된 바 있으며, 콘브리스 역시도 이를 받아들여 그의 경험적 증거로 활용한다.[147]

이러한 콘브리스의 계획에 따라 (a)를 뒷받침할 수 있기 위해 가정되는 것은 다음과 같다. 즉 다윈식의 진화 과정은 인간 종의 성공적 번식이라는 결과를 가져 왔다. 이 사실은 우리가 참인 믿음을 많이 확보하고 있는 경우에

---

146) 이 개념은 슢에게서 빌러 온 것이다. Steup(1996), 9장.

147) 물론 여기에는 "우리의 인식이 무엇을 목표로 하는가?"라는 전제가 깔려 있다. 적어도 인식론의 목표가 참인 믿음의 산출에 있다고 했을 때, 이러한 인식적 목표의 달성이 합리성이나 인식 의무 등을 근간으로 하는 전통적 인식론에서의 선험적 방식을 통해서는 결코 마련될 수 없다는 전제이기도 하다. 이에 대해 로단(L. Laudan)은 인식이란 우리의 많은 행위들 가운데 하나며, 이러한 행위들의 목표는 자신의 욕구나 처한 상황 그리고 이러한 상황 속에서 우리의 욕구를 실현하는 방식과 같은 사실적 고려에 확보된다고 보고, 따라서 우리의 인식적 목표는 우리가 처한 상황에서의 우연적인 측면들이나 우리가 실현하고자 하는 또 다른 목표와의 연관하에 우연적으로 결정된다는 것이다. Laudan(1990) 참조.

가능하다는 것을 의미할 것이다. 왜냐하면, 그렇지 못한 종들은 성공적으로 번식할 수 없을 것이기 때문이다. 그래서 과거로부터의 성공적 번식을 통해 우리는 현재 여기에 존재하고, 또 미래에도 우리는 여전히 종을 번식시키게 될 것이라는 사실은 이른바 참인 믿음을 갖도록 하기에 유리한 방향으로 적응해 온 것이기 때문에 가능하다는 지적이다. 말하자면, 우리의 인식체계가 우리로 하여금 참임을 믿도록 하는 것은 우연적인 것이라기보다는 인식능력이 제대로 발달되지 못한 종은 살아 남지 못했을 것이라는 적자생존의 원칙에 따른 것으로 보아야 한다는 것이다. 그렇다면 적자생존의 원칙에 따른 인식적 방법 또한 그것이 바람직한 것인가의 여부는 우리가 처한 상황에서 그러한 방법에 따르는 것이 참인 믿음의 산출이라는 인식적 목표를 보다 효과적으로 달성하기 위한 성공적인 수단인가에 의해 결정된다는 주장으로 받아들일 수 있다. 그래서 콘브리스는 다음과 같이 결론을 이끌어 내고 있다.

> "만일 우리의 믿음 산출 과정이 불가피하게 참인 믿음을 산출하기
> 에 유리한 쪽으로 적응되도록 자연이 그렇게 구성된 것이라면, 우리
> 가 믿음에 도달하는 과정들은 우리가 도달해야만 하는 그러한 과정
> 일 수밖에 없다."[148]

콘브리스의 이러한 주장은 진화론의 몇 가지 개념을 통해 좀 더 상세하게 정리할 수 있을 것이다. 자연 선택의 관점에서 한 체계가 다른 체계보다 더 잘 설계되어 있다는 것은 한 체계가 다른 체계 보다 생물학적으로 더 적합하다는, 즉 생존할 가능성이 더 크고 그래서 성공적인 재생산을 할 수 있는 경우이다.

---

148) Kornblith(1987), 5쪽.

한 체계가 경쟁하는 다른 체계보다 생물학적 적합성(biological fitness)을 더 향상시키게 되면 최적으로 잘 설계되어 있는 체계(optimally well-design system)라고 할 수 있다. 말하자면, 진화의 원인은 자연선택이고, 자연선택은 많은 체계들 중에 가장 잘 설계된, 즉 적합성을 가장 잘 높이는 체계를 고르게 된다. 오랜 시간이 경과하는 동안 자연 선택의 과정에서 최적에 가까운 체계를 골라내게 되고, 결국 선택의 과정에서 남은 체계는 가장 잘 설계된 것으로 여길 수 있다.

우리의 인지체계 또한 진화의 산물이라고 했을 때, 이와 동일하게 적용된다. 앞에서 더 잘 설계된 체계가 생물학적으로 더 적합한 것이라고 했을 때, 우리의 인지체계 역시 적합성을 가장 잘 높이는 인지체계가 (더 잘 설계된) 합리적인 인지체계라고 할 수 있다. 곧, 한 체계가 다른 체계보다 적합성을 더 잘 높이면 합리적이라고 말할 수 있는 것이다. 그렇다면, 합리적인 추론 체계란 참인 믿음을 대체로 잘 산출하는 체계이며, 한 추론 체계가 다른 추론 체계보다 더 합리적이라고 할 수 있는 것은 그 체계가 참을 산출하고 거짓을 피하는 일을 더 잘하기 때문이라 할 수 있다. 자연 선택은 거짓 믿음 보다 참인 믿음을 갖는 경우에 더 잘 적응하기 때문에, 대체로 참인 믿음을 산출하는 추론 체계가 적합성을 높이게 된다. 역으로 말해서 참인 믿음을 갖게 된다고 하는 것은 그 환경에 더 잘 적응하게 된다는 것을 의미한다. 따라서 진화는 '최적으로 잘 설계된 체계'에 근사한 유기체를 낳고, 최적으로 잘 설계된 체계는 곧 합리적인 인지체계라고 말할 수 있는 것이다.[149]

이상에서 제시된 주장을 정리하면 다음과 같다. 적자 생존의 원리에 따라

---

149) Stich(1990), 58쪽.

주어진 환경에 제대로 적응하지 못한 종은 살아 남지 못했다. 주어진 환경에 적응한다는 것은 올바른 인지체계를 가지고 있다는 것을 의미한다. 그래서 인지능력이 발달하지 못한 종은 살아남지 못한 것이다. 우리는 적자생존의 원리에 적용되는 곳에 살아 남은 종이므로 올바른 인지체계를 가지고 있다는 것이다. 이렇게 보았을 때, 콘브리스가 주장하고 있는 "만일 우리의 믿음 산출 과정이 불가피하게 참인 믿음을 산출하기에 유리한 쪽으로 적응되도록 자연이 그렇게 구성된 것이라면, 우리가 믿음에 도달하는 과정들은 우리가 도달해야만 하는 그러한 과정일 수밖에 없다"는 귀결점이 일단 설득력 있게 들린다.

지금까지 언급된 논의를 논증의 형식으로 재구성하면 다음과 같다.

> (가) 자연(적자생존의 원리)은 우리의 인지과정이 참인 믿음을 산출 하기에 유리한 쪽으로 적응해 왔다.
> (나) 만일 자연은 우리의 인지과정이 참인 믿음을 산출하기에 유리 한 쪽으로 적응해 왔다면, 우리가 실제로 믿음을 형성하는 과 정은 우리가 형성해야 하는 과정들이다.
> (다) 그러므로, 우리가 실제로 믿음을 형성하는 과정은 우리가 형성 해야 하는 과정들이다.

전제 (가)는 앞에서 언급한대로 콰인에 의해 제창되고 콘브리스가 받아들이고 있는 진화론적 설명의 기본 논제를 표현한 것이다. 전제 (나)는 위의 인용문에서 언급한 콘브리스의 주장을 다시 진술한 것이다. 여기에서 (가)와 (나)로부터 전건긍정식에 의해 (다)가 따라 나온다. 그렇다면 이 논증은 타당하다. 그래서 위의 전제를 받아들이게 되면 결론 역시 받아들여야만 한다. 일단 (대)를 받아들이고 나면 (1)의 물음에 답하기 위해 우리가 할 수 있는 것이란 심리학자나 인지과학자에게 자문을 구하는 것이다. 그들은 우리가 실제로 어떤 과정을 통해 믿음을 형성하는지 알려 줄 것이기 때문이다. 이와 같이 우리는 (1)에 대해 답변하기 위해서는 경험적 방식을 통해 답하는 수밖에 없다는 논지를 담고 있다.

그러나 이러한 콘브리스의 논증에는 적어도 두 가지 문제를 포함하고 있는 것으로 보인다. 우선 전제 (내)가 어떻게 정당성을 가질 수 있느냐 하는 물음이다. 이에 대해 (내)가 정당화되기 위해서는 우리가 그렇다고 여길만한 규범적 전제인 "우리가 믿음을 형성하는 과정이 참인 믿음을 갖기에 유리한 쪽으로 적응되어야만 한다"가 요구될 것이다. 참인 믿음을 산출하기에 유리한 쪽으로의 적응이 그럴만한 당위가 있는 것으로 여겨지지 않는다면, "만일 자연이 우리의 인지과정들에 참인 믿음을 산출하기에 유리한 쪽으로 적응되어 왔다면, 우리가 믿음을 형성하는 과정은 우리가 형성해야 하는 과정들이 아니다" 보다 (내)를 받아들일 하등의 이유가 없다. 우리가 그래야만 하는 당위가 있기 때문에 그러한 사실을 통해 그래야만 한다고 할 수 있는 것이지, 그럴만한 당위가 없음에도 불구하고 단지 그러한 사실 때문에 그래야만 한다는 것을 굳이 선호할 필요는 없을 것이기 때문이다. 예를 들어 투시력이나 예지력과 같이 우연적으로 참이 되는 경우나 중세인들이 진리로 받아들였던 천동설의 경우, 참인 명제를 믿는 것이 정당화되지 않을 수 있고 거짓된 명제를 믿는 것도 정당화될 수 있기 때문이다. 이를 자연화 옹호자들이 내세우는 핵심 논제를 통해 살펴보자.

전제 (내)에는 좀 더 정교한 표현인 "당위가 수행가능성을 함축한다(ought implies can)."는 암묵적인 논제가 깔려 있다. 이는 자연화를 표방하는 어떠한 입장에서도 자신들의 전략을 옹호하기 위해 등장하는 단골 메뉴이기도 하다. 이 논제는 당위를 내포하는 인식적 규범은 인지적 수행 능력에 의존한다는[150] 것으로 이 논제에 따르면 어떠한 인식론도 경험과학의 제약 하에 놓인다는 의미를 함축한다. 물론 모든 규범성은 인간의 수행 능력의 범위를 넘어설 수 없으므로 어떠한 인식적 규범도 인지적 수행 능력의 범위 내에 제한되어야 한다는 관점이 일견 타당해 보인다.[151] 그런데 문제는 인식적 규범이 정당한 것으로 받아들여질 수 있기 위해서는, 그 규범이 인간의 인식 구조에 비추어 볼 때 따를 수 있어야 한다는 주장이 추가적으로 요구된다. 이와 같이, 추가적으로 요구되는 주장 역시 인식적 규범에 따른 것이 될 터인데, 이와 같이 우리가 실제로 우리의 믿음에 도달하는 과정들과 같은 가설 자체는 선험적 방법에 의해 주어진 것이다. 결국 두 견해를 종합한다면 인식적 규범이 경험적 방법을 통한 검증 절차를 거치게 되기도 하지만, 인식적 규범 자체는 근원적으로 선험적 방법에 의해 확보된다. 따라서 전제 (나)를 받아들일만한

---

150) 수행가능성이라는 인식능력에 관한 물음은 사실적인 물음과는 물론 다르다. 그러나 나의 인식 능력이 어느 정도인가 라는 수행가능성의 문제는 나의 인식체계가 어떤 인지 과정을 포함하고 있으며, 이들이 어떻게 형성되어 있는가에 의해 결정된다는 차원에서 사실적 탐구 영역에 속하는 것으로 볼 수 있다. 따라서 당위에 관한 물음은 아니다.

151) Cherniak(1986), 93-4쪽, Goldman(1993), 1장, 이와 같은 입장은 다음의 주장에서 명시적으로 드러나고 있다. "인식적 규범이 당위적 판단을 포함하고 있는 한, 인식론 내에서도 마찬가지의 논리적 관계가 나타난다. 인식적 규범은 일정한 방식으로 믿음을 구성해야 한다 또는 일정한 방식으로 믿음을 구성하여서는 안 된다고 명령한다. 그러나 우리에게 주어진 인식적 구조의 한계 때문에 이러한 인식적 규범의 내용을 따를 수 없다면, 그러한 규범은 합당한 규범으로 성립할 수 없을 것이다. 이러한 논의로부터 다음과 같은 결론이 따른다. 즉, 인식적 규범의 내용을 해명하는 인식론의 작업이 인간의 인식적 구조와 그에 따른 인간의 인식 능력의 한계에 대한 경험 과학적 탐구로부터 전적으로 분리될 수 없다. 인식적 규범의 내용은 인간의 인식 능력의 한계 내에 제한되며, 따라서 인식 규범을 해명하는 인식론은 인간의 인식 능력을 사실적으로 탐구하는 자연 과학에 의해 제약된다." 이 밖에도 인식 의무와 관련하여 알스톤 또한 이 논제를 받아들이고 있다. Alston(1988), 119-20쪽.

정당한 이유는 없다.

두 번째 의혹은, 자연이 우리의 인지과정으로 하여금 참인 믿음을 산출하기에 유리한 쪽으로 적응해 온 정도의 문제에 관한 것이다. 우리의 모든 인지과정이 그렇게 유리한 쪽으로 적응해 왔다는 것은 분명히 잘못된 것 같다. 왜냐하면, 사람들이 믿음을 형성하는 과정들 대부분은 그와 같이 유리한 쪽으로 적응해 온 과정은 결코 아닐 것이기 때문이다. 일상적으로 우리가 믿게 되는 경우를 보면, 억견, 희망적 사고, 오류적 사고, 편견 등 이루 헤아릴 수 없이 많다는 것은 이미 상식으로 통한다. 따라서 전제 (개)를 받아들이기는 어렵다. 그렇다면, 전제 (개)를 "(가*) 자연은 우리의 인지과정이 어느 정도 참인 믿음을 산출하기에 유리한 쪽으로 적응해 왔다"로 바꾸고 나면, (내) 역시 "(나*) 만일 자연은 우리의 인지과정이 어느 정도 참인 믿음을 산출하기에 유리한 쪽으로 적응해 왔다면, 우리가 실제로 믿음을 형성하는 과정 중 어느 정도는 우리가 형성해야 하는 과정이다"로 대치할 수 있을 것이다. 따라서 (가*)와 (나*)로부터 도출되는 결론은 (대)보다는 다소 약화된 "(다*) 우리가 실제로 믿음을 형성하는 과정 중 어느 정도는 우리가 형성해야 하는 과정이다"를 얻게 된다.

물론 이 논증은 타당하다. 그렇다면 다음과 같은 결론을 얻을 수 있다. 비록 우리의 인지과정들 가운데 많은 과정이 참인 믿음을 산출하는 과정이라고 하더라도, 또 다른 많은 과정은 참이 아닌 믿음을 산출하는 과정(참인 믿음을 산출하지 못하는 과정)일 것이다. 스티치 역시 이와 유사한 주장을 하고 있다. 즉, 자연선택이 반드시 참인 인지체계를 선호하는 것만은 아니며, 게다가 진화가 최적으로 잘 설계된 체계를 생산해 내는 것도 아니라는 것이다. 이를 뒷받침하기 위한 논변으로, 신빙성이 떨어지는 인지체계가 오히려 더 잘 적응할 수도 있으며, 자연선택이 참을 산출하는데 굳이 관여하지 않을 수도 있다는 것이다. 이 점에 대해 그는 다음과 같이 말한다.

> "참을 산출하고 거짓을 피하는 일을 잘하는 추론이나 연구가 시간, 노력, 인지체계에서는 커다란 댓가를 치러야 할 경우가 아주 많다. 유전학적으로 부호화할 경우 추론 체계의 전반적인 적합성을 결정할 때, 이러한 반대급부를 모두 고려할 것이다. 만약 그 반대급부가 크다면, 참을 산출해 내는 것은 좀 떨어지지만 게다가 받아들일 수 있는 대안 체계가 있다면, 자연 선택은 오히려 그것을 선호할 것이다."[152]

이러한 스티치의 주장에서도 알 수 있듯이 반드시 자연 선택이 콘브리스의 생각과 같이 그렇게 고무적이라고 장담하기에는 아직 이르다. 우리의 인지 과정에서 참인 믿음을 산출하는 과정이 훨씬 많을지는 몰라도 그에 못지 않게 참인 믿음을 산출하지 못하는 과정 또한 얼마든지 있을 수 있다. 우리에게 실제로 적용되는 과정들 가운데 어떤 과정이 참을 산출하는 과정이고 또 어떤 과정이 참을 산출하지 못하는 과정인가? 진화론적 적용을 통해 인식론에서의 자연화 계획을 완성하려는 콰인과 콘브리스의 시도는 그야말로 고무적일 수는 있다.

---

152) Stich(1990), 61쪽.

5. 현대인식론에서의 남은 문제들

지금까지 인식론의 자연화가 비롯된 배경으로부터 시작하여 자연화 전략의 본질적인 측면을 다각적으로 조망하면서 가능한 여러 견해를 검토한 후 콘브리스에 따른 진화론적 적용까지 살펴보았다. 그 과정에서 인식론에 대한 자연주의적 접근이 두 가지 차원에서 전개된다는 사실을 확인할 수 있었다. 하나는 게티어의 문제로부터 비롯되는 인식론 내부의 사정으로 이에 따를 경우 인식적 개념을 비인식적 개념을 통해 분석하려는 움직임이다. 그러나 여기에서는 자연화 전략상의 핵심적인 측면이 드러날 수 없다는 점을 알 수 있었고, 오히려 자연과학의 구체적인 연구성과가 인식론의 실질적인 내용을 이루어야 한다는 것이 또 다른 하나를 이룬다. 이와 같이 확인된 성과는 인식론에 대한 진화론적 접근이 어떻게 가능한지에 대한 하나의 지침의 구실을 할 수 있었다. 그러나, 적어도 콘브리스식의 논증을 받아들인다고 할지라도 인식론에 대한 진화론적 접근은 일단 두 가지 문제를 안게 된다. 하나가 이론상의 헛점이라고 한다면, 다른 하나는 그 물음의 성격이 본질적으로 다르다는 것이었다. 말하자면, 전통적 인식론에서 제기하는 물음은 본성상 경험적인 연구나 정보를 통해서 답변될 수 있는 성질의 것은 아니기 때문이다. 다만 현재 나의 증거나 지식체계를 반성함으로써 얻어질 수 있다는 점에서 비롯된다. 콰인이 요구하듯이 인식론이 과학의 일부가 되어야 한다면 인식론에서 제기하는 물음은 결국 무가치한 것이 되고 만다.

자연화 전략의 선구자격인 콰인에 따르면 "내 입장은 자연주의적인 것이다. …철학은 과학과 연계되어 있다. …모든 과학적 발견은 철학에서 요구되는 바로 그것이다."라는 그의 선언은 자연과학의 구체적인 연구 성과는 인식론의 내용에 실질적인 부분을 이루어야 한다는 자연화 전략의 핵심적인 측면을 담고 있다. 물론 전통적 인식론에 대한 폐기를 인정한다고 하더라도 그것이 콰인이 말하는 심리학으로 대치되어야 할 것 같지도 않다. 왜냐하면 그의 진단이 맞는다고 해도 반드시 인식론을 심리학으로만 전환해야할 이유가 없을 뿐더러, 설사 그의 진단이 틀리다고 해도 심리학은 그 자체로 탐구할만한 가치가 있기 때문이다. 더군다나 전통적인 인식론 내에서도 그가 사사하는 것 이외에 더 많은 대안들이 얼마든지 있을 수 있다.

콘브리스를 포함하여 콰인 자신이 아직은 근본적인 대체론이 어렵다는 것을 의식하고 있다면 다음을 주장하고 있을런지 모르겠다. 당장 심리학이나 인지과학의 연구 성과가 인식론의 물음을 대신하는 것이 아닐지라도 일단 공동의 목표를 향해 독자적인 연구를 상호 비교 검토하는 가운데 나중에 시간이 흐른 뒤 (3)에 답할 수 있다는 주장 말이다. 물론 그런 상황이 전개되지 않으리라는 보장은 없다. 콘브리스식에 따른 인식론에 대한 진화론적 적용이 갖는 의미 역시 경험적 방식을 통해 규범적 물음에 답한다는 것이었다. 물론 이에 대한 문제점이 다른 시도 역시 성공하지 못하리라는 것으로 받아들일 수는 없다. 만일 그렇다고 하더라도, 전통적 인식론의 물음이 자연과학의 성과에 의존해서만 답변될 것 같지는 않을 것이기 때문이다. 오히려 다음과 같은 주장이라면 받아들일 수도 있을 것 같다. 즉, 전통적 인식론의 독자적인 역할을 인정하되, 심리학이나 인지과학과 같은 과학적 연구와의 협동을 통해 부족하거나 잘못된 것을 부분적으로 보완해 줄 수 있다면 말이다.

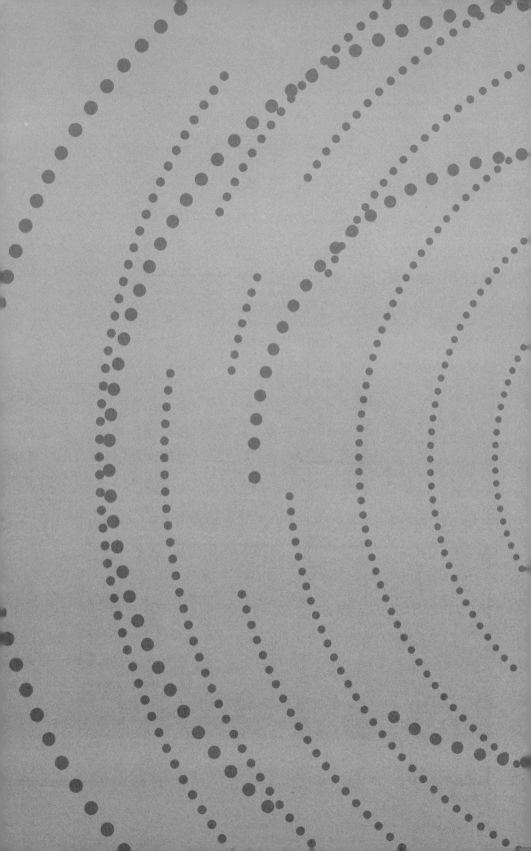

제6장

인식적 내·외재론 논쟁과 규범성의 문제

—골드만(Alvin I. Goldman)을 중심으로

1. 내·외재론 논쟁의 성격

현대인식론에서 인식정당화를 둘러싼 내재론과 외재론 간의 갈등이 그 어떠한 논의보다 팽팽하게 대립되어 있기에 그 긴장감이 오히려 우리의 관심을 끌기도 하지만, 동시에 그 해결의 기미가 보이지 않기에 지루하다 못해 이제는 식상해 하는 것 같다. 언뜻 생각하기에 토대론, 정합론, 신빙주의, 증거론 등 다른 대안적 논의를 통해 충분히 인식정당화에 관한 논의가 가능하리라 생각할 수도 있겠지만, 그렇게 쉽게 비켜나가기 어려운 것은 제시된 각각의 대안적 이론이 궁극적으로 봉착하게 되는 문제 또한 이러한 양자의 대립에 의존하고 있기 때문이다. 여기에는 인식정당화론의 목표가 진리-공헌적(truth-conducive)이어야 한다는 것 자체에 대한 견해의 차이에 있다기보다는 서로가 이러한 목표의 달성에 중대한 결함을 안고 있기에 이를 극복하기 어려울 것이라는 쌍방간의 공방에서 비롯된다.[153] 특히 전통적 견해로 여겨지는 내재론에 대해 외재론이 취하는 공격이 전반적인 논의의 수위를 규정지을 정도로 주류를 이루고 있는 실정이다.

---

153) 대부분의 현대 인식론자들이 우리의 믿음이 지향하는 목표는 실재를 반영하는 것이며 그러기 위해서는 참을 극대화하고 거짓을 극소화해야 한다는 데 동의하고 있다. 레러 역시 인식적 정당성이 참인 믿음이라는 목표를 지향하는 것이고, 그러기 위해서는 마땅히 진리-공헌적이어야 할 것이라고 규정하고 있다. 그것은 곧 인식적으로 정당화되는 믿음이 참이어야 할 것에 대한 요구에서 비롯된다. Lehrer(1990), 55-6쪽 참조. 특히 알스톤(W. Alston)의 경우 내재론적 정당화를 의무론적 정당화로 분석하면서, 의무론적 인식정당성 개념이 갖는 가장 심각한 결함으로, 이 개념에 따를 경우 적합한 진리-공헌적 근거와 올바른 방식으로 연결되지 않는다고 지적하면서 그의 적합성 원리(adequacy principle)를 내세워 그 대안적 가능성을 모색하고 있다. 그는 내재론-의무론적 정당화라는 구도로 규정하고 이는 결코 진리-공헌적일 수 없다는 반론과 그 대안의 모색으로 이어지게 된다. W. Alston(1989), 95쪽 이하. 이는 인식 정당화론의 목표 둘러싸고 전개되는 내/외재론 간의 대립 양상을 보여주는 한 단면이라고 할 수 있다.

내재론에서는 내가 현재 가지고 있는 증거가 인지자 자신의 반성을 통해 파악할 수 있는(accessible on reflection) 것이 아니라고 한다면 그 믿음은 정당화될 수 없다는 논점을 반영한다. 그것은 곧 한 믿음의 정당화 여부는 인식주체의 정신에 내적인 것(internal to the subject's mind)이 되어야 할 것을 요구한다.[154] 이에 반해 외재론의 전형이라 할 수 있는 골드만의 신빙론에서는 믿음-산출 과정의 신빙성(reliability of belief-producing processes)만이 정당화 요인이기 때문에 그러한 과정의 신빙성은 나의 반성을 통한 내적 접근과는 무관한 것이다. 말하자면 여기에서는 근거가 사실적으로 개연적인 경우에만 적합한 근거가 되기 때문에 그러한 근거는 반성을 통해 확보되는 것이 아닌 외적인 요인(external factor)에 의해 결정된다는 것이다.[155] 외재론이 현대

---

154) 내재론은 인식 정당화의 속성을 S에 대해 직접적으로 접근 가능한 측면에 호소하여 정의하고 자 한다. 그러나 인식 주체가 직접적으로 접근 가능한 것은 바로 자신의 내적 상태밖에 없으며 이것은 S가 p에 대해 알고 있거나 그에 대한 정당화된 믿음을 갖는다는 것을 내재론에서는 S 가 어떤 '내재적 상태'에 있다는 의미로 받아들인다는 것을 뜻한다. Chisholm(1989), 76쪽, 이에 관한 몇몇 구절을 살펴보면 다음과 같다. "또 다른 믿음 이외의 어떠한 것도 한 믿음을 지니는 데 대한 이유가 될 수 없다." "우리의 믿음들을 테스트하거나 그것과 비교하는 데 적용하기 위 해 … 우리 믿음 외부의 어떤 것을 … 찾는 것은 불합리하다." Davidson, D.(1983), 423-431쪽. "우리가 이미 받아들이고 있는 것에 관계하지 않고서는 그 어떠한 것도 … 정당화된 것으로 간 주할 수 없다. 게다가 정합 이외의 평가 기준을 찾기 위해 우리의 믿음과 우리의 언어 외적으로 나갈 수 있는 길은 없다." "우리는 지식을 명제들의 관계로 생각하고, 정당화를 한 명제와 그 명제를 추론할 수 있게 해주는 다른 명제들 사이의 관계로 생각할 수 있다. 혹은 지식과 정당화 를 그 명제들의 대상들에 대한 특권적 관계로 생각할 수도 있다. …" Rorty, R.(1979), 178쪽.

155) 골드만은 Goldman(1979)에서 인식적 정당화에 관한 그의 초기 이론을 제시하고 있는데, 그 이 론은 인식적 외재론의 유형 가운데 하나인 신빙주의로 알려져 있다. 그 글에서 그는 인식적 정 당화에 대한 일종의 재귀적recursive 정의를 시도하고 있다. 그의 재귀적 정의에 의하면, 한 믿 음이 정당화되는 것은 오직 다음의 두 가지 경우에 한한다. 하나는 조건 없이unconditionally 혹은 이미 정당화된 믿음에 의존하지 않고 신빙성 있는 믿음-독립independent 과정에 의해 형 성되는 경우이며, 다른 하나는 이미 정당화된 믿음을 투입input하여 그것에 의존하여 신빙성 있는 믿음-의존dependent 과정으로부터 형성되는 경우이다. Goldman(1979), 1-23쪽. 골드만 의 인식론적 입장은 Goldman(1986)에서 보다 정교한 형태로 드러나고 있는데, 그러나 여기에

인식론 전면에 그 모습이 드러난 것은 게티어 문제로부터 비롯되는 믿음과 사실과의 괴리라는 반론에서 비롯된다.[156] 이에 따르면 이 세계에 대한 거짓이 아닌 참인 정보를 받아들이는 것이 지식을 형성하기 위한 일차적인 조건이라고 했을 때, 내재론은 한 믿음이 우연적으로 참이 되는 것을 방지하기 위한 구실을 할 수 없다는 것이다. 하지만 이에 대한 응수가 만만치 않은 것은 외재론을 오히려 극단으로 치닫게 하거나 인식정당화에 대한 성격 규정을 달리 하는 데서 찾을 수 있다. 여기에는 필시 내재론에서 포기할 수 없는 본질적인 측면이 있기에 그 성격을 달리하는 것인지도 모르겠다. 그 대표적인 인물로 골드만(Alvin I. Goldman)을 꼽을 수 있는데, 그의 견해에서 전기와 후기의 입장이 뚜렷하게 구분되는 것도 이러한 공방의 산물이자 인식정당화론이 결코 포기할 수 없는 규범성(normativity)에서 찾을 수 있다. 그렇다면 이러한 골드만의 전회가 그토록 규범성을 떨치기 어려웠던 이유와 연관된 것으로 이해할 수 있는가? 본 논의에서 주목하는 것도 골드만의 입장 전회가 규범성과 연관하에 이루어진다고 했을 때 과연 그것이 정당한가에 대한 문제를 중심으로 다루고자 한다. 이를 위해서는 내재론의 관점에서 바라보는 그의 정당화론이 갖는 허와 실에 대한 진단이 함께 이루어져야 할 것이다.

서는 그 동안 일관되게 주장해 온 전형적인 신빙주의에서 다소 벗어나는 경향을 보이고 있다. 그는 그 글에서 정당화가 정상적인 세계에서 신빙성의 함수라고 말하고 있는 때, 그 말은 믿음이 정상적인 세계에서 그 세계에 관한 믿음에 의거해서 정당화된다는 것을 의미하는 것으로 해석된다. 그러나 그러한 생각은 정당화가 (실제로) 신빙성 있게 산출된 믿음을 함축한다는 입장에서 벗어나고 있다.

156) 이는 게티어의 문제가 갖는 현대적 의의에 관한 것으로 홍병선(2002a)을 참조 바람.

2. 골드만의 외재론적 전략과 그 전략상의 문제

인식정당화에 대한 외재론적 설명이 갖는 이점이라고 한다면, 게티어의 반례에 대한 보다 즉각적인 해결책의 마련과 전통적인 인식론의 전형이라 할 수 있는 강한 의미의 토대론과 정합론에서 제기되는 문제에 대해 어느 정도 효과적으로 대처할 수 있다는 점에서 찾을 수 있다. 외재론의 틀 내에서 한 믿음이 지식이 되는 것은 사실과의 법칙적 관계를 통해 확보되기 때문에, 특권화된 자기-정당성을 갖는 믿음을 불필요하게 설정하거나 믿음의 '인식정당화' 라는 개념에 굳이 집착할 이유가 없다. 여기에서 참인 믿음을 지식으로 전환시키는 것은 그 믿음을 어떤 방식으로 정당화하느냐에 있는 것이 아니라, 다만 그 믿음이 세계와 연관되는 방식에 있기 때문이다. 예를 들어, 내가 어떤 컴퓨터를 본다는 사실이 내가 그 컴퓨터를 보고 있다는 믿음의 원인이라고 했을 때, 내가 컴퓨터를 보고 있다는 것을 아는 것은 그 컴퓨터에 대한 믿음의 정당화에 있는 것이 아니라, 컴퓨터가 있다는 사실과 관계되는 방식이다. 외재론에서 지식이 되기 위해 요구되는 것은 이처럼 그 믿음이 어떻게 발생되는가에 있지, 그 믿음에 대해 어떻게 방어할 수 있는가[157]에 있는 것은 아니다. 말하자면 경험으로부터 야기된 참인 믿음은 그것이 발생하는 방식으로 인해 지식이 된다. 이처럼 외재론적 분석에 따른 지식은 '한 믿음이 어떻게 정당화되는가' 에 대한 답변에 있는 것이 아니라, '그 믿음이 어떻게 발생되었는가' 에 대한 답변에 있기 때문에, 한 믿음과 그 믿음의 참임을

---

[157] 골드만은 이를 '당면 시간 이론(theory of current time slice)' 이라고 부르는데, 그에 의하면 한 믿음의 정당화 지위란 특정한 시점에서 그 인지자에 대한 참인 믿음과의 함수로 파악된다. Goldman(1979), 14쪽 참조.

연결시키는 어떤 과정이나 관계가 인지자의 의식적 접근과는 무관하게 사실에 입각한 관계가 되며 그러한 관계로 인해 믿음이 곧 지식이 된다는 입장으로 해석될 수 있다.

외재론적 견해를 대표하는 골드만이 취하는 전략 역시 지식을 산출하는 것은 믿음과 그 믿음을 참인 것으로 만드는 것간의 어떤 관계 혹은 연관성에서 찾는다. 이러한 관계를 그는 '법칙적인 관계'로 분석하기도 하고, '반사실적인 것'으로 분석하기도 한다. 이러한 골드만의 입장을 정식화하면 다음과 같다.

> **(R1)** 시간 t에 S가 p를 믿는 것이 신빙성 있는 믿음-형성 과정에 의해 산출되는 경우에 한해, 시간 t에서 p에 대한 S의 믿음은 정당화된다.[158]

여기에서 정당화된 믿음이란 신빙성 있게 산출된 믿음-형성 과정의 결과이어야 한다는 골격을 갖는다. 그러나 이와 같은 정식화에 대해 다음과 같은 의문이 제기될 수 있다. 즉 믿음-형성 과정이 신빙성이 있다는 것은 그 과정에 의거할 때, 거짓인 믿음보다 참인 믿음을 더 많이 산출하게 된다는 것인데, 이것이 무엇을 의미하는지 불분명하다는 점이다. 이러한 의문과 관련하여 다음과 같은 문제를 제기할 수 있다. 골드만의 인식 정당화에 대한 분석에서 '적절한 인과적 뒷받침 관계'와 같은 외재적 요소를 필수적으로 요구하지만, 그러나 '신빙성 있는 믿음-형성 과정'을 통해 어떻게 정당화를 산출되는지에 관한 해명이 제대로 이루어지지 않는다면 충분히 타당성을

---

158) Goldman(1979), 182쪽.

지닌 정당화 이론으로 보기가 어려울 것이다. 이에 관해 골드만은 일단 신빙성 있는 믿음 형성 과정이란 '적절한 입력 조건(adequate input-condition)' 하에서 거짓인 믿음에 비해 참인 믿음을 더 많이 산출하는 과정으로 정의하고 있다. 이와 같은 골드만의 수정된 정의는 다음과 같이 정식화할 수 있을 것이다.

> (R2) 믿음-형성 과정 p는 '적절한 입력조건 I'에서 거짓인 믿음보다 참인 믿음을 더 많이 산출하는 성향propensity이 있을 경우 또 오직 그 경우에 한해 p는 신빙성이 있다.[159]

그러나 제시된 논제 역시 다음과 같은 물음에 또 다시 답해야 하는 상황에 직면하게 된다. 즉, 어떤 사람이 믿음을 형성했을 때, 그러한 믿음을 형성한 과정을 어떻게 이해하느냐에 따라 그 믿음의 정당화 여부에 차이가 있을 수 있다는 점이다. 이러한 문제는 신빙성이란 믿음-형성 과정의 유형(type)이 갖는 일반적인 특성이라는 사실 때문에 제기되는 것이다. 즉 어떤 유형의 믿음-형성 과정은 신빙성이 있는 반면에 다른 유형의 믿음-형성 과정은 신빙성이 없다는 식의 이야기가 성립한다. 그 말은 전자의 유형에 속하는 모든 믿음-형성 과정의 사례(token)는 신빙성이 있는 데 반해, 후자의 유형에 해당하는 믿음-형성 과정의 사례는 모두 신빙성이 없을 수 있다는 것을 의미한다. 그러나 문제는 그 두 유형에 동시에 속하는 믿음-형성 과정의 사례가 있을 수 있다는 것이다. 이를 '일반성 문제'라고 하는데 이처럼 하나의 믿음-형성 과정의 사례가 신빙성이 다른 믿음 형성 과정의 유형의 예가 된다면, 그 사례에 대해 일정한 신빙성을 부여할 수 없을 것이며, 따라서 어떤 경우에

---

159) Goldman(1986), 63쪽.

정당화되고 또 어떤 경우에 정당화되지 않는지를 구별할 수 없게 될 것이라는 논점을 반영한다.[160] 이에 대한 문제의 심각성을 의식한 골드만은 위와 같은 비판에 응수하는 가운데 앞선 자신의 논제를 부분적으로 손질하여 다시 재정식화시키고 있다.

> (R3) "시점 t에서 인지자의 믿음 p에 대한 다음 경우 또 오직 다음 경우에 한해 정당화된다. 즉 그 인지자의 의견적 상태(doxastic states)로 이루어진 어떤 배열이 존재하되 그 배열(sequence)을 이루는 각 항은 어떤 (단일한) 올바른 정당화 규칙 체계(right J-rule system)에 의해 다음 항으로 넘어갈 수 있으며 또한 문제의 인지자의 믿음 p는 그 배열에서 제일 마지막 항을 이룬다."[161]

정당화에 관한 위의 정의에 등장하는 '정당화 규칙 체계의 올바름'에 대해 또 다시 골드만은 다음과 같이 정의하고 있다.

> (R4) "정당화 규칙 체계 R은 다음 경우 또 오직 다음 경우에 한해 옳다. 즉, R은 어떤 (기본적인) 심리적 과정을 허용하는 바, 실제로 이 과정에 따라 믿음을 형성하면 참인 비율이 어떤 구체적으로 높은 (0.5보다는 큰) 한계치를 넘는 결과가 야기된다."[162]

---

160) 이러한 일반성 문제는 특히 내재론자들이 외재론을 비판하기 위해 자주 제기되는 논변으로 Feldman(1985), 166-7쪽, Plantinga(1988), 24-30쪽을 참조 바람.

161) Goldman(1986), 83쪽.

162) Goldman(1986), 106쪽.

앞에서의 경우(R1, R2), 한 믿음이 정당화되는 것은 신빙성 있는 믿음-산출 과정이나 메커니즘에 의해 산출되는 경우이다. 이에 반해 나중에는(R3, R4) 믿음의 형성이 '어떤 정당화 규칙에 의해 허용된 과정'을 만족시키면 정당화되는 것으로 규정하고 있다. 여기에서 '어떤 정당화 규칙에 의해 허용된 과정'을 만족시킨다고 하는 것은 신빙성 있는 믿음-형성 과정에 의해 산출된 정당화된 믿음의 경우 이미 소유하고 있는 다른 근거에 의해 논박되어서는 안 된다는 것을 의미한다. 믿음이 다른 근거에 의해 논박되지 말아야 한다는 요구 조건은 그 믿음의 배경이 되는 정보와 서로 어긋나지 말아야 한다는 주장을 함축한다.

그렇지만 그에게서 정당화의 원천은 여전히 신빙성 있는 믿음-형성 과정, 말하자면 그 믿음의 역사에 비추어 참인 믿음을 산출하는 빈도수가 높다는 사실에 있다. 골드만은 암스트롱(Armstrong, D.)이나 노직(Nozick, R.), 드레츠키(Dretske, F.)와 같이 정당화가 지식의 조건이라는 점을 거부하는 노선을 걷고 있지는 않다. 정당화라는 조건은 그대로 살리고 있으면서 '규칙(rule)'이라는 개념의 도입을 통해 그의 독특한 입장을 펼치고 있다는 사실이 그 점을 확인시켜주고 있다. 이러한 조치가 어느 정도 그에 대한 반론을 의식한 측면도 있기는 하지만, 그보다는 오히려 외재론적 기조를 유지함으로써 진리를 담지해 내는 것에 더 큰 비중을 두기 위한 불가피한 선택으로 보는 편이 옳을 것이다. 그러나 그것은 어찌되었든 골드만이 외재론 일반에 대해 제기되는 반론, 즉 자신이 믿음을 산출하는 과정의 신빙성에 대해 전혀 모르는 사람의 경우에 그 믿음을 논박하는 정보가 없다고 하더라도 자신이 믿는 것이 참이라는 것을 알지 못할 것이라는 반론에 여전히 걸려들 수밖에 없다. 그럼에도 불구하고 골드만은 그러한 반론에 대해 적절한 응수를

아직 하지 못하고 있는 것으로 보인다.[163]

신빙성 있는 믿음 형성 과정에 대한 인식적 접근의 필요성에 입각한 내재론자들의 비판에 대해 외재론자들은 다음과 같이 답변할 수 있을 것이다. 첫째는 내재론자와 외재론자는 지식의 본성에 대해 전혀 다른 입장을 지니고 있다는 사실을 인정해야 한다고 응수할 수 있다. 또한 외재론자들은 인식론의 목표인 진리에의 추구를 감안했을 때, 내재론과 외재론 가운데 어느 입장이 진리의 달성을 가능하게 할 것인가 라고 물을 수 있다. 이러한 외재론자들의 답변을 타당한 것으로 받아들인다는 것은, 정당화론의 차별성을 인정하자는 것이 될 것이다. 그리고 그 차별성은 오로지 진리에의 추구라는 인식론의 목표와 연관시키고자 할 것이다. 내재론자들은 그럼에도 불구하고 우리에게 수용된 정보가 신빙성 있는 정보인지의 여부에 관한 정보가 요구되며, 그러한 정보를 결여하게 될 경우 지식을 갖지 못하게 될 것이라고 주장하게 될 터인데 외재론자들로서는 이러한 내재론자의 비판을 극복하는 것이 무엇보다 시급할

---

163) 외재론에 대한 반론은 지속적으로 제기되어 왔다. 그 중 스트라우드에 의하면 "… 우리가 우리의 지식이 어떻게 가능한지 이해하기 위해 지식 이론에 의존하려면, 우리는 그 지식 이론을 받아들일 어떤 이유를 가져야 한다. 그런데 그것에 대해서는 … '외재론' 의 그 어떠한 형식도 만족스러운 설명을 제공할 수 없다" 고 비판하고 있다. Stroud, B. (1989), 43쪽. 또한 그는 "만약 우리의 목표가 다름 아닌 우리를 둘러싼 세계에 대한 우리의 과학적 지식을 설명하는 것이라면, 우리는 오직 자신이 그 영역에 대한 어떤 지식을 지니고 있다는 것을 알 수 있기만 하면 그런 지식에 대한 설명력을 가질 것이고, 타인에 대한 탐구에 아무런 어려움도 없을 것이다. 누군가가 타인들이 세계에 대해 아는 것을 그가 어떻게 아는가를 설명하는 것은, 단지 세계에 대해 그가 아는 것을 알고 있기 때문이다. 그러나 그가 임의의 사람과 임의의 것들에 대해 그가 그것을 어떻게 아는지 묻는다면, 그가 그에 대한 설명을 위해 그가 세계에 알고 있어야 하는 것을 그 자신이 어떻게 아는가를 이해하고 있지 못할 경우, 그는 그 지식이 어떻게 가능한가에 대한 설명에 대해서는 그와 같은 방식으로 진행할 수 없다. 그는 스스로 자신의 생각이 참이라는 것을 그 스스로 안다거나 그것을 믿을 어떤 이유를 자신이 갖고 있다는 것을 이해할 수 있어야 한다" 는 것이다. 같은 책 45쪽.

것이다.

3. 외재론과 규범성의 문제

외재론은 일반적으로 인식적 판단(epistemic judgments)에서 규범성(normativity)을 배제한다는 점에서 내재론과 구분된다. 인식적 칭찬(praise)과 비난(blame)과 같은 평가는 평가의 대상이 되는 믿음이 인식론적으로 합리적인가 혹은 비합리적인가와 관련된 것인데, 실제로 믿음에 대해 어떠한 접근(access)도 갖지 않는 신빙성 여부를 가지고는 그 믿음이 합리적인지 비합리적인지의 여부를 가늠할 수 없다. 이것이 신빙론에 제기되는 주요 비판 가운데 하나이다.[164] 외재론의 기본적인 입장을 추종하는 골드만에게 있어서도 한 믿음의 정당성을 결정하는 것은 '사실(fact)'이다. 이 말은 그 어떠한 인식적 평가도 '사실'에 바탕을 두어야 한다는 것을 의미하는데, 한 믿음의 정당화가 사실에 바탕을 둔다는 것은 또한 그 사실에 따라 '정당화 부여의 속성'[165]이 결정되어야 한다는 것을 의미한다. 이 경우 나의 믿음이 신빙성 없는 과정에 의해 산출되고, 내가 그것을 확인할 수 있는 그 어떠한 방식도 없을 때, 그 믿음을 갖는 데 대해 내가 비난을 받아야 하는가

---

164) Fumerton(1988), 451쪽.

165) '정당화 부여 속성'은 인식정당화의 본성과 관련된 것으로, 논제 (J) "S의 믿음 p가 속성 (features) F1, F2, F3, …을 갖는 경우 오직 그 경우에 한해, p는 인식적으로 정당화된다"를 만족하는 속성 F들을 찾는 일에 해당한다. (J)는 S의 믿음 p가 어떤 특정한 속성 F들을 갖는다면 정당화됨을 말하고 있는데, 이러한 의미에서 F들 각각은 정당화된 믿음이 되기 위한 속성이 된다. 그러한 속성에는 각각 내적 속성(internal feature)과 외적(external) 속성이 있다.

하는 물음이 자연스럽게 제기될 것이다. 이 물음은 사실과의 연관성이 인식 정당화를 위한 인식적 규범성의 조건으로 제시될 수 있느냐에 관한 물음일 것이다.[166] 이것을 다음과 같은 예를 통해 생각해 보자.

인식 체계가 동일한 두 사람 가운데 한 사람은 데카르트가 말하는 악마의 세계에, 그리고 다른 사람은 정상적인 세계에 거주한다고 해보자. 이 경우 그 위치를 일시에 뒤바꿔 놓는다고 해도 이들은 그 차이를 전혀 느끼지 못할 것이다. 이러한 상황에서 외재론자들은 악마의 세계에 거주하는 사람의 믿음은 정당성이 없다고 할 것이다. 왜냐하면 그 세계에서의 악마는 그가 실제로는 아무 것도 지각하고 있지 않음에도 불구하고, 그로 하여금 지각하는 것처럼 만드는 거짓인 감각 자료를 제공하고 있으며 따라서 지각에 관한 그의 믿음들은 사실상 전부 오류이므로 그 믿음들을 산출하는 과정 역시 신빙성이 있는 것이 아니기 때문이다. 그러나 코헨(S. Cohen)은 이 경우 악마의 세계에 사는 사람도 그의 믿음을 갖는 일이 정당화된다고 주장한다. 왜냐하면 그는 그가 속임을 당하고 있는 일이 아니라는 것을 확인하기 위해 그로서 할 수 있는 최선을 다해 그가 관찰한 것에 대해 주의를 기울여 면밀하게 검토해

---

166) 한 믿음의 정당성 여부에 관해 묻는 것은 그것을 믿어도 좋은가에 관한 물음이다. 그렇다면 인식적 정당화는 "인식적 허용가능성(epistemic permissibility)"의 문제일 것이다. 이는 곧 인식적 정당화가 규범적 특성을 포함한다는 것을 의미한다. 규범은 여러 다양한 종류의 규범적 판단들이 옳을 수 있는 조건들과 관련된다. 인식 규범 역시 다양한 종류의 믿음들을 받아들이도록 인식론적으로 허용하는 경우에 관한 규범들이다. 이에 따른 한 믿음의 정당성 확보는 올바른 인식 규범에 의해 허용되는 오직 그 경우만이다. 그래서 한 믿음의 정당화는 인지자가 그 믿음을 받아들일만한 이유를 통해 평가하게 되고, 그러한 평가를 위한 우리의 판단은 대부분 추론(reasoning)에 의존하여 이루어지게 된다. 이러한 인식 규범은 '올바른 추론'을 지배하는 규범이 될 것이다. 인식 규범은 그래서 추론과 그에 따른 믿음의 형성으로 우리를 안내하는 것으로 이해할 수 있다. 여기에서 제기되는 문제는 이러한 인식 규범의 성격에 비추어 볼 경우, 사실과의 연관성이 인식 정당화를 위한 인식적 규범성의 조건으로 제시될 수 있느냐 하는 점이다. Pollock(1987) 참조.

보았는데도 아무런 오류도 찾아내지 못할 수 있기 때문이다. 우리는 오류를 피하기 위해 우리가 할 수 있는 최선을 다했다면, 우리가 믿는 일은 정당화되고 해야 할 것이다.[167] 인식 정당화에 관한 코헨의 이러한 생각은 봉쥬르가 말하는 인식적 책임의 문제와 연관된 것으로 보이는데, 그는 정당성이 규범적 개념으로서 인지자가 그의 인식적 목적을 어떻게 잘 추구해 왔는지에 대한 평가라고 생각한다. 악마의 세계와 정상적인 세계에 속하는 두 사람의 믿음이 신빙성에 있어서는 차이가 있을지 몰라도 악마의 세계에 속한 사람이 정상 세계에 속하는 사람에 비해 인식적 책임을 소홀히 했다고 생각할만한 이유가 없다.[168]

우리의 믿음이 비합리적이라는 이유로 비난받는 것은 자연스럽다. 비합리적이라는 이유로 비난하는 것은 규범적인 판단에 해당하며 사실적인 기술과는 구분된다. 내재론의 관점에서는 어떤 인식 주체를 비합리적이라고 비난할 여지는 분명히 있다. 왜냐하면 정당화 조건에 대해 인식 주체가 얼마든지 접근할 여지가 있다고 하는 것은, 정당화를 확보하기 위해 그 조건에 접근할 것을 내재론에서는 마땅히 요구하기 때문이다. 그 조건에 접근하지 않은 채 어떤 믿음을 지녔다고 한다면 그에게 합리적이지 못하다는 비난이 돌아갈 터인데, 그 말은 그가 그러한 믿음을 지님에 있어 정당화 조건에 접근해야 한다는 것을 함축한다.[169] 그러나 외재론에서도 이처럼 규범성을

---

167) Cohen(1983), 281쪽.

168) Lehrer & Cohen(1983), 192-3쪽 참조.

169) 이에 대해 스트라우드(Barry Stroud)에 따르면 "누군가가 안다고 했을 때 그가 아는 것을 그는 어떻게 아는가?"라는 물음을 이해하기 위해서는 그 자신이 그것을 믿을만한 이유를 소유함으로써 가능하다고 보고, 이에 대해 자연주의자 혹은 외재론자의 경우 결국 막다른 궁지에 몰릴 수밖에 없음을 지적한다. Stroud(1989), 45쪽.

허용할 여지가 있는가? 규범성과 관련하여 볼 때, 골드만의 경우 그가 설정하고 있는 '인식적 개념'의 분석은 문제를 안고 있는 것으로 보인다. 인식적 개념에 관한 그의 외재론적 분석은 인식적 비난의 본성에 관해 분명히 오류를 내포하고 있기 때문이다. 인식적으로 비합리적이라는 비판은 '인식적 평가'와 관련되기 때문에 사실과 관련해서는 결코 적용될 수 없음에도 불구하고 골드만은 그와 반대로 생각하고 있다.

골드만은 그의 전기 입장은 말할 것도 없고, 후기에 제시하고 있는 인식 정당화에 관한 테제에서도 일종에 '규칙'과 같은 개념을 끌어들이고 있는데, 그의 규칙 개념이 인식적 규범성에는 여전히 미치지 못한 것으로 보인다. 말하자면 골드만이 제시하는 규칙 개념이 이러한 규범성과는 거리가 있는 것으로 보인다. 인식정당화에 관한 그의 명제에 의하면 "t에서 p에 대한 S의 믿음이 올바른 정당화 규칙J-rule 체계에 의해서 허용되는 경우 또 오직 그 경우에 한해 시점 t에서 S가 p를 믿는 것이 정당화된다."[170]는 것이다. 다시 말해, 한 믿음이 정당화된다는 것은 그 믿음이 올바른 규칙 체계에 의해 허용된다는 것을 의미한다. 골드만의 명제는 정당화를 올바른 정당화 규칙과 그 규칙에 의한 허용(permission)에 의해 정의하고 있다. 여기서 '허용'은 명백히 규범적인 개념이다. 그러나 골드만이 지향하는 신빙론의 본래의 취지는 정당화를 규범적인 개념이 아닌 오직 사실적인 개념에 의거해서만 정의하자는 것이었다. '허용'과 같은 규범적인 용어의 개입은 신빙론에서 인식 정당화의 출발점으로 삼았던 인식적 평가의 대상이 사실적이라는 점과 서로 양립하지 않는 것으로 생각된다.

---

170) Goldman(1986), 59쪽.

이에 대해 골드만에게 있어 그의 과제는 정당화 규칙 체계의 타당성 기준을 모색하는 데 있으며, 올바른 정당화 규칙의 기준을 비규범적인 용어로 제시하기 위해서는 사실적인 용어로 그 기준을 서술해야 하며, 정당화 규칙이 규제적인 원리라기보다는 '한 믿음의 정당화 여부를 판단하는 이론적인 평가 도구'로 보아야 한다는 입장을 취하고 있다.[171] 그는 이에 관한 대표적인 기준을 몇 가지 제시하는데[172], 이들은 그 기준의 역할을 적절히 수행해 낼 수 없다면서, 자신의 입장을 윤리학의 이론에서의 '결과주의'에 해당한다고 주장하고 있다. 윤리학적인 결과주의는 한 행위의 도덕적 정당성을 그 행위의 결과와의 함수로 파악한다. 이와 마찬가지로 한 믿음의 인식 정당화 역시 인지 과정의 결과에 따른 것이어야 하고, 그러한 과정에 따라 좋은 결론이 나오는 데 따르는 평가이다. 즉, 규칙 체계가 올바르냐의 여부는 바로 그 체계를 따를 경우 좋은 결과가 산출되느냐의 여부에 달려 있다는 것이다. 골드만은 좋은 결과를 산출하는 최종적인 후보로 '진리-공헌적 결과주의'를 설정하고 있는데, 진리-공헌적 결과란 참인 것을 받아들이고 거짓인 것을 받아들이지 않는 것이므로 정당화의 규칙이 올바른 규칙이 되기 위해서는 참인 비율을 높여야 한다는 주장으로 요약된다.[173] 물론 참인 비율에 관한 세부적인 내용들을 제시하고 있지만, 그에 따른 규칙은 과정 허용(process permission)[174]이라는 의미로 요약될 수 있다. 그러나 골드만이 제시하고 있는

171) Goldman(1986), 63쪽.

172) "올바른 정당화 규칙들은 논리적으로 필연적인 진리에 의해 함축(entail)되는 것이어야 한다는 기준", "정당화 규칙의 타당성을 결정하는 기준으로 사회 구성원의 합의" 등을 제시하고 있다. Goldman(1986), 63-9쪽 참조.

173) Goldman(1986), 98-103쪽.

174) 골드만은 과정 허용에 대해, "그 어떠한 기준도 그것이 허용하는 규칙들이 특정한 유형의 인지

이러한 규칙이 의무나 책임과 같은 규제적인 것과 아무런 관련이 없다고 보기는 어렵다. 그에 따르면 '규칙에 의해 허용된 과정'이라는 의미를 한 믿음의 정당화 여부를 판단하는 이론적 평가 도구로 이해해야 한다는 것인데, 이것을 사실적인 비규범적 개념으로만 이해할 수 있을 것으로 보이지는 않는다. 이와 같은 골드만의 답변이 얼마든지 달리 해석될 소지가 있고 또한 그리 석연치 않은 구석이 여전히 남게 되는 것은, 그가 의미하고 있는 규범성의 범위가 너무 넓기 때문으로 보인다.

골드만의 입장이 지니고 있는 모호한 측면은, 아무리 사실적인 것의 도움에 힘입어 설정된 규범적 개념이라도 역시 규범적 개념임에 분명할 것이라는 점과 관련이 있다. 사실과 규범의 관계에 관한 문제와 각각이 수행하는 역할에 관한 문제는 엄연히 구별되어야 할 것이다. 또한 골드만에게 있어 '정당화'라고 하는 개념을 지식의 한 필요조건에 관한 명칭으로 사용한다고 했을 때, 서술적 혹은 자연주의적 의미를 반영하는 개념으로 사용하고 있는 것인가 아니면 규범-평가적 개념으로 받아들이고 있는 것인가 하는 의문을 제기할 수 있다. 전자의 경우라고 한다면, 단지 명칭으로만 사용된 '정당화'의 개념일 것이고, 그 경우 다른 적절한 개념으로 대치 가능할 것이다. 만일 후자의 개념으로 사용하는 것이라면, 규범성을 인정하는 것이고, 이는 인식 주관의 개입과 무관한 방식으로 이해하기는 어렵다. 또 다른 측면에서 중도적인 개념으로 사용하고 있다는 인상이 짙게 깔려 있는 것으로 비추어지기도 하는데, 이에 관한 골드만의 답변은 그리 선명해 보이지 않는다.

과정들을 허용하는 규칙이지 않는 한 성립할 수 없다"고 명시적으로 언급하고 있다. 이에 따른 정당화 규칙은 특정한 과정 유형들에 적용되는 규칙을 의미한다. 이 점은 일반성의 문제 또한 여전히 미해결로 남길 우려가 있다. Goldman(1986), 85쪽.

골드만의 정당화 규칙의 개념은 인식적 비합리성에 대한 평가를 가능하게 하는 요소를 포함하는 것까지도 적절하게 수용하는 결과를 빚게 된다. 그렇다면 골드만류의 외재론에서 비합리성에 대한 비판이 가능한 것은 '규범성의 기준'을 너무 확장해서 잡았기 때문인 것으로 생각될 수 있다. 물론 우리는 믿음에 대한 비합리성에 대해 비판하기도 하지만, 정부의 잘못된 교육정책, 그릇된 이론, 너무 비싼 채소값, 들지 않는 면도날 등에 대해서도 비판하게 된다. 하지만, 잘못된 교육정책, 그릇된 이론, 비싼 채소값, 면도날의 무뎌짐에 관한 판단이 규범적인 판단에 관한 것인가? 아마도 면도날의 무뎌짐에 관한 판단은 일종에 면도날의 선함(goodness)에 관한 규범적인 판단에 속한다고 말할 수도 있을 것이다. 왜냐하면 면도날의 사용에 관한 그 목적의 달성과 관련하여 '무딤'이라고 하는 것은 면도날을 쓸모 없게 하는 속성으로 여기게 할 수도 있기 때문이다. 그렇다면, 신빙론에서 말하는 '규칙'이란 이와 같이 일종에 면도날의 무뎌짐에 관한 판단으로서의 규범성과 같은 것을 말하는 것인가? 물론 이러한 식의 설명이 신빙론자들의 입장을 대변하는 것이 될지는 모르지만, 그러나 실제 신빙론자들이 취하고 있는 노선, 혹은 전략이 이와 같다고 보이지는 않는다.

4. 외재론적 합리성의 문제

내재론이건 외재론이건 비합리성이 비판되어야 한다는 점에 있어서는 일치하고 있다. 두 입장 모두 비합리성을 비판하는 것이 당연하다고 생각될 수 있겠지만 반드시 그렇지는 않다. 그렇게 생각되는 것은 인식적 용어에 대한 의무론적 분석에 따라 '가치적 용어'를 사용하여 '인식적 개념'을 정의하는 것 자체를 당연한 것으로 여기기 때문이다. 그러나 엄밀하게 말해서 인식적 용어에 대한 의무론적 분석이 적어도 내재론에는 적용될지 몰라도 외재론의 형태를 띤 견해와는 양립한다고 볼 수 없다.[175] 즉, 두 입장이 비합리성에 대해 동일하게 비판하고 있기는 하지만, 사실상 그렇지 않을 뿐더러 이점에서 각각 이론적 특징이 보다 뚜렷하게 드러난다. 그럼에도 불구하고 두 견해를 구분하지 않는다는 것은 신빙론에서 다음과 같이 말하고 있는 것으로 간주하는 셈이다. 만일 어떤 사람이 지금까지 해 온 것에 비추어 항시 그의 믿음이 비합리적인 결과만을 산출한다고 했을 때, 이에 따라 그는 그의 믿음에 대해 그것이 왜 비합리적인지에 관한 이유를 갖지 못하고, 더 나아가 그 믿음에 대한 인과적 관계가 있는지 조차 의식하고 있지 못한다고 하더라도, 여전히 그의 믿음은 인식적으로 비판받을 수 있다는 주장임에 다름 아니다.[176] 그러한 식의 비판이라면 그가 어떤 믿음을 갖는다고 해도 비판받게 될 것이다. 하지만 그 사람의 경우 그가 갖는 어떤 믿음에 대해서도 비난받지 말아야 한다고 생각해야 할 것이다. 왜냐하면 비록 비합리적인 믿음이 산출되기는 했지만, 그것은 그가 할 수 있는 최선의 노력의 결과였으며 그가 가진 모든

---

175) 그렇다고 내재론적 견해에 따른 인식적 개념에 대한 의무론적 분석이 전적으로 옹호되는 것도 아니다. 그 이유는 누군가의 믿음에 대해 비판하는 것이 그가 그러한 믿음을 갖는 데 대해 반드시 도덕적인 비난가능성 자체를 의미하지는 않기 때문이다. 도덕적 책임과 인식적 책임이 엄밀하게 말해서 구분된다는 차원에서는 인식적 개념에 대한 의무론적 분석에 대한 비난이 도덕적 비난이 될 수는 없다.

176) 이 말은 다음의 주장을 포함한다. 치즘에 따르면, "비록 당신이 갖고 있는 증거evidence가 아마도 당신이 곧 죽게 된다는 것에 관한 것이라 할지라도, 당신의 건강이 회복될 것이라는 믿음에 대한 의무를 갖게 된다. 물론 그것이 당신의 건강 회복에 도움이 될 수도 있다."와 같은 전형적인 의무론적 분석에서의 "의무들 간에 상호 충돌하는conflicting duties" 경우 이와 같은 반론을 면한다고 할지라도 역시 외재론에서는 동일한 답변만으로 일관할 것이다.

잠재적 능력으로 할 수 있는 한 최선을 다한 결과일 수 있기 때문이다. 다시 말해 우리는 비합리적인 사람이 주장하는 믿음에 대해 윤리적으로 비난해서도 안되고 또한 비난하지도 않는다. 그러나 외재론에 의하면 우리는 그러한 믿음을 비합리적이라고 비난해야 한다. 비난의 본성의 비추어 볼 때 외재론에서 말하는 비합리성에 대한 비판이란 규범적인 것과는 그 성격을 달리 하는 것으로 보인다. 다시 말해 외재론자가 특정한 조건하에 비합리적인 믿음이라고 그들의 특정한 논변을 통해 비판하고 있기는 하지만 이에 대한 그럴듯한 이해를 갖고 있는 것으로 보이지는 않는다.

지금까지 살펴본 바와 같이 외재론이 태생적으로 짊어진 운명이라고 한다면 신빙성 있는 믿음의 조건을 만족시키고 있음에도 불구하고 인식적으로 정당화되었다고 보기 어려운 경우가 있을 수 있다는 것이다. 이 문제는 외재론이 갖는 가장 큰 취약점이자 그 성립 가능성조차 의심스럽게 만드는 것으로 합리성(rationality)의 문제와 직접적으로 연관되어 있다. 합리성과 관련하여 제기되는 물음은 한 믿음이 정당화된다고 했을 때, 정당화의 조건을 어느 정도 고려하고 있으며, 과연 외재론에서 내세우는 조건에 따라 그 정당화가 가능한가 하는 것이다.[177] 간단히 말해 이 물음은 외재론적인 인식정당화의 개념도 과연 합리성을 포함하고 있는가 하는 것이다. 말하자면, 인지자 S의 믿음이 골드만이 제시하고 있는 신빙성의 조건을 전적으로 만족시키고 있음에도 불구하고, 지식이 되지 못하는 이유는 그가 그 믿음을 받아들이는 데 대한 합리적인 이유 혹은 합당한 근거를 자신이 소유하고 있지 못하기 때문이다. 이는 곧 인지자 S가 그 믿음을 받아들임에 있어 반드시

---

177) 많은 내재론자들이 이와 같은 반론을 제기하고 있지만, 여기에서는 특히 봉쥬르와 폴리의 입장에 따랐다. Bonjour(1985), Foley(1985) 참조.

충족되어야 할 부분이 있다는 점을 시사하는 것이다.[178] 따라서 외재론의 틀 내에서 그 해결책을 찾기 위해서는 추가적인 조건을 덧붙이는 전략을 취할 수도 있겠지만, 이는 자칫 외재론적 기조를 흔들어 버릴 우려가 있기 때문에 신중을 기할 수밖에 없다.

적어도 한 믿음의 정당화가 인식 주관의 관점에 따라 합리적이어야 한다고 했을 때, 한 믿음이 형성되는 과정에 주목하는 외재론자들에게 있어서 그들이 말하는 인식적 합리성은 무엇인가? 외재론에 가해지는 이러한 비판에 대처하기 위하여 외재론자들은 무엇보다도 인식 정당화에 필수적인 '인식 주관의 합리성' 이 무엇을 의미하는지 그 답변이 마련되어야 할 것이다.

---

178) 퍼트남 역시 Putnam(1983)에서 규범성에 대한 철학적 위상에 관해 언급하면서 신빙론 등을 포함하는 인식론을 자연화하려는 일련의 시도에 대해, "만일 인식론적이든 형이상학적이든 그 어떠한 참인 개념도 제거된다면 우리의 모든 진술이 단순한 소리가 아니고 무엇이겠는가?" 라고 반문하면서 규범성에 대한 불가피성을 언급하고 있다. H. Putnam(1983), 246쪽.

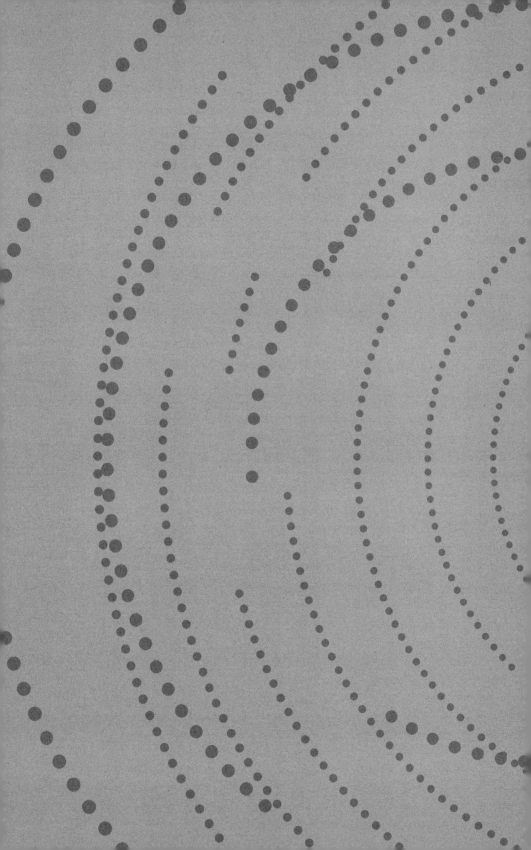

제7장

인식규범의 자연화 가능성 문제

1. 지식의 본성에 대한 해명

일반적으로 인식론에서의 자연화[179] 계획은 인식론과 경험과학간의 벽을 허물자는 것이고 그래서 인식론을 과학화하자는 견해로 알려져 있다. 말하자면 인식론이 이른바 선험적 방식을 통해 지식에 대한 규범적 지침을 제공해 준다는데 대해 강한 불신을 나타내고, 인식론을 자연과학과의 연장선상에서 이해하자는 경향성으로 받아들인다. 이에 따라 기존 인식론을 전면 부정하는 입장에서부터 시작하여 강도의 차이는 있겠지만 부분적으로 수용하자는 입장에 이르기까지 매우 복잡한 양상으로 전개되고 있으며, 극히 혼란스럽게까지 비쳐지는 것이 사실이다. 그래서 인식론에서의 자연화가 철학 전면에 부각된 배경을 낱낱이 파헤쳐 보는 것이 그리 쉬운 일만이 아님은 메피와 콘브리스의 실토[180]가 아니더라도 국내의 논의에서도 얼마든지 확인할 수 있다.[181] 최근까지도 김기현 교수와 김도식 교수간의 공방에서 확인[182]할 수 있듯이 단순히 규범학과 사실학의 괴리라는 차원을 넘어서는 부분이 있는

---

179) `epistemology naturalized`, `naturalizing epistemology`, `naturalistic epistemology` 라는 영어 표현을 우리말로 옮기면, '자연주의 인식론', '자연화된 인식론', '자연주의적 인식론' 등으로 불리지만 본 논의에서는 전통적인 인식론의 문제에 대한 해결의 관점에서 인식론(에서)의 자연화', '자연주의적 접근', '자연화 계획(전략)' 등으로 쓸 것이다. 물론 그 의도는 논의를 통해 드러날 것이다.

180) Maffie(1990)와 Kornblith(1987) 서문 참조.

181) 자연주의 인식론과 관련된 국내의 논문으로는 김동식의 "자연주의 인식론의 철학적 의의(1995)", 김기현의 "자연화된 인식론(1997)", "자연화된 인식론과 연결(1995)", "자연화된 인식론과 인식규범의 자연화(2000)", 김도식의 "자연주의적 인식론의 한계(1995)", "전통적 인식론에서 자연화의 대상은 무엇인가?(2000)", 최순옥의 "콰인의 자연주의적 인식론에 관한 논의(1995)", 한상기의 "전통적 인식론과 인식론적 자연주의(1999)", "인식론의 자연화와 반선천주의(1999)", 김영남의 『콰인의 자연주의 인식론』(1994) 등을 꼽을 수 있다.

182) 김기현(1997), 김도식(2000)의 논문.

것만큼은 분명하다.[183] 여기에는 필시 전통적으로 인식론을 규범학이라고 했을 때, 그 규범성의 확보는 여하한 선험적 방식에 따라 이루어져야 한다는 견해에 맞서 경험적으로 확보될 수 있다는 가능성 역시 배제할 수 없다는 콰인(W. V. O. Quine)의 촉구[184]에서 비롯된 것으로 보인다. 두 교수 역시 콰인을 염두에 둔 진단과 그에 따른 나름의 처방으로 여겨진다.

물론 이를 어떠한 각도에서 보느냐에 따라 입장의 차이가 있을 수 있겠지만, 필자가 보기에 인식론에 대한 자연주의적 접근을 이러한 콰인으로부터 비롯되는 규범성의 제거 여부를 둘러싼 문제에 지나치게 제한하여 논의를 전개해 왔다고 생각한다. 콰인이 '자연화된 인식론'이라는 개념을 처음 도입한 점을 감안한다면 인식론에서의 자연화와 관련된 어떠한 논의도 이와 연관성을 갖기 마련이라거나 혹은 그래야만 한다고 생각할 수도 있겠지만, 문제가 그렇게 간단하지만은 않은 것 같다. 여기에는 앞에서도 지적되었듯이 자연화의 정도에 따른 이론상의 혼란상뿐만이 아니라 자연화를 옹호하는 방식에 따라 인식규범을 처리하는 방식에서 비롯되는 이견과 충돌, 더 나아가 논의에 대한 그릇된 이해에 따른 공방 등을 감안한다면, 뭔가 매듭이 풀리지 않고서는 소득 없는 공론의 장이 될 소지가 있기 때문이다.

---

183) 여기에는 다음과 같은 전제가 그 바탕에 깔려 있다. 인식론에서 자연주의적 접근에 따른 인식 규범을 어떻게 받아들일 것인가 하는 점이다. 말하자면 지식의 형성에 있어 인지과정을 이루는 인과적 혹은 법칙적 과정에 따른다는 것을 인식정당화와 동일시할 수 있는가 하는 문제이다. 대부분의 인식론자들이 수용하고 있는 정당화 개념은 어디까지나 평가적 개념이다. 그러나 인과적 법칙적 관계는 사실적 관계로서 그러한 사실적 관계에 의거해서는 서술적인 개념만이 나올 뿐 평가적 개념이 형성될 수 없으리라는 진단이다. 정당화는 규범의 문제에 속하지만 법칙적 관계는 사실의 영역에 속하기 때문에 이 두 영역 간에는 넘나들 수 없는 간극이 존재한다는 생각에서 비롯된다.

184) Quine(1969).

여기에서 그 해결의 결정적인 단서 가운데 하나로 인식론에서의 자연화에 대한 움직임이 콰인의 촉구와는 별도로 전개되어 왔다는 사실이다. 분명하게 말해서, 그의 자연화 계획이 '지식의 본성(nature of knowledge)'에 대한 해명의 맥락과 무관하게 전개되었을 수 있다는 것이다. 인식론의 자연화에 있어 그 개입의 정도에 따라 전통적인 인식론을 전면 부정하든, 부분적으로 수용하든, 아니면 전적으로 수용하든, 인식론에서의 자연주의적 접근이 갖는 본질적인 측면 가운데 하나로 게티어의 문제[185]에서 비롯되는 현대인식론의 과제 해명에 따라 전개되어 온 주류적 흐름이 있기 때문이다. 말하자면 여기에는 지식의 본성에 관한 해명과 이를 둘러싼 공방의 과정에 따른 산물 가운데 하나로 자연주의적 접근이 이루어져 왔다는 사실이다.

따라서 여기에서 주목하는 것도 인식론의 자연화에서 비롯되는 혼란상을 게티어의 문제로부터 비롯되는 '지식의 본성'에 대한 해명의 맥락에 따라 재평가하고, 인식론에서의 자연주의적 접근에 따른 혼선을 해소하려는데 있다.

2. 인식론에서의 자연화 계획

인식론에서 자연주의적 접근이 이루어진 배경을 되짚어 보고 자연화 전략이 갖는 의도에 대해 분명하게 진단하는 것은, 그러한 접근이 기존 인식론에 미친 영향의 정도에 대한 보다 공정한 이해를 위해 매우 중요하다.

---

185) Gettier(1963).

그렇다면 인식론에서의 자연화는 무엇 때문에 비롯된 것이며 또 어디에서 기인한 것일까? 일반적으로 인식론 내부의 사정과 외부의 요인이 상호 맞물려 진행된 것으로 평가되곤 한다.

우선 인식론 외부의 사정으로 꼽는 것이 '과학-기술의 비약적인 발전에 따른 자연과학의 성공 인정과 그 확대 적용', '인지과학의 분야들, 즉 인지심리학, 인공지능, 언어학, 신경생리학 등의 발달에 따른 인식과정에 대한 과학적 접근 방식의 옹호' 등이 자연화의 외적 계기로 지적된다.[186] 하지만, 인식론에서의 자연화와 관련하여 이러한 지적에 대한 철학적 평가가 본격적으로 이루어진 것은 70년대 이후의 일이다.[187] 그렇다면 시간적인 순서 상 외부의 사정은 인식론의 자연화에 직접적인 동기를 이루었다고 보기 어려우며, 설사 그렇다고 하더라도 그것은 인식론 내부의 사정과 무관하게 진행되어 오다가 이후에 필요에 의해 상호 관련되었을 수 있다. 이는 무엇보다도 인식론에서의 자연화에 직접적인 계기를 이룬 것은 인식론 내부의 사정에 있음을 보여주는 단서이기도 하다.

흔히 내부의 사정으로 꼽는 것이 '논리실증주의 프로그램의 좌초에 따라 과학을 경험의 합리적 재구성으로 보려는 시도가 더 이상 설득력이 없다는 공감대의 형성', '데카르트에게서 비롯되는 토대론적 프로그램의 실패' 라는 콰인의 지적에서 찾는 것이 상식화되어 있다. 하지만 이러한 그의 진단 역시 인식론 내부의 속사정을 그대로 반영해 주고 있지 못하는 것으로

---

186) 외적 계기에 관해서는 Maffie(1990)과 김동식(1995) 참조.

187) 인식론의 자연화를 둘러싸고 본격적으로 논의가 이루어지기 시작한 것은 콰인 이후의 일이다. 특히 이 점은 Papineau(1993)과 Maffie(1990)에서 여러 문헌을 통해 상세하게 제시되고 있다.

보인다.[188] 그렇다고 콰인의 진단 자체를 문제삼자는 것은 아니다. 다만 게티어의 문제로부터 비롯되는 인식론 내부의 사정을 감안해 볼 때에, 콰인의 진단이 '지식의 본성'에 대한 해명의 맥락과 무관하게 진행되었을 수 있다는 점이다. 이 말은 *1969*년 '자연화된 인식론(epistemology naturalized)'이라는 용어를 처음 도입하고 있다는 측면을 넘어서는 부분이 있다는 것을 의미한다. 여기에서 그가 제시하고 있는 지식의 모델이 어떤 내용을 갖느냐에 대한 판단은 '지식의 본성'에 대한 해명과 관련된 인식론 내부의 사정과의 관계를 규명하는데 필수적이다.

콰인에 따르면, "우리는 어떠한 믿음을 가져야 하는가?"라는 물음은 '물음 그 자체'가 잘못되었기 때문에 정당화를 근간으로 하는 전통적 인식론을 포기하고, "우리는 실제로 어떠한 믿음을 갖는가?"라는 물음에 답변을 마련하는 서술적 인식론으로 바뀌어야 한다는 것이다.[189] 그가 말하는 서술적 인식론은 "감각적 자극이나 경험에서 어떻게 우리의 믿음을 형성하는가?"에 대한 답변으로 제시되는 일종의 심리학에 관한 탐구를 의미한다.[190] 여기에서 감각적 자극과 믿음 형성의 관계는 인과적이거나 법칙적인 관계를 말한다. 이 관계를 콰인은 "증거가 어떻게 이론과 관련되는가?"에 대한 답변으로 제시하고 있다.[191] 따라서 그는 지식을 입·출력간의 인과관계에 따른 것으로

---

188) 아래에서 구체적인 논의가 이루어지겠지만, 인식정당화를 근간으로 하는 인식규범을 제거, 즉 인식론의 포기라는 의미에서 그렇다.

189) 콰인의 의도에 관한 선명한 논의는 Kim(1988) 3절 참조.

190) 그의 다음과 같이 말하고 있다. "……어떻게 천편일률적으로 그와 같은 창조적 재구성, 그런 식의 가공의 것에 안주하려 하는가? 감각자극은 어느 누구든 궁극적으로 자신의 세계상에 도달하려 할 때 받아들여야 할 증거의 전부이다. 어째서 이러한 구성이 실제로 진행되는 방식 그 자체를 바로 보면 않되는가? 왜 심리학을 받아들이면 않되는가?". Quine(1969a), 75쪽.

191) Quine(1969a), 83쪽.

파악하고 있으며, 감각자극에 따른 관찰명제를 입력으로 그에 따라 산출된 것을 이론명제로 보고 있다. 물론 여기에는 '인식정당화'와 같은 규범적 개념이 요구되지 않는다. 그에게 있어 지식이란 "감각자극과 인지적 출력간의 인과관계에 따른 증거와 이론의 관계"라고 주장하고 있는 셈이다. 이렇게 보았을 때, 인식적 지위를 갖는 어떠한 규제적 개념도 여기에서는 요구되지 않는다. 다만 지식이 되는 데 요구되는 것은 인과관계에 의한 자극과 반응이기 때문에 투입된 증거와 산출된 이론인 믿음은 전적으로 외적(external) 요인에 의해 결정될 따름이다. 이는 사실상 인식론의 제거를 의미하기 때문에, 콰인이 제시하는 지식의 모델과 인식론이 유일하게 공유할 수 있는 것이 있다면 그것은 단지 그 명칭의 사용에 있을 따름이다. 더군다나 게티어의 문제에 대한 극복과 관련된 그 어떠한 언급도 그 스스로 하고 있는 바는 없다. '자연화된 인식론'을 어떻게 볼 것인가라는 문제는, 결국 기존 인식론과의 연장선상에서 자연주의적 접근을 어떻게 받아들일 것인가라는 문제와 연관성을 갖는 경우에만 의미가 있음을 역설적으로 보여준다.

인식론이 심리학의 한 분과가 되어야 한다는 말은 곧 인식론의 포기를 의미한다. 그렇다면 인식론이 규범적이고 평가적인 것을 주된 것으로 다루는데, 단순히 기술만을 일삼는 심리학의 한 분과로 된다면 인식론적 규범이나 평가는 아무런 의미도 지니지 못하게 될 것이고, 인식론의 핵심적인 개념인 정당화도 무의미하게 될 것이라고 김재권 교수는 지적하고 있다. 그는 이어서 만일 정당화 개념이 인식론의 영역에서 추방된다면 그것은 인식 자체가 인식론에서 쫓겨나는 것과 무엇이 다르겠느냐고 반문한다.[192] 이러한

---

192) 이에 관한 세부적인 논변은 Kim(1988) 참조.

김재권 교수의 지적은 콰인류의 엄격한 자연화 프로그램을 염두에 둔 우려 섞인 주장일 것이다. 최근 봉쥬르(L. Bonjour)도 콰인의 자연화 프로그램을 지식에 대한 급진적인 회의주의를 표방하는 견해라고 혹평하면서 다음과 같이 지적하고 있다.

> "… 결국 콰인의 견해에 따른 회의주의는 오직 경험과학 내부에서 발생하므로 경험과학 그 자체에 의해서만 최상의 답변이 가능하다. … 따라서 자연화된 인식론에 대한 콰인의 주장은 원칙상 회의주의를 다루는데 매우 적절하다."[193]

자연화 전략의 핵심이 인식규범의 자연화에 있다고 했을 때, 콰인의 자연화 프로그램에서는 인식규범의 자연화에 대한 정도의 차이를 두고 전개되는 다양한 논의가 요구되지 않는다. 말하자면 그의 견해에서는 오직 인식규범의 제거만이 요구되기 때문에, 인식규범을 유지하는 방식에 따른 그 어떠한 논의도 여기에서는 불필요하게 된다. 그래서 자연화 계획에는 콰인과 같은 견해도 있겠지만, 자연화 정도에 따라 인식규범을 유지하는 방식 또한 얼마든지 있을 수 있다. 그 차이에 따라 인식규범은 전적으로 경험에 의해 확보된다는 주장이 있는 반면, 인식규범이 근본적으로는 선험적으로 확보되기는 하지만 경험에 의해 제약될 수 있다는 관점을 취하기도 한다. 이러한 관점에 따른 논의가 이후에 콰인에 의한 영향이 있었을지 몰라도 이론적 측면에서 그 자체에 대한 논의와는 상당한 거리가 있다. 이는 인식론 내부의 사정에 따른 지식의 본성에 대한 해명의 차원에서 전개되었을 수 있는

---

193) Bonjour(2002), 243쪽.

가능성을 시사해 준다. 이를 위해 인식론 내부의 사정에 대한 보다 분명한 진단이 요구된다. 이러한 자연화의 움직임이 한 믿음의 정당화라는 규범적 맥락에 따른 지식의 해명이라는 단일망을 걷어버리려는 시도에서 비롯된 것이라는 점을 감안한다면, 게티어의 문제에서 비롯되었다고 보는 것이 오히려 공정한 평가일 것이다.[194]

1963년에 게티어의 논문이 발표되면서 당시 인식론 내부에서는 커다란 충격에 휩싸이게 된다. 말하자면, 한 믿음을 정당화함에 있어 단순히 그 믿음을 정당화하기 위한 근거가 있는 것만으로는 안다고 할 수 없다는 요구를 담고 있기 때문에, 아무리 새로운 조건을 추가하거나 강화한다고 하더라도 먹혀들리 없었던 것이다.[195] 이 점은 한 믿음이 정당화되기 위해서는 그 믿음과 그 믿음의 근거와의 논리적 연관만을 고려한다면 인식정당화에 대한 해명이 이루어질 수 없다는 데에 문제의 심각성이 있었다.[196]

이와 같은 난관에 봉착해 '정당화 조건'의 강화가 더 이상 먹혀들지 않자 기존의 시도와는 전혀 다른 접근 방식으로 이어지게 되는데, 이러한 움직임은 1967년 골드만(Alvin I. Goldman)에 의해 발표된 "앎의 인과론"이라는

---

194) 이에 관한 상세한 논증은 홍병선(2002a)을 참조하기 바람.

195) 게티어의 문제를 해결하기 위한 방안으로 제시된 '정당화 조건의 강화'는 이후 몇 년간 나타나게 되는데, 어찌보면, 별다른 소득 없는 공방으로 이어지게 된다. 그중 Clark(1963)과 Sosa(1964)는 대표적인 논문으로 꼽힌다.

196) 예를 들어, 인지자의 한 믿음에 대한 적절한 근거를 확보하고 있음에도 불구하고 결과적으로 그 믿음을 갖게 되는 것은 그 근거와 무관하게 그 믿음을 표현하는 문장의 소리가 좋아서 얼마든지 그 믿음을 갖게 될 수 있는 데, 이 경우 그 믿음이 정당화되지 않음은 물론이다. 따라서 한 믿음이 정당화되기 위해서는 그 믿음이 주어진 근거에 기초해야 하며, 여기에서 그 근거에 기초해야 한다는 것은 오직 그 근거에 의해 발생된다는 생각으로 옮겨가게 된다. Kornblith(1980), 제3절, 599쪽 참조.

논문[197]에서 찾아볼 수 있다. 이 논문에서 골드만은 게티어 반례에 대한 정교한 분석과 아울러 한 믿음이 지식이 되기 위해서는 그것이 참이 되어야 할 뿐 아니라, 그 믿음을 참이게 하는 사실과 적절한 인과적 관계를 맺고 있어야 한다는 해결책을 내놓게 된다.[198] 이른바 "S가 p를 믿는 일이 적절한 방식에 따라 p라는 사실에 의해 인과적으로 발생하는 오직 그 경우에 한해 S는 p를 안다"[199] 혹은 "정당화된 믿음이란 신빙성 있게 그 참임을 산출하는 믿음-형성 과정에 의해 야기된다"[200]라는 형식으로 제시될 수 있다.[201] 여기에서 세부적인 사항은 논외로 두고라도 이런 과정을 통해 그가 일관되게 유지하는 기본적인 입장은 한 믿음의 정당화라는 인식적 개념을 어떤 인지과정에 따른 산출과 같은 자연적 개념을 통해 분석한다는 점이다.

그런데, 무엇보다도 이와 같은 시도가 의미 있는 것은 인식론에 대한 전혀 색다른 접근이 이루어지고 있다는 사실이다. 이른바 인식론 내부에서의 자연주의적 접근이 이루어지기 시작한 것이다. 이와 같이 기존 인식론과의 연장선상에서 자연화 시도를 이해할 경우, 그것은 다음의 두 가지 중요한

---

197) Goldman(1967) 참조.

198) Goldman(1967), 69-70쪽.

199) 예컨대, "내 앞에 책이 있다는 것을 본다는 사실은 나로 하여금 내가 책을 보고 있다는 것을 믿도록 만든다. 왜냐하면, 내 앞에 있는 책을 보는 일은 내가 책을 본다고 믿게 만드는 원인이 되기 때문이다."

200) 이는 이후에 골드만이 그에 대해 제기된 반론의 극복 과정에서 이전의 견해를 일부 수정하여 제시한 것이다. Goldman(1979)

201) 보다 정확하게 표현하면 1979년에 제시된 논제는 "시간 t에 S가 p를 믿는 것이 신빙성 있는 믿음-형성 과정에 의해 산출되는 오직 그 경우에 한해, 시간 t에서 p에 대한 S의 믿음은 정당화된다." 이고, 1986년에 제시된 논제는 "믿음-형성 과정 p는 '적절한 입력조건 I'에서 거짓인 믿음보다 참인 믿음을 더 많이 산출하는 성향(propensity)이 있을 경우 또 오직 그 경우에 한해 p는 신빙성이 있다."로 보다 정교하게 다듬고 있음을 알 수 있다.

측면을 시사해 준다. 첫째, 한 믿음이 어떠한 인지과정을 통해 발생되는지에 관한 사실적 고려는 게티어의 문제에 대한 해결이라는 사안을 넘어 규범적 인식론에 대한 자연주의적 접근이 이루어지고 있다는 점이다. 둘째, 이러한 자연주의적 접근에 따른 인식론적 모델은 그 관건인 인식규범에 대한 새로운 성격 규정이 요구될 것이고, 이를 둘러싼 논쟁 역시 불가피할 것이다. 이는 곧 기존 인식론과 그 성격을 달리 규정하고 있다는 점에서 이후 인식론에 새로운 변화를 예고하게 된다.

3. 인식 자연화 전략의 이점

지식의 본성에 대한 해명이라는 인식론 내부의 사정을 감안한다면 인식론에 대한 자연주의적 접근은 게티어의 문제에 대한 극복의 일환에 따른 것임을 알 수 있다. 이에 따라 기존 인식론을 강화하는 방식으로는 게티어의 문제에 대한 근본적인 해결책이 될 수 없다는 이해가 확산되기 시작하면서, 이는 곧장 인식론에서의 자연주의적 접근이 이루어지게 되고 이로써 그 해결 방안에 대한 새로운 모색으로 이어지게 된다. 여기에는 그 해결 방식의 차이에 따라 강한 입장을 취할 수도 혹은 완화된 입장을 취할 수도 있다.[202] 견해의 차이에 따라 다양한 입장으로 갈리게 되는 것은 인식규범의 처리 방식에 따른 차이에서 비롯됨은 물론이다. 그런데 보다 당혹스럽게 비쳐질 수 있는 것은

---

202) 이른바 자연화 개입 정도에 따라 '근본적 대체론', '연속론', '약한 대체론', '변형론' 등의 이름으로 불리우며 등장하게 된다.

전통적인 인식론의 옹호자들조차도 자연주의적 접근에 우호적일 뿐만 아니라 부분적으로라도 수용하고 있다는 사실이다.[203] 이는 인식론 내부에서 적어도 이러한 변화를 충분히 의식하고 있다는 것을 의미한다. 문제는 왜 이러한 현상이 벌어지는 것인가? 하는 점이다. 이에 대해 분명히 짚고 넘어가야 할 필요성이 있는 것은 자연화 전략이 갖는 본질적인 측면과 그에 따른 이점을 이해하는 관건이 될 수 있기 때문이다.

인식론에 대한 자연주의적 접근을 적극 옹호하고 있는 김기현 교수는 기존 인식론의 세련된 형태인 증거론(evidentialism)의 문제점에 대해 김도식 교수의 견해를 염두에 두면서 다음과 같이 지적하고 있다.

> "증거론에 따르면 한 믿음의 인식정당성은 인식 주관이 그 시점에 갖고 있는 증거의 총량에 의하여 전적으로 결정된다. 한 믿음의 인식정당성은 그와 관련이 있을만한 증거들을 전체적으로 고려하여 볼 때 문제의 믿음이 참일 확률이 어떻게 나타나는가에 의해 전적으로 결정된다는 것이다. 이를 위하여는 어떠한 사실적 탐구도 필요하지 않고, 단지 논리적 분석으로 대표되는 선험적 탐구로 충분하다. 그러나 이러한 분석은 치명적인 결함을 갖고 있는 것 같다. 예를 들어, 한 사람이 한 명제를 믿을만한 온갖 훌륭한 증거들을 모두 갖고 있지만, 막상 그 명제의 소리가 좋아서 믿는다고 하자. 이 믿음이 인식적으로 정당화된다고 할 수 없음은 자명한 것으로 보인다. … 주어

---

203) 전통적 인식론을 옹호하는 대표적 인물인 치즘(R. Chisholm)과 정합론자인 봉쥬르(L. Bonjour)의 경우 자신의 견해에 부분적으로 자연주의적 접근이 이루어지고 있음을 확인할 수 있다. 일관된 정합론자인 봉쥬르의 경우 정당화라는 인식 평가적 개념을 '논리적 일관성'이라든가 '확률적 인과성' 등의 비평가적인 개념들을 통해 정의하고 있기 때문이다. 봉쥬르의 견해가 정합론인 점을 감안한다면, '정합성'에 대한 개념을 해명함에 있어 순수하게 규범-평가적 개념으로 해명하기에는 한계가 있어 보인다. Bonjour(1985), 93-101쪽.

진 증거가 문제의 믿음을 위한 훌륭한 증거라 하더라도, 이 증거로부터 터무니없는 다른 믿음에 도달한 후에 이로부터 또 다시 터무니없는 추론을 통하여 문제의 믿음에 도달한다면, 이는 최종적 믿음이 그를 위한 훌륭한 증거를 최초의 원인으로 하여 발생하였다고 하더라도 그 믿음이 인식적으로 정당할 수 없다. 이상의 고찰은 순수히 증거만을 고려하는 인식정당성에 대한 증거론은 불완전한 이론이며, 인식정당성에 대한 이론은 믿음이 어떤 인지과정을 통하여 형성되었는가를 고려하여야 한다는 것을 보여준다."[204]

이에 대해 김도식 교수는 엉뚱한 요소에 의해서 믿음이 형성될 수 있다는 반론으로부터 벗어나기 위해 정당화 조건을 강화하는 방식으로 응수하고 있다. 말하자면, '제대로된 근거로부터 형성됨(well foundedness)' 이라는 개념을 통해 그러한 가능성을 차단할 수 있다는 것이다. 그의 말을 직접 들어보자.

"증거론에 따르면, 인식적 정당성이 믿음과 증거 사이의 논리적 관계에 의해서 결정되므로 주어진 증거로부터 야기되지 않은 믿음이라도 인식주체가 적절한 증거를 소유하고 있기만 하면 정당하다고 말해야 한다. 그런데 위에서 제기된 예에서와 같이, 주어진 증거가 아닌 엉뚱한 요소에 의해서 믿음이 형성되었다면 상식적으로 볼 때, 정당한 믿음이 아니라고 판단해야 한다. … 그렇다면 위의 예를 증거론에서는 어떻게 대답할 수 있을까? 적절한 증거를 소유하고 있는 사람은 그 증거가 뒷받침하는 명제를 믿는 것에 인식적 정당성을 가진다. 적절한 증거에 근거하지 않고 엉뚱하게 문장의 소리가 좋아서 믿음을

---

204) 김기현(2000), 106-7쪽, 김기현(1997), 585쪽.

형성한 경우에도 여전히 인식적으로 정당할 수 있는가? 그렇다. …
그러면 그 사람의 인식과정에 아무런 문제가 없다는 뜻인가? 그렇지
않다. 증거론에서도 그 사람에게 인식적인 문제점이 있음을 부정하
지 않는다. 단 그것이 '인식적 정당성'의 논의에 해당하는 문제점이
아니라는 것뿐이다. 증거론에서는 위와 같은 문제를 '제대로된 근거
로부터 형성됨(well foundedness)'이라는 개념을 가지고 설명한다.
제대로된 근거로부터 형성됨이란 개념이 앎의 분석에 있어서 하나의
필요조건이란 것은 분명하며, 이는 전통적 '앎'의 분석의 둘째 조건
인 '믿음' 조건에 포함되어지는 것이 최선이라고 생각한다. 즉 둘째
조건을 단순하게 'S가 P를 믿는다'라고 하지 않고 'S가 P를 증거 E
의 내용에 근거해서 믿는다'로 수정하는 것이다. 그렇다면 문장의 소
리가 좋아서 믿음을 형성한 경우는 E의 내용에 근거한 믿음이 아니
므로 위의 예에서 제시된 믿음은 앎이 되지 못하는 것이다."[205]

　　일단 이러한 김도식 교수의 응수는 게티어의 반례에 대한 극복을 위해
설정된 모델과 거의 일치하고 있음을 확인할 수 있다. 당시 게티어의 논문이
발표되면서 정당화가 믿음과 참 사이의 적절한 인식적 관계를 확립해 주지
못한다는 생각이 확산되면서 믿음과 참 간의 적절한 관계를 완벽하게 보장할
수 있는 추가적인 조건을 찾으려는 다양한 시도가 있기는 했지만, 대체로
부적절한 것으로 드러남에 따라 문제의 극복을 위한 공통적인 방향을
제시하기에 이른다. 무엇보다도 인식적 정당화의 의미를 명료하게 하지
않으면 안 된다는 인식론자들의 공통된 생각은 정당화가 단순히 '타당한
근거를 가지고 있음'이 아니라 '타당한 근거에 의해 뒷받침됨(to be based on

---

205) 김도식(2000), 93-5쪽.

the adequate ground)' 을 의미해야 한다는 것이다. 말하자면 타당한 근거에 의해 뒷받침된 믿음이 단순히 타당한 근거가 있는 믿음은 아니라는 것이다.[206] 따라서 한 믿음이 정당화되기 위해서는 그 믿음에 대한 타당한 근거가 있어야 할 뿐만 아니라, 그 근거에 의해 뒷받침되어야 할 것에 대한 요구인 것이다.[207] 김도식 교수가 응수하고 있는 '제대로된 근거로부터 형성됨' 과 게티어의 문제를 극복하기 위한 공통된 견해로 제시된 '타당한 근거에 의해 뒷받침됨' 이 서로 별개의 주장을 하고 있는 것인지 모르겠다. 그럼에도 불구하고 이러한 방향이 이후에 구체적인 하나의 해결책으로 드러난 성과를 놓고 상호 비교해 보면 서로 다른 견해가 아님을 알 수 있다.

우선 게티어의 반례가 갖는 성격을 보다 면밀하게 분석해 보면, 위와 같은 견해로 자연스럽게 이끌려지게 된다는 점이다.[208] 앞에서 게티어의 반례를 극복하기 위한 공통된 견해에 따를 경우, 정당화된 믿음을 이처럼 '타당한 근거가 있을 뿐더러 바로 그 근거에 의해 뒷받침되는 믿음' 을 의미한다고 했을 때, 인식적 정당화를 규명하려는 과제는 '타당한 근거' 는 무엇이고, '뒷받침 됨' 의 의미가 무엇인지를 해명하는 작업으로 이어질 수밖에 없게

---

206) Alston(1985), 23-4쪽 참조.

207) Kornblith(1980), 제3절, 599쪽 참조.

208) 게티어의 반례는 어떤 사람이 자신이 갖고 있는 증거에 의해 거짓인 명제 p를 믿는 것이 정당화되는 경우가 있을 수 있다는 사실을 이용하고 있다. 실제로 어떤 사람이 그러한 명제 p를 믿고 있다고 하자. 그런데 또한 거짓인 명제로부터 어떤 참인 명제를 얼마든지 타당하게 연역해 내는 것이 가능하다. 따라서 그 사람이 정당화된 거짓 믿음 p로부터 참인 명제인 q를 연역해 낸다면, q를 믿는 것 역시 그에게 정당화될 것이다. 그가 실제로 그러한 절차에 의해 q를 믿게 되었다면, 앞의 지식에 대한 분석으로부터 q에 관한 그의 믿음은 지식이라는 결론이 따라 나온다. 이 경우에 q라는 믿음은 참일 것이다. 하지만 이 경우 q에 관한 그의 믿음의 근거는 오직 p로서 p는 실제로 거짓이기 때문에, 그의 믿음 q가 참으로 밝혀진 것은 요행이라고 해야 하며 따라서 그것의 믿음이 지식의 지위를 얻었다고는 말할 수 없다.

된다. 게티어의 반론이 제기하는 문제도 타당한 근거에 의해 뒷받침된다는 의미를 함축하는 정당화 개념의 완성에 있다고 볼 수 있다. 그렇기 때문에 '거짓 전제에 의존하지 않는 방식'과 같은 조건을 아무리 추가한들 그 믿음을 참이게 하는 사실에서 비롯되지 않는 방식이 되어버리고 만다는 사실이다. 이는 한 믿음이 정당화되기 위해 그 믿음과 그 믿음의 근거와의 논리적 연관만을 고려한다면 인식정당화에 대한 해명이 이루어질 수 없다는 지적인 동시에, 그 믿음을 참이게 하는 사실로부터 야기된 믿음이어야 할 것에 대한 요구를 함축하는 것이다. 즉 인과적 개입을 통해 그 해결 방안이 모색될 수 있음을 시사한다.[209] 김도식 교수의 경우에도 이와 별반 다른 입장을 보이지 않고 있음은 다음의 주장을 통해 확인할 수 있다.

> "… '인식적 정당성'에 대한 논의가 반드시 자연화되어야 함을 증명하지는 못했지만, '앎'에 대한 분석 어딘가에 자연주의적 요소가 첨가되어야 함을 분명히 보여주고 있다. 그러면 '앎'에 대한 분석 중에서 어느 부분이 자연화의 대상이 되어야 할까? 위에서 제시한 필자의 분석이 맞는다면 '믿음'이 자연화의 대상임을 쉽게 발견할 수 있다. 왜냐하면 위의 문제를 해결하는 방식으로 믿음조건을 수정했기 때문이다. … 그런데 자연과학적 탐구의 방법이 도입되어야 하는 부분이 '인식적 정당성'이 아니라 '믿음'에 관련된 부분이라고 한다면, 이는 전통적 인식론의 본질을 크게 훼손하는 내용이 아니게 된다. …

---

209) 게티어의 반례에 대한 극복을 위해 시도된 대표적인 논문으로는 Clark(1963), Sosa(1964)과 Lehrer(1965)에서 찾아볼 수 있다. 특히 크락은 3가지 조건 외에 "S의 믿음 p는 전적으로 근거 지워져야 한다(fully grounded)"는 조건을 추가적으로 도입함으로써 이를 극복하고자 한다. 이 또한 인과(외재론)적 개입의 전 단계로 여겨진다. 물론 인식정당화에 대한 인과적 개입을 통한 자연주의적 접근이 명시적으로 이루어진 것은 Goldman(1967)에게서 비롯된다.

필자는 지식의 분석에 인지과정에 대한 고려가 포함되어야 한다는 주장에는 동의한다. 하지만 인식적 정당성에 대한 분석에도 인지과정에 대한 고려가 필요하다는 주장에는 동의하지 않는다."[210]

여기에서 김도식 교수는 지식의 분석에 인지과정에 대한 고려가 포함되어야 한다는 주장에 동의하면서 과학적 탐구 방법이 도입되어야 할 부분으로 '믿음'에 제한하고 있다. 그런데 문제는 '정당화'가 아닌 '믿음'만이 자연화의 대상이 될 수 있다는 주장에는 뭔가 받아들이기 어려운 부분이 있다. 이는 인식정당화에 대한 해명을 통해 쉽게 알 수 있다. '정당화'가 한 믿음과 그 믿음이 참임을 보여주는 것과의 적절한 관계를 보장하기 위한 장치라고 했을 때, 이는 어떤 믿음이 우연하게 참이 되는 것을 방지하기 위한 일종에 제어장치인 셈이다. 이에 따른 정당화된 믿음이란 우리의 '올바른 추론'을 지배하는 규범에 의해 허용되는 믿음이라는 것을 의미한다. 인식 규범은 그래서 추론과 그에 따른 믿음의 형성으로 우리를 안내하는 것으로 이해할 수 있다. 따라서 한 믿음의 정당성 확보는 올바른 인식 규범에 의해 허용되는 오직 그 경우 만이다.[211] 그렇다면 믿음이란 인식규범에 의해 허용되는 결과로 우리에게 주어지는 것이다. 이에 대해 김재권 교수는 다음과 같이 지적한다.

---

210) 김도식(2000), 95-6쪽.

211) 그래서 한 믿음이 정당화되는 것은 인지자가 그 믿음을 받아들일만한 이유를 통해 평가하게 되고, 그러한 평가를 위한 우리의 판단은 대부분 추론에 통해(의존하여) 이루어지게 된다. 그렇다면 이러한 인식 규범은 '올바른 추론'을 지배하는 규범이 될 것이다. 인식 규범은 그래서 추론과 그에 따른 믿음의 형성으로 우리를 안내하는 것으로 이해할 수 있다.

"… 믿음이라는 개념은 그 자체가 본질적으로 규범적인 것이며, 규범성이 자연주의적 인식론으로부터 전적으로 배제된다면, 결국 그것은 믿음에 대한 연구라고 생각할 수 없다. 즉, 자연주의적 인식론이 이른바 믿음에 관한 학문이고자 한다면, 그것은 믿음에 대한 규범적 개념을 가정해야만 한다."[212]

'믿음' 이라는 개념 자체가 자연화의 대상이 될 수 없음을 김재권 교수는 분명히 하고 있다. 한 믿음의 정당성 확보가 인식규범에 의해 허용된 결과로 우리에게 주어지는 것이라고 했을 때, '믿음' 그 자체는 결코 자연화의 대상이 될 수 없다. 그렇다면 김도식 교수는 전통적인 인식론의 유지라는 대의명분을 위해 그 길을 잘못 들어서고 있는 것이다. 앞에서와 같이 게티어의 문제를 극복하기 위해 제시된 방식으로 그 길을 들어서는 것이 오히려 제대로 된 방향이 되었을 것이다. 말하자면 그 방향이란 증거론의 문제에 대한 하나의 대안으로 마련된 '제대로된 근거로부터 형성됨' 이란 곧 그 믿음을 참이게 하는 사실로부터 비롯되어야 할 것에 대한 요구를 담고 있는 것이다. 이른바 믿음의 발생 과정에 주목한다는 측면에서 인식정당화에 접근 방식을 달리 하는 것이다. 이에 따른 한 믿음의 인식정당화란 그 믿음이 어떻게 발생하였는가에 관한 문제로 보기 때문에, 이는 어떠한 과정을 통해 그 믿음이 산출되었는가에 관한 탐구를 포함하게 된다. 결국 믿음의 산출 과정에 관한 탐구는 자연주의적 접근 방식에 따른 것이다.

지금까지의 논의에서 게티어 문제의 극복이라는 고전적 대안 모색이나 증거론의 문제에 대한 극복이라는 현대적 대안의 모색 역시 자연주의적

---

212) Kim(1988), 392쪽.

접근 방식을 통한 문제의 해결이라는 공통된 해결책을 마련하고 있음을 보았다. 결국 현대 인식론의 전반적인 흐름이 자연화 전략의 특정 부분을 수용함으로써 그 해결의 대안으로 삼고 있다는 점에서만큼은 상당 부분 공유하고 있음을 알 수 있다. 물론 여기에는 그 수용의 정도에 따라 얼마든지 다양한 답변이 가능하다.

4. 인식론에서의 자연화, 그 관점 변화에의 요구

일반적으로 자연주의적 접근의 강도에 따라 혹은 자연화 계획을 어느 정도 반영해 내느냐에 따라 크게 다음과 같은 세 가지 유형으로 제시될 수 있을 것이다. Ⓧ 인식론과 자연과학의 방법이나 성과를 적절히 조화시키려는 입장을 취할 수도 있고, Ⓨ 인식론의 특정 부분을 비판하되 서술적 방법만으로 인식에 관한 모든 것을 해명할 수 없다고 보고 양자에서 취사선택하는 입장을 취할 수도 있으며, Ⓩ 인식론에서의 고유한 방식인 선험적이고 규범적인 측면을 모두 잘못된 것으로 보고 궁극적으로 자연과학의 서술적 방법론으로 대치되어야 한다는 입장을 취할 수도 있다. 여기에서 Ⓧ은 인식론이 특히 경험과학의 성과를 받아들일 여지를 남겨 두려는 입장으로 인식규범에 어느 정도 제한을 가함으로써 인지과학, 특히 인지심리학과 상호 양립할 수 있음을 내비친다. 또한 Ⓨ는 자연화 계획을 충분히 의식하면서 전통적 인식론의 문제점을 지적하는 동시에 자연화 전략이 안고 있는 문제점 역시 비판하고 있기는 하지만, 궁극적으로는 진리의 극대화와 거짓의 극소화라는 인식론의 목표에 비추어 그 대안을 모색한다는 점에서 자연주의적 접근에 우호적인 입장을 취한다. 마지막으로 규범적 인식론의 폐기를 의미하는 $\hat{0}$은 콰인에 의해 표방된 견해로 게티어 문제로부터 비롯되는 인식론 내부에서 자생적으로 싹튼 자연주의적 접근과는 상당부분 거리가 있는 동시에 2장에서 지적된 바와 같이 기존 인식론의 제거를 의미하기 때문에 논의의 선상에서 제외된다.

$\hat{X}$을 옹호하는 대표적 인물로 골드만을 꼽을 수 있는데, 그에 따르면 인식정당화라는 인식-규범적 개념을 '신빙성 있는 믿음-형성 과정에 의해 산출됨', '거짓보다는 참인 비율이 높은 결과가 산출됨' 등의 비인식-규범적 개념으로 규정하고 있다.[213] 또한 $\hat{X}$를 명시적으로 표방하고 있는 알스톤(W. P. Alston)의 경우에도 Alston(1985)에서 그는 인식정당화 개념을 사실적 개념이 아닌 넓은 의미의 평가적 개념이라고 규정하면서, 특히 인식적 측면의 평가와만 관련된 것으로 보고 그러한 인식적 평가는 이른바 "인식적 관점"에 따른 것으로 인식적 관점은 믿음의 체계 내에서 진리를 극대화하고 거짓을 최소화하려는 목적에 의해 정의된다고 규정하고 있다.[214] 그러나 이후 Alston(1988)에서는 인식정당화 개념이 이러한 평가적 지위가 수반하고 있는 기초에 전적으로 의존하고 있다는 점에서 그렇게 순수하게 평가적이지만은 않다고 일부 수정하여 제안하고 있다. 여기서 알스톤은 '적합한 근거'는 '그 믿음의 참임을 직접적으로 드러내 줄 수 있는 것'이어야 한다는 주장으로 이를 뒷받침하고 있다.[215] 이와 같이 인식정당화라는 규범적 개념을 평가로

---

213) Goldman(1979), Goldman(1986).

214) Alston(1985) 참조.

215) Alston(1989)에서도 알스톤은 다음과 같이 말하고 있다. "… 어떤 근거가 인식적 목표와 관련하여 좋은 것이기 위해서는 오직 '진리 공헌적'이어야만 한다. 말하자면, 그 근거는 믿음의 참임을 충족시킬 수 있는 근거가 되어야 할 것이다. 다시 말해서, 어떤 근거가 주어졌을 때, 그 근거에 따른 믿음은 참일 개연성이 극히 높은 것이어야 한다." Alston(1989), 231쪽. 이 주장에 따르

보아야 한다는 전기의 입장에서 인식적 평가를 위한 개념이 적어도 사실과의 연관성이 고려되어야 한다는 후기의 입장을 통해 보았을 때,[216] 궁극적으로는 인식-규범적 개념을 비인식-규범적 개념을 통해 분석하고 있다는 점에서 자연주의적 접근을 허용하고 있기는 하지만, 인식규범을 '인식적 정당화가 지향하는 목표'라는 관점에서 유지하고 있다는 점에서 X과는 차별화된 전략을 취하고 있다.[217] 일단 X과 XI를 게티어의 문제에 대한 극복의 대안이라는 차원에서 보자면 인식-규범적 개념을 서술적-비규범적 개념으로의 분석으로 이해할 수 있을 것이다.

그럼에도 불구하고, 자연화 전략의 본질적인 측면이 무엇인가? 라는 물음을 염두에 둘 경우, 인식-규범적 개념을 서술적-비규범적 개념으로의 분석만으로 자연화 전략을 받아들이기는 어렵다는 평가 또한 있을 수 있다. 말하자면 개념적 분석의 차원에 따른 X과 XI를 자연화 계획에 포함시킬 수 있느냐 하는 의혹이 제기될 수 있다는 말이다. 여기에는 이를 자연화 계획에 포함시킬 경우 기존의 인식론과의 단절이라는 의미를 충분히 반영해 낼 수 없을 것이라는 평가와 관련된다. 이를 명시적으로 표방하는 김기현 교수는 X과 XI를 통해서는 자연화 전략상의 본질적인 측면을 드러내기 어려울 것이라고 진단하면서 다음과 같이 주장한다.

면 적합한 근거는 오직 진리 공헌적이어야만 한다. 그런데 적합한 근거가 진리 공헌적이기 위해서는 그 근거로 작용하는 믿음들이 참임을 반영한다는 인식적 목표에 따른 좋은 믿음이 되어야 하는데, 그럴 수 있기 위한 방편으로 참일 개연성을 갖는 믿음의 확보에 두어야 할 것에 대한 제안이다. Alston(1988), Alston(1989) 참조.

216) Alston(1989), 참조.

217) 이에 관한 논증은 홍병선(2002b)을 참조 바람.

"그러나, 자연화된 인식론을 지식, 인식정당화 등의 인식적 개념을 비인식적 개념을 통하여 분석하고자 하는 시도로, 특히 인지과정에 대한 고려를 포함한 비인식적 개념을 통하여 분석하고자 하는 시도로 이해하고자 하는 것은 문제가 있다. 왜냐하면, 자연화된 인식론이란 일반적으로 전통적 인식론과의 결별을 표방하는 현대인식론의 새로운 경향을 나타내는데, 위와 같이 자연화된 인식론을 이해하여서는 자연화된 인식론과 전통적 인식론 사이의 근본적 차별성이 드러나지 않기 때문이다."[218]

말하자면 자연화 계획의 성격이 X, II와 같이 '정당화' 라는 인식적 개념을 단순히 비인식적 개념을 통해 분석하려는 시도에 머물 경우 자연화 전략이 갖는 핵심 사안을 거의 건드리지 못할 것이라는 지적이다. 이 말은 동시에 X과 II를 자연화 계획의 본질적인 측면으로 여길 경우, 전통적 인식론의 대표적 인물인 치즘(R. Chisholm)과 봉쥬르(L. Bonjour)도 자연화의 옹호자로 포함시킬 수도 있다는 역설적인 결론이 나온다는 주장을 함축한다. 하지만 김 교수에 따르면 봉쥬르는 여기에 포함시킬 수 있지만 치즘과 레러(K. Lehrer)는 예외에 해당한다고 밝히고 있다.[219] 만일 그의 주장이 맞다면, 다음과 같은 치즘을 주장을 어떻게 처리할 것인가가 여전히 문제가 될 것이다.

"우리는 어떤 규범적 진술을 보증해 주기 위한 기준으로 비규범적 측면에 대해 알고자 한다. … 그러한 기준은 인지자 S가 F를 믿음에 있어 정당화되게 하는 조건들이 무엇인가를 알려주게 될 것이다. 문

---

218) 김기현(1997), 586쪽.
219) 김기현(1987), 586-9쪽, 각주 10).

제의 그러한 조건들 자체는 규범적인 것이 아닐 것이다. 말하자면, 그 조건들은 어떤 규범적인 것들의 충분조건을 이루는 비규범적 사실들이다."[220]

이 말은 어떤 믿음이 정당화된다고 했을 때, 그 믿음이 정당성을 갖기에 충분할 정도의 기술적 혹은 비규범적 속성들이 제시되어야 한다는 것을 의미한다. 그래서 치즘은 인식적 가치와 비규범적 사실간에 매우 강한 논리적 연관성이 있다고 보고 있으며, 그래서 한 믿음이 정당화되는 경우 그 믿음은 인식정당화의 충분조건인 비규범적 조건을 만족시켜야 한다고 명시적으로 밝히고 있다. 김 교수의 논지에 따를 경우 이것이 봉쥬르와 어떤 점에서 차이가 나는지 모르겠다. 치즘이나 봉쥬르와 같은 인식론자들을 골드만과 같은 자연주의 옹호론자들과 달리 분류할 하등에 이유가 없다고 주장한다면 몰라도 말이다.[221] 만일 김 교수의 주장대로라면 치즘 또한 자연화 옹호론자에

---

220) Chisholm(1989), 42쪽.

221) 만일 김기현 교수의 주장이 "자연화 계획의 본질적인 측면이 인식-평가적 개념을 서술적 비평가적 개념에 의해 분석하려는 시도만을 의미한다면, 치즘이나 봉쥬르와 같은 인식론자들을 골드만과 같은 대표적인 자연주의 옹호론자들과 달리 분류할 아무런 이유조차 없다" 라는 의도를 포함한다면 그의 주장은 여전히 유효할 수 있다. 왜냐하면 자연화 전략의 본질적인 측면을 되묻는 물음이기 때문이다. 이에 대한 일차적인 답변은 인식-평가적 개념을 서술적 비평가적 개념으로 분석하고 있다는 측면에서 상호 공유되고 있는 측면이 있기도 하지만, 인식규범의 원천과 관련하여 차별화되는 측면이 있는 것만큼은 분명하다는 사실이다. 만일 그 차별성이 없다면 이들을 달리 분류할 이유조차 없을 것이기 때문이다. Steup(1996), 9장 참조. 필자의 생각으로는 그에 대한 답변을 마련하기 위한 결정적인 단서가 내재론과 외재론간의 구분을 전제로한 인식규범의 본성에 대한 해명에 달려 있다고 생각한다. 한 믿음의 정당성에 대한 확보는 올바른 인식 규범에 따라 제시되는 오직 그 경우라고 했을 때, θ을 제외한다면 α과 β를 포함하는 그 어떠한 자연화 옹호론적 견해에서도 한 믿음의 정당성 확보가 어느 정도는 외적(external) 고려와의 함수라는 점에서만큼은 그 견해를 달리하지 않는다. 이 경우 외적 고려의 역할은 한 믿음이 올바른 인식규범에 따르는지의 여부에 결정적이다. 이는 또다시 두 가지 방식으로 나누어질 수 있는데, 하나는 외적 고려가 올바른 인식 규범을 정식화시킬 수 있다는 입장이고, 다른

포함시킬 수 있을 것이다. 아마도 인식-평가적 개념을 서술적인 비평가적 개념을 통해 분석하려는 자연화 계획의 핵심적인 사안을 결코 드러내지 못할 것이라는 그의 불평은 그의 논지에 따를 경우 θ'을 염두에 둔 주장일 것이다. 김 교수는 전통적 인식론과 자연화된 인식론의 차별성이 개념적 연관을 넘어 인식론의 구체적인 내용이 자연과학의 실질적인 연구 성과를 반영한다는 의미에서 방법론적 연속성에 있다고 명시적으로 밝히고 있다.[222] 그렇게 보았을 때 θ'을 염두에 둔 주장임을 알 수 있다. 김기현 교수의 불평이 θ'을 염두에 둔 주장이라고 한다면, 앞에서 논의된 바와 같이 그 답변은 이미 이루어진 셈이다. 간단히 말해 θ'은 인식규범을 근간으로 하는 '믿음'에 관한 논의가 될 수 없기 때문이다.

하나는 인식규범이 본질적으로 내적(internal) 고려에 의존하지만, 그럼에도 불구하고 일련의 내적 고려에 따른 규범의 옳음을 결정함에 있어 외적 고려가 깊이 관여한다는 입장이다. 다시 말해 전자가 올바른 인식 규범을 외적 고려에 의해 정식화되어야 한다는 견해라고 했을 때, 그 전형적인 예로 "어떤 믿음이 신빙성 있는 인지적 과정에 의해 산출된 것이라면, 그 믿음을 받아들이는 것이 허용된다"는 골드만의 입장이 여기에 해당한다. 이에 반해 후자의 경우 인식 규범의 내용이 내재적이라는 사실을 인정하고 있기는 하지만, 그 규범 자체의 출처만큼은 외적 고려에 따른다는 입장을 취한다. 이 후자의 입장을 치즘이나 봉쥬르의 견해로 해석해도 무리가 없을 것이다.

222) 이어서 그는 "… 자연과학의 연구 결과가 인식론의 구체적인 내용을 이룬다면, 인식론은 더 이상 인간의 인식이 따라야 할 합당한 방식(인식 규범)을 자연과학에 의존함이 없이 선행적으로 규정하고자 한 전통적 인식론의 꿈을 유지할 수 없기 때문이다."고 말한다. 김기현(1997), 590쪽.

5. 지식의 본성에 대한 해명의 두 차원

지금까지의 논의를 통해 인식론에서의 자연화가 갖는 의미에 대한 보다 본질적인 해명을 위해 이른바 '자연화된 인식론'을 명시적으로 표방하고 있는 콰인의 전략적 의도와 함께 게티어의 문제로부터 비롯되는 '지식의 본성'에 대한 해명의 맥락이라는 두 관점을 상호 비교해 가며 다양하게 조망해 보았다. 그 과정에서 콰인에 따른 자연화된 인식론이 더 이상 인식론에 관한 논의가 될 수 없음을 알 수 있었고, 게티어의 문제에서 비롯되는 '지식의 본성'에 대한 해명의 맥락이라는 관점에 따라 인식론에 대한 자연주의적 접근이 갖는 본질적인 의미를 다시금 확인할 수 있었다. 이를 통해 드러난 성과라고 한다면, 자연화 프로그램에 대한 콰인의 촉구와는 별도로 인식론 내부에서의 자연주의적 접근이 이루어지기 시작했다는 점과 함께, 게티어의 문제와 그 해결의 과정 속에서 적어도 지식의 본성에 대한 새로운 접근의 가능성을 동시에 열어 주었다는 점에서 찾을 수 있다.

일반적으로 자연화 계획이 갖는 두 측면 가운데 전통과의 단절이라는 의미에서 혹은 인식론의 자연화를 꾀하려는 시도 가운데 하나라는 관점에서 콰인에 의해 촉발된 논의를 오히려 핵심적인 것으로 간주해 온 경향이 있어 왔다. 이는 자칫 인식론에 대한 자연주의적 접근을 잘못 이해할 수 있는 빌미를 제공해 줄 수 있다는 김재권 교수의 지적뿐 아니라 최근 봉쥬르를 주장을 통해서도 확인할 수 있다. 특히 봉쥬르는 이를 두고 현대판 회의주의라고까지 일컫는 상황을 감안한다면, 지식의 본성이 무엇인지에 대한 새로운 반성의 계기 또한 마련되었다고 생각한다. 이는 Quine(1986)에서 콰인 자신이 규범성을 인식론에서 몰아내자는 극단적인 처방에서 한발 물러나 인식규범에 대한 재고의 가능성을 시사하는 입장의 변화를 통해서도 충분히 짐작할 수 있다.[223] 물론 3장에서 언급한 바와 같이 자연주의적 접근에 대한 김도식 교수의 실토와 함께 이후 김기현 교수의 또 다른 주장에서도 확인된다. 그는 김기현(2000) 논문에서 다음과 같이 자신의 생각을 솔직하게 털어놓고 있다.

> "콰인이 고려하는 것은 확실성의 토대 위에 토대론적으로 지식을 재구성하는 인식론인데, 이는 매우 강한 형태의 인식적 규범을 전제로 하고 있다. … 이런 강한 형태의 인식 규범을 포함한 재구성적 인식론이 과거에 실패하였다는 전제로부터, 인식적 규범에 대한 모든 이야기는 포기되어야 한다는 결론이 나오지 않는다. 확실성에 근거한 재구성적 인식론의 실패로부터 이끌어내야 할 결론은 규범의 포기가 아니라, 약화된 현실적 규범의 추구이어야 한다."[224]

그는 또한 '자연화된 인식론'에서 인식규범의 선험성을 받아들이는 것이 반드시 전통적 인식론으로의 복귀를 의미하지는 않는다고 전제하고, 선험적 규범성에 대한 회의와 인식에 대한 기계론적 관점이라는 두 가지 경향이 섞여서 나타난다고 주장한다. 그 자신은 이 두 경향을 밀접하게 접목시키는 독자적인 경향을 제시하는 것이라고 하면서, 이 두 경향이 상호 독립적이기 때문에 자연화된 인식론이 이 두 경향을 모두 갖출 필요는 없다고 주장한다.[225] 이러한 김기현 교수의 주장은 인식규범의 근간을 유지하면서 진리에 대한

---

223) Quine(1986) 참조.
224) 김기현(2000), 111-2쪽.
225) 김기현(2000), 113쪽.

추구라는 인식론적 관점에 입각할 경우 지금까지 필자가 제시한 논지와 어느 정도 조화를 이루고 있음을 알 수 있다. 물론 증거론을 둘러싼 공방 역시 게티어 문제 이면에 놓인 본질적인 사안을 염두에 두었을 때, 이에 대한 재판임에 다름 아니다. 게티어 문제에 대한 고전적 대안 모색이나 증거론에 대한 최근의 대안 모색 역시 자연주의적 접근 방식을 통한 문제의 해결이라는 공통된 해결책을 마련하고 있다는 점에서 당시의 논의 그 이상도 그 이하도 아니라는 말이다. 그래서 현대 인식론의 전반적인 흐름이 자연화 전략의 특정 부분을 수용함으로써 그 해결의 대안으로 삼고 있다는 점에서만큼은 대체로 공유하고 있다는 것을 알 수 있다. 그것은 인식론에서의 자연주의적 접근이 갖는 성격을 '지식의 본성'에 대한 해명에서 찾은 성과일 것이다.

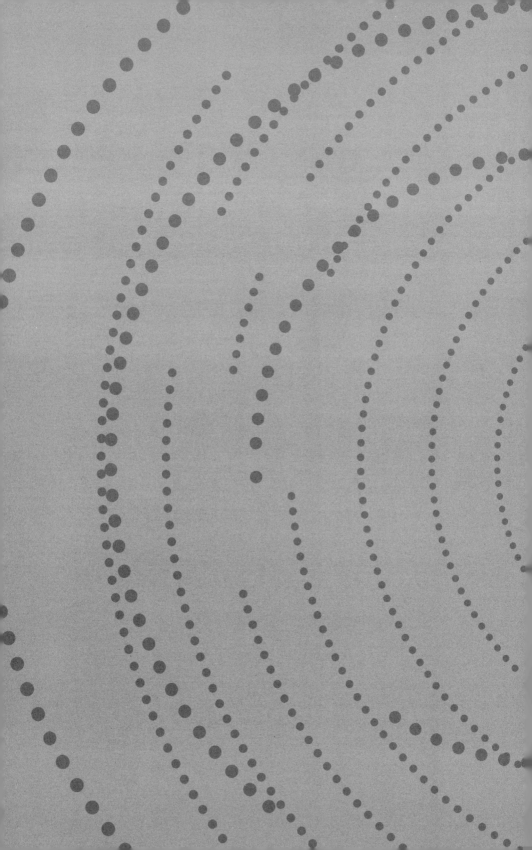

제8장

인식 정당성 개념과
그 오류가능성 논쟁

1. 인식론의 종언인가

인식정당성[226]를 둘러싼 논의가 최근 들어 거의 종결되었다는 느낌이 들 정도로 관심의 대상에서 멀어져 가고 있다. 한 동안 영미권에서 인식론을 전공하고 돌아온 소장학자들과 국내 학자들에 의해 활발하게 전개된 적도 있었지만 최근 몇 년간 연구 성과를 거의 찾아보기 힘들다. 아무튼 관심거리가 되지 못하고 있는 것만큼은 분명한 것 같다. 이에 대한 이유가 한두 가지가 아니겠지만 여기에는 영미철학의 최근 동향과 무관하지는 않은 것으로 보인다.

이를 인식론의 정체성이라고 했을 때 그 원인이 규범성의 본령이라 일컫는 전통적 인식론이 자연주의의 입성과 함께 초토화된 것일 수도 있고, 아니면 언어의 불확정성 논제에 힘입은 회의주의적 견해가 인식론에 불똥이 튀면서 로티(R. Rorty)의 말대로 '인식론의 종언'을 고해야 한다는 분위기가 확산된 것일 수도 있다.[227] 하지만 만일 그러한 이유라고 한다면 그 진단이 오히려

---

226) '인식적 정당화'와 '인식정당성'은 엄밀히 말해 각각 영어의 'epistemic justified'와 'epistemic justification'에 해당하기 때문에 그 성격상 차별성을 갖는 것이기는 하지만, 이 글에서는 그 의미가 크게 훼손되지 않는 한도 내에서 해당 문맥에 따라 혼용하여 사용할 것이다.

227) 이와 관련하여 정대현 교수는 "인식론의 종언인가?"(2000)라는 글에서 다음과 같이 주장한다. "20세기 인식론들의 특징적 구조는 이들이 직면한 20세기의 회의주의에 의하여 구성되어 있다고 믿는다. 현대의 회의주의는 "언어적"이라는 술어에 의하여 표상될 수 있을 것이다."(146 쪽), "20세기의 반실재론적 인식론은 모두 언어적 회의주의에 충실하게 대응하고 있다고 믿는다. 외재주의와 내재주의는 그 출발이 언어적 회의주의 보다는 게티어 문제에 의해 촉발되었지만 그 작업이 이루어지고 있는 철학적 상황은 그러한 언어적 회의주의를 고려하지 않을 수 없었을 것이라고 생각한다. 현대 인식론의 이러한 대응은 일반 인식론의 포기를 뜻하고 특수 인식론의 폭발을 수반한다고 보인다."(170쪽) 여기에서 정대현 교수는 20세기 들어 서서히 진행된 언어적 회의주의라는 경향이 인식론에 강하게 침투하면서 전통적인 인식론을 와해시키는 결과를 초래한 것으로 진단하고 있다.

쉬울 수도 있다. 전자의 경우라면 인식론적 논의 자체에 대해 그간 식상해 있던 차에 인식론에서의 자연화라는 새로운 경향이 오히려 기폭제가 될 수 있기 때문에 새로운 관심을 유발하는 계기가 되었으면 되었지 그 반대는 아닐 것이며, 후자의 경우라고 해도 기존의 인식론적 틀 내에서는 더 이상 세계상을 반영해내는 투명한 거울의 구실을 해낼 수 없다는 로티의 지적이 연구자들의 기를 꺾기에 충분할 만큼 영향을 주었는지 극히 의심스럽다. 로티의 지적대로라고 한다면 규범적 인식론이 더 이상 투명한 거울의 구실을 할 수 없기 때문에 어떠한 형태로든 그 대안을 마련하려는 문제가 생겨나게 될 것이고 이는 곧 또 다른 관심을 불러일으키는 계기의 구실을 할 수 있을 것이기 때문이다.

물론 이러한 평가가 국내의 상황과 일치하는지 여부에 관해서는 논란의 여지가 있을 수 있겠지만, 이와 관련한 논의 자체가 현재 우리에게 폭넓은 관심의 대상이 되지 못하고 있는 것만큼은 분명한 것 같다. 하지만 새로운 가능성 타진 및 관심의 촉구라는 차원에서 앞에서의 두 가지 접근이 하나의 계기로 작용할 수 있으리라 생각한다. 물론 인식론에 대한 자연주의적 접근과 로티식의 해체주의 등이 갖는 철학적 의의에 대한 검토가 있어야 하겠지만, 이에 대한 검토는 문제의 원천이 되는 '인식정당성 개념'에 대한 선행적 논의를 전제로 한다. 게다가 인식정당성 개념에 대한 선행적 논의 없이는 이러한 기존 인식론의 와해 시도에 대한 올바른 평가 또한 기대하기 어려울 것이다. 왜냐하면 그러한 시도 이면에는 '인식정당성' 자체에 대한 전략적 의도에서 비롯된 것일 수 있기 때문이다. 게다가 이러한 시도나 전략이 먹혀들 수 있는 것은 '진리 조건'에 대한 처리 방식에 있어 기존 인식론이 한계에 다다랐다는 비판이 중요한 배경을 이룬다. 말하자면 기존 인식론의 경우 '진리 조건' 을 적절하게 처리하지 못하기 때문에 그 대안의 모색은 필수적이라는 집요한 요구에 따른 것이다. 그래서 현대 인식론의 주된 쟁점 역시 이와 직접적으로 연관되어 있다. 이에 따라 이러한 '진리 조건' 에 대한 해명을 위해서는 '인식정당성 개념' 의 성격을 둘러싼 논의에 대해 재평가의 차원에서 다루는 것은 매우 의미 있는 일이라고 생각한다.

본 논의에서 일차적으로 겨냥하는 것은, 전통적인 규범적 인식론이 갖는 철학적 의미에 관해 살펴보는 것이 선행되어야 한다는 차원에서 인식론의 핵심 개념이라 할 수 있는 '인식정당성 개념' 을 둘러싸고 전개된 논의에 대해 그간의 성과를 짚어 보는 일이다. 이는 곧 인식론에 관한 논의가 왜 우리의 관심 영역에서 멀어질 수밖에 없었는가에 대한 이유를 되짚어 보게 하는 계기를 마련해 줄 수 있을 것으로 기대한다. 이를 위해 현대 인식론의 핵심 개념인 '인식정당성' 를 둘러싼 논의에 대한 성과에 대해 진단하는 것과 아울러 이와 관련한 쟁점을 살펴보는 것이 우선적인 과제일 것이다.

2. 인식정당성 개념과 오류가능성의 문제

일반적으로 '정당화' 라고 하면, 어떤 기준에 대해, 그러한 기준을 만족시킬 수 있는 근거를 제시하는 것으로 이해할 수 있을 것이다. 어떤 주어진 기준을 만족한다는 의미에서 정당화라는 개념은 특정한 기준에 입각하여 그 타당성을 가려내는데 기여한다는 측면에서 당연히 평가적인 혹은 규범적인 개념이다.[228] 인식정당성 개념 역시 규범-평가적 개념이라는 사실에 대해 대부분의 인식론자들이 견해를 달리하지 않는다.[229]

인식적으로 정당화된 믿음은 타당한 근거라고 하는 기준에 입각한 믿음이라는 의미에서 "인식론적으로 허용 가능한" 믿음이다. 역으로 그 어떠한 근거에 의해서도 뒷받침되지 않았다는 의미에서 정당화되지 않은 믿음은 인식론적으로 믿는 것이 허용되지 않으며 따라서 그러한 믿음은 믿어서도 안된다.[230] 인식적 정당화는 이처럼 믿어도 되는 믿음과 믿어서는 안 되는 믿음을 가리는데 관계하며 그러한 의미에서 규범적 개념이다. 물론 인식적 허용가능성은 도덕적 허용가능성이나 타산적(prudential) 허용가능성과도 그 성격을 달리한다.

어떤 믿음을 뒷받침할만한 증거가 충분하지 않으며 따라서 인식론적으로는 정당하지 않기 때문에 그 믿음을 지니는 것이 인식적인 측면에서는 허용되지 않겠지만 만일 그 믿음이 관련된 사람에게 중대한 결과를 가져올 수 있는 경우라고 한다면 타산적인 견지에서는 얼마든지 허용될 수도 있다.[231] 말하자면 인식론적인 관점에서는 허용되지 않지만

---

228) 인식론의 핵심 개념인 '정당화' 개념에 대해 명확한 의미를 제시하는 것이 그리 쉬운 일만은 아니다. 하지만 옳고 그름은 주어진 행위에 대한 평가적 개념들로서, 주어진 대상의 성질을 있는 그대로 기술하는 서술적 개념과의 구분을 통해 이해하는 것도 한 방법일 것이다.

229) 물론 매피(Maffie) 등 견해를 달리하는 경우가 있기도 하다.

230) 이러한 믿음의 예로 '단순한 추측'에 의한 믿음이라든가, '억측'이나 '편견' 그리고 '희망적 사고'에 따른 믿음 등을 들 수 있다. 제시된 믿음들이 지식이 되지 못하는 이유는 그것들을 참이라고 받아들일만한 이유가 없기 때문이다.

231) 예를 들어 어떤 사람이 특정한 상황을 믿을 만한 타당한 이유를 충분히 갖고 있음에도 불구하고 그러한 믿음을 받아들일 경우 심각한 상황을 초래하는 경우를 생각해 볼 수 있다. 이 경우 타당한 근거가 있는 믿음임에도 불구하고 이를 받아들이지 않을 경우 그러한 심각한 상황으로부터 벗어날 수 있다고 했을 때, 그러한 믿음을 받아들이는 것이 인식론적으로는 허용되지 않

타산적인 관점에서 허용되는 경우는 얼마든지 있을 수 있다. 하지만 '인식정당성 개념'은 그 정당화의 대상인 믿음의 참과 본질적인 관련을 갖는다는 점에서 여타의 정당성 개념과는 특징적으로 구분된다. 인식론적 견지에서 우리의 믿음이 정당화된다는 것은 세계상을 있는 그대로 반영해 줄 수 있어야 한다는 것을 의미할 것이다. 그러나 우리의 모든 믿음이 세계상을 그대로 비추어 주는 투명한 거울의 구실을 할 수는 없을 것이다. 우리가 무엇을 믿든 그것이 참이라는 것이 곧장 보장만 된다면 정당화라는 개념적 장치는 불필요할 것이다. 우리의 믿음이 곧장 참이 된다면, '정당화'라는 개념에 의거하여 바람직한 믿음과 그렇지 않은 믿음을 가리는 것이 아무 의미가 없게 될 것이다. 그러나 그러한 상황이 얼마나 될 것이며, 과연 있기나 한 것인가? 우리의 믿음이 진리를 곧장 반영해내지 못하기 때문에, '정당화'라는 장치가 요구되는 것이다. 우리의 즉각적인 믿음은 일반적으로 진리와는 거리가 있으며 정당화 개념은 우리의 단순한 믿음과 참과의 간격을 제거함으로써 우리가 참인 믿음에 이르도록 역할하게 되는 것이다. 이러한 의미에서 정당화는 주관적인 우리의 믿음과 실재를 이어주는 가교의 역할을 하게 된다. 그래서 가교의 구실을 하는 정당화에 입각한 판단은 진리에 기준을 둔 판단이 될 것이다. 이처럼 진리와 연관된다는 점에서 인식적 정당화는 여타의 정당화 등과는 확연히 구분된다.

그렇다면 우리의 믿음이 지향하는 목표는 실재를 반영하는 것이며 그러기 위해서는 참을 극대화하고 거짓을 극소화해야만 할 것이다. 여기에서 유의할 것은 참의 극대화와 거짓의 극소화라는 믿음의 두 가지 목표 가운데 어느

지만 타산적으로는 허용된다. 반대로 그러한 믿음을 거부할 경우 타산적으로는 허용될 수 있지만 인식론적으로는 정당화되지는 않는다.

하나만으로는 지식이 되기 위한 조건을 이룰 수 없다는 사실이다.[232] 그럴 경우 아무것도 믿지 않거나 참, 거짓을 가리지 않고 무엇이든 믿는 것이 바람직한 전략이 될 수 있기 때문이다.[233] 결국 인식적으로 정당화된 판단이 진리에 기준을 둔 판단이라는 점을 감안한다면, 정당화에 따른 인식적 평가는 세계에 관한 보다 많은 진리를 얻는 데 기여할 수 있는 그러한 평가라고 해야 할 것이다. 인식자는 무엇보다도 인식을 통해 세계의 모습을 보다 참되게 반영하도록 부단히 노력해야 할 것이며, 또한 그러한 목적을 달성하기 위해 참을 극대화하고 거짓을 극소화하도록 해야 할 것이다. 따라서 거짓의 극소화와 참의 극대화가 어떤 믿음을 인식론적 견지에서 평가하는 데 중요한 고려 사항이 될 수밖에 없다.[234]

인식정당화 개념에 대한 앞에서의 규정에 따라 참의 극대화와 거짓의 극소화라는 차원에서 어떤 믿음 체계가 인식적으로 정당화되었다고 했을 때, 그러한 믿음의 체계는 장차 거짓으로 드러날 가능성이 없다는 것을 의미하는가? 혹은 '인식 정당화된 믿음'임에도 불구하고 오류로 드러날 가능성 역시 배제할 수 없다는 것인가? '참의 극대화와 거짓의 극소화'라는 의미에 비추어 볼 때, 인식적으로 정당화된 믿음이 거짓을 포함하지 말아야 한다는 당위성을 지니는 것은 물론이지만, 그러한 믿음들이 실제로는 거짓인

---

232) Lehrer(1990), 55-6쪽 참조.

233) 각각의 경우 아무 것도 믿지 않는다면 거짓을 극소화할 수 있을 것이며 따라서 오류를 피하는 것만이 목적인 한, 아무 것도 믿지 않는 것이 인식론적으로 합리적인 전략이 될 것이다. 반대로 참을 극대화하는 것에만 관심을 갖는다면, 참, 거짓을 가리지 않고 무엇이든 믿는 것이 바람직하다는 이야기가 될 것이다. 왜냐하면 모든 것을 믿을 경우, 참임에도 불구하고 믿지 않게 되는 경우란 없을 것이기 때문이다.

234) Alston(1985) 참조.

것으로는 드러날 가능성이 있다는 점을 부인하기는 어려울 것이다. 이러한 의미에서 인식 정당화된 믿음의 오류 가능성은 일반적으로 인정되고 있는데, 이는 곧 인식적 정당화가 오류가능성을 논리적으로 배제하지 않는다는 것을 의미한다. 언뜻 '지각적 믿음' [235]이나 '추론에 의해 정당화되는 믿음' [236] 나아가 '수학적 명제' 의 경우 일반적으로 그렇지 않다고 생각할지 모르지만 이 또한 예외일 수 없다. 그 대표적인 사례로 수학적 명제의 경우를 생각해 보자.

수학적 명제와 같은 필연적 명제에 관한 믿음의 경우에 있어서만큼은 일단 정당화된 경우 오류 가능성에서 벗어난다고 생각할 수 있다. 수학적 명제가 필연적이라는 것은 그것이 참일 경우 거짓일 수 없다는 뜻이다. 그러나 '참일 경우 거짓일 수 없다는 것' 과 일단 '정당화되는 한 거짓일 수 없는 것' 은 다른 말이다. 참일 경우 거짓일 수 없다는 것은 형이상학적인 의미로서 참인 수학적 명제가 거짓이 되는 가능세계가 없다는 뜻으로 해석된다. 반면에 인식적 정당화는 인식론적인 개념으로서 '어떤 믿음이 정당화되었다는 것' 과 '그것이 참이라는 것' 은 논리적으로 서로 별개 문제이다. 수학적 명제에 관한 믿음의 경우에도 인식적인 견지에서 정당화가 되었다고 하더라도 그것이 참이

---

235) 일반적으로 '지각적 믿음' 이 정당화된다고 했을 때, 그 정당화는 명제적 내용을 지닌 전제로부터의 추론보다는 감각적 경험에 직접적으로 의존할 것이다. 그러나 그처럼 감각적 경험에서 비롯된 지각적 믿음은 그 자체 아무리 인식적으로 정당화된다고 하더라도 그 사실이 반드시 그 믿음의 참임을 보장해 주는 것은 아니다. 마찬가지로 추론 과정이 개입하여 얻어진 지각적 믿음의 경우에도 반드시 참이 된다고 보장할 수 없다.

236) 대표적으로 과학 이론을 정당화하려는 경우를 생각해 볼 수 있는데, 이 경우 우리 외부 세계에 대한 믿음들이 증거로부터의 추론에 의하여 정당화된다. 그런데 정당화의 근거가 되는 추론이 귀납추론일 경우, 잘 알려진 것처럼 전제가 결론을 개연적으로 참이게 할 뿐이기 때문에 추론의 결론이 거짓으로 드러날 가능성 또한 얼마든지 있을 수 있다. 연역적 추론에 의하여 정당화되는 과학적 믿음의 경우 또한 예외일 수 없다.

아닌 것으로 드러날 논리적 개연성은 얼마든지 존재한다. 반대로 정당화되지 않는 수학적 명제에 관한 믿음이라고 하더라도 실제로 참일 수는 있으며 그 경우 그 믿음은 필연적으로 참이 된다. 수학에 관한 교육을 전혀 받지 못했고 따라서 수학에 대해 전혀 모르는 사람이 어떤 수학의 천재의 말에 따라 수학적 명제를 믿을 수 있다. 그 경우 그의 믿음은 결코 인식적으로 정당화되지 못할 것이다. 그러나 수학의 천재가 일러 준 것이므로 참이 될 것이며 또한 수학적 명제는 필연적인 명제이기 때문에 그의 믿음은 거짓이 될 수 없을 것이다. 이러한 고찰은 수학과 같은 필연적인 명제에 관한 믿음에 있어서도 그 인식적 정당화가 오류 불가능성을 함축하지 않는다는 것을 보여준다. 그렇다면, 지금까지 논의한 것을 토대로 일단 오류가능성을 인정한다는 전제하에, 지식에 대한 필요충분조건을 구성한다면, S가 p를 아는 것은 (a) S가 p를 믿고, (b) S의 믿음 p는 오류 가능하게(fallibly) 정당화되고, (c) p가 참인 동시에, (d) 여기에서 (a)와 (c)를 함께 고려할 때 서로 우연적으로 성립하는 것이 아니라는 것이 (b)에 의해 보장된다는 조건을 충족시키는 오직 그 경우만이라고 할 수 있을 것이다.[237]

지식에 대한 위의 정의는 S의 믿음 p에 대한 오류가능성을 허용하지만, 정당화 조건 (b)에 의해 객관적인 진리성을 획득하는 (c)의 단계로 발전할 때 또 오직 그 경우에 한해 S의 믿음이 지식이 된다는 것을 말해주고 있다. 조건 (d)는 S의 믿음이 (b)에서 말하는 정당화를 한낱 주관적인 믿음의 단계를 벗어나 (c)의 객관적 진리가 됨으로써 지식이 되는 틀을 제공해 주고 있다. 이와 같이 정의된 명제적 지식은 오류 가능한 증거에 의해 뒷받침된 참인 명제를 믿음에

---

237) Sturgeon(1995), 17쪽.

있어서, 인식 주체가 우연적으로 그 참임을 믿지 않도록 해준다.

지식에 관한 위의 정의는 오류 가능성과 양립 가능한 인식 정당화의 개념을 받아들임으로써 종래의 정의에 비해 보다 많은 것을 지식으로 받아들인다는 점에서 포괄적이다. 그 정의를 받아들일 때 이제 남는 과제는 그 정의에 포함된 오류 가능성과 양립 가능한 인식 정당화의 본성을 구체적으로 규명하는 것이다. 이러한 의미에서 위의 정의는 규범-평가적 개념으로서 인식적 정당화의 본성에 관한 논의를 보다 실질적인 방식으로 전개할 수 있는 길을 열어 주고 있다고 말할 수 있다. 그러나 여기서 반드시 짚고 넘어가야 할 한 가지 문제가 있는 것으로 보인다.

인식적 정당화가 오류 불가능성을 함축하지 않는다면 하나의 믿음이 인식적으로 정당화되었음에도 불구하고 오류인 경우가 있을 수 있다는 것을 의미할 것이다. 그러나 이러한 결론은 또 다른 어려움에 직면하게 된다. 만일 타당한 인식 정당화 개념이 오류 가능성을 완전히 배제하는 것이 아니라면, 자칫 오류의 여지를 상당 부분 열어 놓는 인식적 정당화의 개념도 타당한 개념이라고 받아들일 수 있는 가능성이 있는 것이다. 그러나 이러한 종류의 '인식 정당화' 개념을 받아들인다면, 인식 정당화가 기여하는 역할이란 단지 오류 가능성을 허용하는 믿음을 확보하는데 지나지 않는다는 비난을 면하기 어렵다. 그렇다고 해서 그처럼 오류의 여지를 남겨 놓은 '정당화'의 개념이 만족할만한 개념이라고는 물론 말할 수 없다.

하지만 우리의 믿음 자체는 주관적인 것이다. 그러나 우리의 믿음이 주관적인 것을 넘어 우리밖에 있는 실재와 부합할 때 우리의 믿음은 지식이 될 가능성이 있는 것이고, 그러한 의미에서 레러도 지적한 것처럼 순전히 주관적인 믿음에서 시작하여 궁극적으로 진리를 반영해 내야 하는 책임이 인식 주관에 있게 되는 것이다.[238] 오류 가능성은 실재로서의 대상 세계와 인식 주관간의 괴리의 가능성을 의미한다. 그러한 괴리의 가능성을 허용하게 된다면 순수하게 주관적인 것에서 출발하여 실재에 도달하기가 그만큼 어렵게 될 것이다. 따라서 그러한 괴리의 가능성을 많이 허용하는 '정당화' 개념일수록 실재의 반영이라는 인식적 목표에 도달함에 있어 그만큼 실패한 개념으로 평가할 수 있을 것이다.

3. 인식정당화의 본성과 믿음의 속성

앞에서 지적한 바와 같이 인식정당화의 목표는 전적으로 주관적인 믿음의 체계가 참을 극대화하고 거짓을 극소화한다는 의미에서 실재를 보다 참되게 반영하도록 하는 것이다. 그래서 그러한 목표를 달성하기 위한 과제 역시 인식 주체에 달린 문제인 것이다. 주관적인 믿음을 참이 되도록 하는 인식적 목표가 어느 정도 달성될 수 있는가 하는 것은 어디까지나 인식 주관에 달린 문제라고 해야 할 것이다. 이 말은 인식 정당화에 결정적으로 기여하는 당사자로서 인식 주체의 역할이 무엇인지를 보여주는 것인데, 정당화의 관건을 쥐고 있는 인식 주체가 제 역할을 다했을 때 비로소 실재의 반영이라는 인식적 목표가 달성될 수 있다는 것을 의미한다. 그렇다면 여기에서 관건이 되는 것은 인식적 목표를 달성하는데 인식 주관의 어떤 능력이 결정적인 역할을 하는가 하는 점이다. 전통적으로 인식론자들은 '이성' 내지 '경험'에서 결정적인 역할을

---

238) Lehrer(1990), 15쪽 참조.

찾았으며, 때로는 이 양자를 결합한 형태를 제시하는 경우도 있었다. 그러나 그 방식이야 어쨌건 인식론자들은 한결같이 자신들이 내세우는 정당화 방법에 의존할 때만 우리의 믿음은 객관적인 진리성을 획득함으로써 주관적인 믿음의 단계를 넘어 지식으로 도약할 수 있다고 주장했다. 그렇지만 그들이 내세우는 방법이 어떤 것이건 간에 그것이 인식 주관의 개입을 요구하는 것이라면 그러한 정당화 방법을 통한 믿음이 실재를 전적으로 반영해 낸다는 것이 그리 간단한 문제가 아님은 이미 지적한 바와 같다. 전통적인 인식론자들이 주장하는 어떤 정당화 방법도 전적으로 인식 주관의 영역에 속하는 믿음과 이와는 별도로 존재하는 세계와의 괴리 가능성이 있다고 생각할 여지가 얼마든지 있었기에 이러한 문제를 말끔히 제거하기가 그리 쉽지 않았으며, 그렇기 때문에 위와 같은 '정당화' 장치가 아무리 견고하게 작동된다 하더라도, 우리의 믿음은 결국 주관적 한계를 벗어날 수 없다는 결론이 귀결될 수밖에 없었다.

정당화가 오류 불가능성을 함축할 수는 없지만 정도 이상의 오류 가능성을 허용하는 경우 그러한 정당화에 기초한 믿음은 그것이 어떤 종류의 믿음이건 주관적인 한계를 넘어설 수 없으며 이러한 의미에서 정당화의 개념은 하나의 난제로 남게 된다. 전통적인 정당화 방법에 의한 믿음이 주관적인 한계를 넘어설 수 없으리라는 사실은 인식론에 새로운 방향을 알리는 중요한 계기를 이루게 된다. 그러한 새로운 방향을 연 인식론자들은 어떠한 정당화 개념이건 그것이 타당한 개념이 되기 위해서는 어떤 믿음이 그 정당화 절차에 따라 이루어졌을 때 주관적인 한계를 넘도록 해야 한다고 생각했다. 그들은 그러나 전통적인 인식론에서처럼 정당화 절차가 오직 인식 주관적인 혹은 내재적인 요소에 의거해서만 정의될 경우, 우리의 믿음이 그러한 절차에 따라 아무리 정당화되었다고 해도 주관적인 성격을 벗어날 수가 없다고 주장했다. 그들은 또한 거꾸로 우리의 믿음이 인식 주관과는 무관한 객관적인 요소에 의해 혹은 외재적인 요소를 통해 정의된 정당화 과정에 의해 정당화될 경우에 한해, 주관적인 성격으로부터 탈피할 수 있다고 생각한 것이다. 인식 정당화에서 인식 주관적인 요소를 배제하고 객관적인 방식을 도입함으로써 그 성격을 달리 설정하려는 이러한 새로운 움직임은 그 자체로 인식론적으로 중요한 의의를 갖는 것이 사실이다. 문제는 획기적이라고도 말할 수 있는 그러한 새로운 시도가 과연 성공할 수 있는가 하는 것이다.

지금까지 논의된 것을 토대로 다음과 같이 정리할 수 있을 것이다. 인간의 앎에 관한 물음과 그 답변을 둘러싼 논의에서, 주된 해명의 대상이자 관건이 '인식 정당화'에 있다고 한다면, 인식 정당화의 본성을 규명하기 위해 요구되는 것은, 3절에서 제시한 지식에 대한 정의를 전제로 하여 인식정당화의 본성이 무엇인지를 밝히는 일이다. 그리고 정당화의 본성을 밝히는 작업은 "S의 믿음 p가 속성 F_1, F_2, F_3,⋯ 을 갖는 경우 오직 그 경우에 한해, p는 인식적으로 정당화된다."를 만족하는 속성 F들을 찾는 일에 해당한다. 이 정의는 S의 믿음 p가 어떤 특정한 속성 F들을 갖는다면 정당화됨을 말하고 있는데, 이러한 의미에서 F들 각각은 정당화된 믿음이 되기 위한 속성이 된다. 따라서 이러한 속성들이 구체적으로 어떤 것인지를 밝히는 일이 인식 정당화의 본성을 해명하기 위한 결정적인 관건이 될 것이다. 그렇다면 어떤 것이 이러한 속성이 될 수 있는가?

위에서 말한 전통적인 인식론자들의 접근과 이에 대립하는 새로운 인식론자들의 접근이 결정적으로 갈라지는 곳이 바로 이 대목에서다. 그들은 위에서 언급한 믿음의 정당화 속성을 전혀 판이한 방식으로 규정하고 있으며 그에 따라 현대 인식론은 크게 두 가지의 이론적 틀로 확연히 구분되는 양상을 보이고 있다. 전통적인 인식론자들은 인식 주체의 내적 속성(internal feature)에서 찾지 않는 한, 인식 정당화 개념의 규범적, 평가적 성격을 유지할 수 없다고 생각했다. 이러한 견해를 내재론이라고 하는데, 앞에서 언급한 바와 같이 이러한 내재론은 정당화된 믿음이 실재와 상당 부분 괴리될 가능성을 열어 놓는다는 근본적인 취약점을 지니는 것으로 지적된다. 전통적인 인식론에 반대하는 새로운 인식론자들은 내재적인 속성에 매달리는 한 그러한 취약점을 극복할 가능성이 없다고 보았으며 따라서 인식 주관과는 무관한 외적(external) 속성을 통해 충족시키고자 하는데, 이러한 견해를 외재론으로 부르는 이유가 여기에 있다.[239]

4. 믿음 속성을 둘러싼 두 견해

최근 인식정당화를 둘러싼 논의의 성격을 가늠할 수 있는 중요한 잣대의 구실을 하는 것은 내재론과 외재론 사이에서 벌어지는 논쟁과 그 논쟁의 성과이다. 이에 대한 보다 선명한 이해를 위해서는 내재론의 전형으로 여겨지는 의무론적 견해와 외재론 간에 논쟁이 벌어질 수밖에 없는 이유에 관해 살펴보는 것이 무엇보다 중요하다.

인식정당화에 대한 설명을 내재주의로 되게 만드는 것은 한 믿음의 정당화 여부를 결정하게 만드는 요인들에 어떤 조건이 부과된다는 사실이다.

---

239) Craig(1990), 61쪽 참조.

여기에서 인식정당화 여부를 결정하는 요인은 일종에 인식 규범과 같은 것이다. 이 경우 정당화를 결정짓는 요인은 인식주체에 내적인 것(internal to the subject's mind)이 될 것을 요구한다. 달리 말해 반성을 통해 접근 가능할 것(accessible on reflection)이 요구된다.[240] 이와 달리 외재주의는 인식정당화에 대한 설명에 있어서 그와 같은 조건이 부과될 필요가 없다고 본다. 왜냐하면 외재론에 따르면 정당화 요인이 인식주체에 내적인 것이거나 반성을 통해 접근 가능한 것일 필요가 없기 때문이다.

"반성을 통해 접근 가능한"이라는 표현은 "인식주체의 마음에 내적인"이라는 표현을 이해하기 위한 보다 분명한 설명의 구실을 하게 된다. 그래서 어떤 것이 반성을 통해 접근 가능한 오직 그 경우에만 그것은 여기에서 말하는 "내재적"이라는 의미에서 내 마음에 내적이다. 예컨대 나의 믿음이 내 마음에 내적이라는 것은 내가 나의 믿음에 대해 반성하는 경우에 나는 그 믿음이 어떠한 믿음인지를 말할 수 있기 때문이다. 나의 지각적 경험들 역시 그런 의미에서 내 마음에 내적이다. 왜냐하면 내가 현재 특정한 사물이나 사태에 대해 주의를 기울일 때, 나의 지각에 의해 내가 현재 경험하고 있는 것이 무엇인지를 말할 수 있기 때문이다. 그렇다면 현재 진행되고 있는 나의 두뇌 과정은 반성을 통해 나의 두뇌 과정에 대해 말할 수 있는 것이 없기 때문에 내 마음에 내적이지 않다. 그런 의미에서 토대론과 정합론도 대표적인 내재론인 셈인데, 토대론에 따르면 인식적 원리나 믿음, 지각,

---

240) 내재론은 인식 정당화의 속성을 S에 대해 직접적으로 접근 가능한 측면에 호소하여 정의하고자 한다. 그러나 인식 주체가 직접적으로 접근 가능한 것은 바로 자신의 내적 상태밖에 없으며 이것은 인식주체 S가 p에 대해 알고 있거나 그에 대한 정당화된 믿음을 갖는다는 것을 내재론에서는 S가 어떤 '내재적 상태'에 있다는 의미로 받아들인다는 것을 뜻한다. Chisholm(1989), 76쪽.

내성(introspection), 기억에 의한 경험 이외에 다른 정당화 요인은 없으며, 이 요인들은 모두 반성에 의해 접근가능한 것들이다. 또한 정합론의 경우 정당화 요인이 자명한 인식적 원리나 믿음 그리고 믿음들 간의 정합 관계로 제한되는데, 이 또한 반성을 통해 접근 가능한 것이다.

이에 따를 경우 오직 참인 믿음을 받아들이되 그렇지 않은 믿음을 결코 받아들여서는 안 된다는 인식주체의 의무 이행 여부에 따라 정당화가 결정될 수 있기 때문에, 한 믿음의 정당화를 위한 의무론적 개입 또한 필수적이다.[241] 그렇다면 인식 정당화된 믿음은 타당한 근거에 의해 뒷받침된 믿음이라는 의미에서 "인식론적으로 허용 가능한" 믿음일 것이다. 반면에 정당화되지 않은 믿음이란 그 어떠한 근거에 의해서도 뒷받침되지 않았다는 의미에서 인식론적으로 믿는 것이 허용되지 않으며 따라서 그러한 믿음은 믿어서도 "안 될 것이다." 이에 따라 한 믿음이 인식적으로 정당화된다는 것은 인식적 평가의 주체인 인지자가 문제의 믿음에 대해 타당한 근거와의 뒷받침 관계에 관한 의무 이행 여부에 따른다는 생각은 매우 자연스럽다. 말하자면, 한 믿음이 정당화되었다는 것은 인지자가 그러한 믿음을 가짐에 있어 그 뒷받침 관계에 관한 인식 의무를 이행했다는 것을 의미한다.[242] 이렇게 보았을 때, 한 믿음이 인식적으로 정당화된다는 것은 참인 믿음을 받아들이되 거짓인 믿음을 받아들이지 않는다는 의무 이행에 속한 사안임을 알 수 있다.

---

241) 홍병선(2002) 4절 참조.

242) 인식적 목표가 참인 믿음의 확보에 있다는 점을 염두에 두었을 때, 인식 의무를 수반하는 내재론의 고전적 모델이라 할 수 있는 로크에 따를 경우 "이성이 가리키는 바에 따라 명제에 대한 믿음의 동의 여부를 결정하는 것"이라는 주장은 이후 20세기의 "우리의 증거에 의해 지지되거나 정당화되는 것을 믿고 증거에 의해 지지되지 않는 것을 믿지 말아야 하는 것"이라는 펠드만 등의 견해로 그대로 이어지게 된다. R. Feldman(1988), 254쪽.

그래서 인식정당화는 인식자의 의무 이행 여부에 의해 확보되고, 동시에 인식정당화라는 개념은 인식적 평가의 차원에서 의무를 나타내는 개념인 '의무', '책임', '허용'과 같은 의미로 규정된다.[243] 그래서 대부분의 전통적 인식론자들은 인식정당화의 개념을 의무론적 요소를 포함하는 개념으로 여겨 온 것이다. 그래서 내재론적 관점에서는 인식 의무론적 조건을 포함하는 것이다.[244]

이에 반해 한 믿음의 정당화가 의무 이행 여부에 따른다는 관점이 아닌 전혀 다른 방식으로 그 대안을 마련할 수도 있다. 알스톤(W. Alston)은 의무론적 인식정당성 개념의 심각한 결함은 '진리-공헌적(truth-conducive) 근거와 올바른 방식으로 결합되지 않는다'고 비판하면서,[245] 한 믿음의 정당화가 인식정당성의 목표에 따라 진리-공헌적이어야 한다는 점을 감안했을 때, 한 믿음이 정당화되기 위해서는 적합한 근거에 기초를 두어야 한다는 입장을 취한다.[246] 이에 따르면 적합한 근거들은 진리-공헌적이어야 하는데, 그 근거로 작용하는 믿음들은 참이거나 참일 개연성이 높아야 한다는 것이다.[247] 알스톤이 말하는 인식적 개연성은 주어진 증거와 연관하여 믿음이나 명제에 부여하는 정당성의 정도를 말하는 것으로, 한 믿음을 개연적이게 만드는 근거는 인식자가 갖는 증거가 아닌 자연법칙에 의해 결정된다는 것이다. 그의 말을 직접 들어 보면 다음과 같다.

---

243) 이에 관해서는 Alston(1988a) 참조.

244) 이에 관한 구체적인 논증은 홍병선(2002) 참조 바람.

245) Alston(1989), 95쪽.

246) 의무론적 인식정당성 개념에 대한 알스톤의 비판은, 즉 의무론적 정당성은 진리-공헌적이지 못하며, 그래서 인식적 목표에 비추어 올바른 종류의 정당성이 아니라는 것이다.

247) Alston(1989), 231쪽.

"여기에서 내가 말하는 개연성 개념은 일종에 '경향성'에 의거한 것에 다름 아닌데, 이러한 개연성 개념은 어떤 의미에서 세계의 합법칙적 구조에 따라 한 사태가 다른 사태를 개연적이게 만드는 그러한 것이다."[248]

　이러한 그의 주장에 따라 한 믿음이 정당화된다고 하는 것은 그 믿음 자체를 사실적으로 개연적이게 만드는 어떤 근거에 기초를 두고 있어야 한다는 것을 의미한다. 물론 알스톤의 이러한 주장에 대해 인식적 개연성에 관한 한 의무론자들의 견해에 따르면 인식 의무라는 관점에 비추어 사실적 진리-공헌성과 인식적 진리-공헌성을 구별해야 할 것이라고 주장할 것이고, 그 이유로 한 믿음의 인식정당화에 관한 한 사실적 진리-공헌성이 아닌 인식적 진리-공헌성에 따른 것이어야 하기 때문이라고 응답할 수 있다. 그럼에도 불구하고, 의무론적 관점에 따른 정당화된 믿음들은 인식적 차원에서 진리-공헌적일 수 있을지 몰라도 사실적 측면에서 진리-공헌적이지 않음은 물론이다. 이에 따라 인식정당화의 진리-공헌성을 둘러싼 공방의 성격을 이해하기 위해서는 외재론적 전략이 갖는 성격에 대해 좀 더 구체적으로 살펴볼 필요가 있다.

　외재론의 전형은 신빙론(reliabilism)에서 찾을 수 있다. 골드만에 따른 신빙론에서는 믿음-산출 과정의 신빙성(reliability of belief-producing processes)만이 정당화 요인이기 때문에 나의 반성을 통한 내적 접근과는 무관한 것이다.[249] 여기에서는 근거가 사실적으로 개연적인 경우에만 적합한

---

248) Alston(1989), 232쪽.
249) 골드만이 취하는 전략이 갖는 성격은 지식을 산출하는 것은 믿음과 그 믿음을 참인 것으로 만

근거가 되기 때문에 그러한 근거는 반성을 통해 확보되는 것이 아닌 외적인 요인(external factor)에 의해 결정된다는 것이다.[250] 이에 따르면 이 세계에 대한 거짓이 아닌 참인 정보를 받아들이는 것이 지식을 형성하기 위한 일차적인 조건이라고 했을 때, 내재론은 한 믿음이 우연적으로 참이 되는 것을 방지하기 위한 구실을 할 수 없다는 것이다. 외재론의 틀 내에서 한 믿음이 지식이 되는 것은 사실과의 법칙적 관계를 통해 확보되기 때문에, 특권화된 자기-정당성을 갖는 믿음을 불필요하게 설정할 이유가 없다. 여기에서 참인 믿음을 지식으로 전환시키는 것은 그 믿음을 어떤 방식으로 정당화하느냐에 있는 것이 아니라, 다만 그 믿음이 세계와 연관되는 방식에 있기 때문이다.[251] 말하자면 경험으로부터 야기된 참인 믿음은 그것이 발생하는 방식으로 인해 지식이 된다. 이처럼 외재론적 분석에 따른 지식은 한 믿음과 그 믿음의 참임을 연결시키는 어떤 과정이나 관계가 인지자의 반성적 접근과는 무관하게 사실에 입각한 관계가 되며 그러한 관계로 인해 믿음이 곧 지식이 된다는 입장으로 해석될 수 있다.

그러나 내재론적 관점에서는 인식의무를 포함하기 때문에, 내가 p를 믿거나 믿지 않는 것이 현재 나의 의무에 속한 사안인 것이다. 따라서 현 시점에서 나의 의식과 무관한 이후에 획득 가능한 증거는 이 의무와 아무런

드는 것간의 어떤 관계 혹은 연관성에서 찾는다. 이러한 관계를 그는 '법칙적인 관계'로 분석하기도 하고, '반사실적인(counterfactual) 것'으로 분석하기도 한다.

250) Goldman(1979), 1-23쪽 참조.

251) 예를 들어, 내가 어떤 컴퓨터를 본다는 사실이 내가 그 컴퓨터를 보고 있다는 믿음의 원인이라고 했을 때, 내가 컴퓨터를 보고 있다는 것을 아는 것은 그 컴퓨터에 대한 믿음의 정당화에 있는 것이 아니라, 컴퓨터가 있다는 사실과 관계되는 방식이다. 외재론에서 지식이 되기 위해 요구되는 것은 이처럼 그 믿음이 어떻게 발생되는가에 있지, 그 믿음에 대해 어떻게 방어할 수 있는가에 있는 것이 아니다. Goldman(1979), 14쪽 참조.

관련이 없다. 나의 인식적 의무를 결정하는 것은 현재 내가 가지고 있는 증거만이 될 수 있는 것이다. 게다가 내가 지금 확보하고 있는 증거는 나의 반성을 통해 파악 가능한 것이다. 그래서 우리가 인식정당성을 의무 이행에 의거하여 고려한다면, 반성을 통해 파악할 수 없는 것은 정당화 요인일 수 없다. 이러한 입장 때문에 인식의무에 따른 이론은 내재론이라 불리게 되는 것이다. 이에 반해 정당화에 대한 근거의 적합성을 주장하는 외재론적 관점에 따를 경우, 여기에서의 적합한 근거란 사실적 개연성을 갖는다는 것을 의미한다. 그래서 사실적으로 개연성을 갖는지의 여부는 반성을 통해 접근할 수 있는 것이 아니다. 결국 내재론에서 적합성의 조건을 거부한다는 것은 사실상 외재론, 즉 "반성적 접근(accessible on reflection)" 혹은 "인식자 마음에 내적인(internal to the subject's mind)" 것이 아닌 정당화 조건을 도입한다는 것을 의미한다. 이는 다음과 같은 논점을 반영한다. 예를 들어 내가 어떤 대상을 바라보고 있는데, 나의 시각적 경험을 방해하는 요인들, 즉 안개가 자욱하고, 시력이 좋지 않고, 술을 조금 마셨고, 다른 생각으로 골몰해 있고 등의 상황에서 내가 바라보고 있는 대상에 대해 "저기에 고양이가 있다"라고 믿게끔 만드는 인지과정은 과연 신빙성이 있는가? 즉, 이러한 인지과정에 따른 나의 믿음들이 참이 될 수 있는가? 하는 점이다. 이것은 오로지 나의 반성을 통한 믿음이 참이 될 수 있는 것이 아님을 보여주는 사례일 것이다. 그래서 외재론에서는 인지자 정신에 내적인 혹은 반성적 접근에 따른 방식이 아니라 오히려 광범위한 경험적 탐구를 통해 한 믿음의 참임이 확보될 수 있을 것이라고 주장할 것이다.

지금까지 "S의 믿음 p가 속성 F1, F2, F3, …을 갖는 경우 오직 그 경우에 한해, p는 인식적으로 정당화된다."를 충족시키는 정당화 속성을 어디에서 찾을 것인가를 두고 형성된 화해하기 어려울 것으로 보이는 두 입장 간의 이와 같은 대립은 사실상 참의 극대화와 거짓의 최소화라는 인식적 목표에서 비롯된 것이다. 하지만 동일한 인식적 목표를 출발점으로 삼고 있음에도 불구하고 서로 평행선을 달리고 있는 상황은 결국 실재로서의 대상 세계와 인식 주관간의 괴리 가능성을 허용하지 않으려는 설명 방식의 차이일 것이다. 물론 그러한 괴리의 가능성을 많이 허용하는 '정당화' 개념일수록 실재의 반영이라는 인식적 목표 달성에 실패한 개념으로 평가할 수 있겠지만, 인식적 목표 달성의 당사자인 인식주체의 반성적 접근가능성 또한 포기하기 어려운 부분일 것이다. 이는 곧 다음과 같은 사실을 말해주는 것이다. 즉, 내재론에서는 실재를 전적으로 반영해 낼 수 있는 실마리가 오직 내재적인 것에 대한 해명을 통해 달성된다는 견해라고 한다면, 외재론에서는 실재가 우리의 믿음에 그대로 반영될 수 있는 외적인 관계에 의해 그 가능성이 마련되어야 한다는 입장에 따른 것이다. 그렇다면 각 견해가 실재의 반영이라는 인식적 목표를 달성하기 위해서는 일차적으로 각 견해가 갖는 내적 요소와 외적 요소에 대한 해명과 함께 나아가 상대에 대한 이 필수적이다.

5. 인식적 목표와 오류가능성

지금까지 한 믿음의 정당화를 위한 믿음 속성을 두고 그 속성이 구체적으로 어떤 것인지를 밝히는 일이 인식정당화의 본성을 해명하기 위한 결정적인 단서가 된다는 전제하에 상호 대별되는 두 견해에 대해 살펴보았다. 이에 전통적인 견해인 내재론의 진영에서는 인식 주체의 내적 속성에서 찾지 않는 한, 인식 정당화 개념의 규범적, 평가적 성격을 유지할 수 없다고 생각한 반면, 새로운 견해인 외재론에서는 내적 속성에 매달리는 한 비록 정당화된 믿음이라고 할지라도 실재와 괴리될 수밖에 없기 때문에 이러한 본질적인 취약점을 극복할 가능성이 없다고 보고 그 대안으로 외적인 요인을 통해 인식정당화를 실현시키려는 일련의 과정에 대해 살펴보았다. 여기에서 핵심적인 전제 가운데 하나로 작용한 것은 참의 극대화와 거짓의 극소화라는 인식적 목표를 달성하기 위한 오류가능성의 차단이었다.

내·외재론 간의 차별성을 드러내는 과정에서 전통적으로 우위를 지켜온 내재론의 진영에서 해결하기 어려운 난제에 대해 새로이 등장한 외재론적 견해가 인식정당화의 목표 달성과 관련하여 어느 정도 그 실마리를 제공해 줄 수 있으리라는 가능성 또한 여러모로 확인할 수 있었다. 이에 따라 분명해진 것이 있다고 한다면, 그것은 최근 외재론이 최근 급격히 부각되고 있는 것은 사실이나, 그렇다고 해서 내재론이 안고 있는 특정한 난제에 대해 얼마간 설득력 있는 해결책을 제시하고 있다는 사실이 외재론으로 대체되어야 할 당위성을 의미하는 것으로 해석할 수는 없다는 점이다. 왜냐하면 내재론이 전자의 기조를 유지하면서도 그 난제를 해결할 수 있는 길이 완전히 봉쇄되었다고 말하기는 시기상조일 뿐더러 외재론에서 해결해야 할 과제 역시 그대로 남아 있기 때문이다.

이러한 일련의 논의를 통해 오류가능성의 차단이라는 전제에서 비롯된 두 견해간의 본질적인 차이에 대한 확인 작업을 통해 오히려 인식론에 새로운 활력을 불어 넣은 하나의 계기로 작용할 수 있을 것으로 기대된다. 또한 현대 인식론에 관한 논의가 단일한 틀로 재단하는 것 자체가 논의의 확장

가능성(상호 공방의 가능성)을 차단해 버릴 수 있기 때문에, 인식정당화론의 본질적인 측면과 아울러 다양한 각도로 접근할 수 있는 길을 열어 놓는 것은 의미 있는 일이다. 논의 과정에서 인식정당성 개념에 초점을 맞추다 보니 내ㆍ외재론 간의 공방을 둘러싼 논의에 대해 세부적으로 포착해 내지 못한 것은 다음 과제로 남겨두고자 한다.

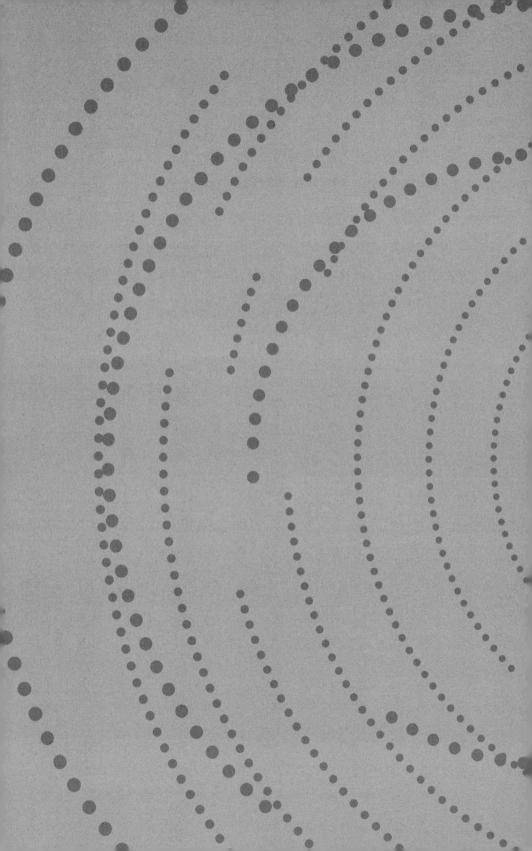

제9장

인식적 외재주의와
합리성 문제

1. 외재주의 전략과 합리성 문제

지금까지 인식적 내재주의·외재주의 논쟁을 둘러싼 공방에서 그 해결 방안을 찾기 위한 수많은 대안이 제시되어 왔지만, 그 해결책의 일환으로 '합리성(rationality)'이 활용된 경우는 거의 찾아보기 힘들다.[252] 이 글에서 문제 삼고자 하는 것은 '합리성'을 통한 방식만이 외재주의적 전략을 무력화시키는 동시에 내재주의가 옹호될 수 있는 유일한 방식일 수 있다는 전제에서 출발한다. 그렇다면 인식적 내재주의·외재주의 논쟁과 관련하여 그 해결의 실마리를 마련해 줄 수 있는 유일한 대안 가운데 하나는 '합리성'과 연관된 방식에서 찾아야 한다는 것을 의미한다. 그런데 이와 같이 인식 외재주의를 무력화시킬 수 있는 내재주의적 전략의 기반은 외재주의적 견해가 갖는 이론적 성격에서 비롯된다. 그것은 인식 외재주의가 갖는 태생적 측면으로 인해 결코 벗을 수 없는 이론적 결함에서 비롯된 것이라고 할 수 있는데, 말하자면 외재주의에서 표방하는 한 믿음의 정당화 조건(즉, 신빙성 있는 믿음의 조건)을 전적으로 만족시키고 있음에도 불구하고 인식적으로 정당화되었다고 보기 어려운 경우가 있을 수 있다는 가능성에서 비롯된다.

인식 외재주의의 전형적인 모델은 한 믿음-형성 과정이 인과적 조건을

---

252) 인식 외재주의에 대한 반론 가운데 대표적인 것으로는 코헨(Cohen)과 기넷(Ginet)의 '사악한 악마의 문제', 봉쥬르(Bonjour)의 '투시력 문제', 치즘(Chisholm), 펠드만(Feldman)의 '일반성 문제' 등을 들 수 있다. 그런데 이러한 반론들이 모두 내재주의를 옹호하는 방식이라기 보다는 외재주의에 대한 공격 그 자체에 목표를 두고 있다. 그래서 이러한 비판 자체가 비록 성공적이라고 할지라도 내재주의를 옹호하는 방식과는 전혀 무관하다는 점이다. Cohen(1984), Ginet(1985), Chisholm(1982), Feldman(1985), Feldman(1988), Goldman(1979) 참조. '합리성 문제'와 관련하여 외재주의에 대해 반론을 제기하는 동시에 내재주의를 옹호하는 논변으로는 폴리(R. Foley)가 유일한 것으로 확인된다. Foley(1991) 참조.

만족시킴으로써 그 정당성이 확보될 수 있다는 견해이다. 그런데 믿음-형성 과정에 대한 인과론적 개입이라는 외재주의적 조건을 전적으로 만족시키고 있음에도 불구하고 안다고 할 수 없는 상황이 있을 수 있다면, '참의 극대화와 거짓의 극소화' 라는 인식론적 목표를 반영해 내지 못하는 정당화론되고 말 것이다.[253] 이 문제는 외재주의가 갖는 가장 큰 취약점이자 그 성립 가능성조차 의심스럽게 만드는 것으로 '합리성의 문제' 와 직접 연관되어 있다. 합리성과 관련하여 제기되는 물음은 한 믿음이 정당화된다고 했을 때, 정당화 조건을 어느 정도 고려하고 있으며, 과연 외재주의에서 내세우는 조건에 따라 그 정당화가 가능한가 하는 것이다.[254] 간단히 말해 이 물음은 외재주의적인 인식정당화의 개념도 과연 합리성을 포함하고 있는가 하는 점이다.

대표적인 인식적 외재주의 가운데 하나인 골드만(Alvin I. Goldman)의 견해에 따르면, 인지자 S의 믿음이 골드만이 제시하고 있는 신빙성의 조건을 전적으로 만족시키고 있음에도 불구하고, 지식이 되지 못하는 이유는 그가 그 믿음을 참이라고 여길만한 합리적인 이유 혹은 합당한 근거를 그 자신이 소유하고 있지 못하기 때문이라는 논점을 반영한다. 이는 곧 인지자 S가 그 믿음을 받아들임에 있어 반드시 충족되어야 할 부분이 있다는 점을 시사하는 것이다.[255] 물론 외재주의 틀 내에서 그 해결책을 찾기 위해 추가적인 조건을

---

253) 인식론의 목표와 관련하여 '참의 극대화와 거짓의 극소화' 라는 개념이 등장하게 되는 배경은 우리의 믿음이 세계상을 그대로 비추어 주는 투명한 거울의 구실을 할 수는 없다는, 즉 '믿음 의 오류가능성' 에서 비롯된다.

254) 많은 내재주의자들이 이와 같은 반론을 제기하고 있지만, 외재주의에 대한 전형적인 반론은 봉쥬르와 폴리에게서 찾아 볼 수 있다. Bonjour(1985), Foley(1985) 참조.

255) 이에 관해서는 몇몇 반례를 통해 확인할 수 있는데, 요점은 나의 감각-지각에 의해 주어진 경 험에 따른 믿음이 참이라고 여길만한 합당한 이유가 되지 못하는 것은, 특정한 사태로부터 야 기된 나의 감각경험이 나의 유일한 인식적 근거라는 점에서 설사 그것이 거짓이라고 하더라도

덧붙이는 전략을 취할 수도 있겠지만, 이는 자칫 외재주의적 기반 자체를 흔들 수도 있기 때문에 또 다른 문제를 낳는다. 이에 반해 내재주의에서는 한 믿음이 참이라고 여길만한 합당한 이유를 인지자가 소유할 것을 요구한다는 점에서 얼마든지 그 답변이 가능하다.

인식 내재주의에 의하면 한 믿음이 정당화되기 위해서는 그 믿음이 인식 주관의 관점에서 볼 때, 합리적이어야 한다. 그런데 여기서 인식적 합리성이 확보 가능하다는 것은 내재론의 경우 인식 주관의 관점에 따르기 때문인데, 한 믿음이 형성되는 과정에 주목하는 외재론의 경우 이와 같은 합리성의 확보가 어렵다는 점이다. 외재주의에 가해지는 이러한 비판에 대처하기 위하여 외재주의자들은 우선 인식 정당화에 필수적인 '인식 주관의 합리성'이라는 것이 무엇을 의미하는지에 관해 물을 것이다.

2. 합리성 문제에 대한 외재주의의 대응

인식적 외재주의에 가해지는 가장 중요한 반론 가운데 하나는 신빙성 있는 믿음의 조건을 만족시키고 있음에도 불구하고 인식적으로 정당화되었다고 보기 어려운 경우가 있을 수 있다는 점이다. 이 문제는 외재주의가 갖는 가장 큰 취약점이자 그 성립 가능성조차 의심스럽게 만드는 것으로 '합리성' 문제와 직접적으로 연관되어 있다고 앞에서 언급한 바 있다. '합리성의

동일한 경험이 주어졌을 것이라는 점이다. Cohen(1984), 281쪽. 퍼트남의 주장 역시 이와 유사한 논점에 따른 것이다. Putnam(1983), 246쪽 참조.

문제'와 관련하여 제기되는 물음은 한 믿음이 정당화된다고 했을 때, 어떠한 형태의 정당화의 조건을 고려한 것이며, 과연 외재주의에서 내세우는 조건에 따라 그 정당화가 가능한가 하는 것이다.[256] 다시 말해 이 물음은 외재주의에서 제시하는 인식정당화 개념이 과연 합리성을 포함하고 있는가 하는 점이다.

홍병선(2001)에서 나는 영수의 믿음이 골드만이 제시하고 있는 신빙성의 조건을 전적으로 만족시키고 있음에도 불구하고, 지식이 되지 못하는 이유는 그가 그 믿음을 받아들이는 데 대한 합리적인 이유 혹은 합당한 근거를 영수 자신이 소유하고 있지 못하기 때문이라고 지적한 바 있다.[257] 이러한 지적은 영수가 그 믿음을 받아들임에 있어 반드시 충족되어야 할 부분이 있다는 점을 시사하는 것이다. 따라서 외재주의에서 제시하는 '한 믿음의 정당화를 위한 인과적 조건'이라는 틀 내에서 그 해결책을 찾기란 결코 쉽지 않을 것이며, 만일 이를 벗어나기 위해 추가적인 조건을 덧붙이는 전략을 취한다고 하더라도 이는 자칫 외재주의적 기조를 흔들어 버릴 우려가 있기 때문에 신중을 기할 수밖에 없다. 이에 반해 '합당한 이유에 대한 인지자의 소유'라는 조건을 요구하는 내재주의 관점에서는 별 어려움 없이 그 답변이 가능하다.

내재주의에 의하면 한 믿음이 정당화되기 위해서는 그 믿음이 인식 주관의 관점에서 볼 때, 합리적이어야 한다. 그런데 여기서 인식적 합리성이 확보 가능하다는 것은 내재주의의 경우 인식 주관의 관점에 따르는 반면, 외재주의에서는 한 믿음이 형성되는 과정에 주목하기 때문에 이와 같은 합리성의 확보가 어렵다는 점이다. 외재주의에 가해지는 이러한 비판에

---

256) 많은 내재주의자들이 이와 같은 반론을 제기하고 있지만, 특히 여기에서 염두에 둔 것은 봉쥬르와 폴리의 견해이다. Bonjour(1985), Foley(1985) 참조.

257) 홍병선(2001) 참조.

대처하기 위하여 외재주의자들은 우선 인식 정당화에 필수적인 '인식 주관의 합리성'이라는 것이 무엇을 의미하는지에 관해 물을 수 있다. 그렇다면 그 개념을 해명하기 위해 다음의 예를 통해 인식적 합리성의 조건에 대해 검토해 보기로 하자.

> [예1] "영희는 졸업 시험에 통과될 경우 바로 졸업하게 되어 있으며 그 사실을 그녀는 알고 있다. 뿐만 아니라 영희는 자신이 시험에 통과하게 될 것이라는 증거도 갖고 있다. 그녀는 열심히 공부해 왔고, 그 시험에 관련된 거의 모든 내용을 이해하고 있으며, 게다가 시험에 관한 모든 정보 또한 확보하고 있기 때문에, 시험에 통과하게 될 것이고, 따라서 졸업하게 된다는 것을 스스로 인정하고 있다. 그러나 여기에는 다음과 같은 좀 더 복잡한 상황을 포함하고 있다. 즉 심사 위원들은 영희에게 겸손을 가르치기 위해 그녀가 졸업하게 될 것이라는 것을 그녀 자신이 믿게 될 경우, 시험을 보다 어렵게 변경시킴으로써 영희가 그 시험에 통과하지 못하게 만들고자 할 것이다. 게다가 영희는 이 모든 사실을 '신빙성 있는 방식을 통해 알고 있다'. 이 경우 영희는 딜레마에 직면하게 될 것이다. 즉 영희는 "(P) 졸업시험에 통과하게 될 것이다"라는 명제와 "(Q) 시험은 변경될 것이고, 결국 통과하지 못하게 될 것이다"라는 명제 가운데 어느 것도 받아들일 수 없게 된다.[258]

위의 예에서 영희의 증거에 문제가 있는 것은 아니라는 데 유의해야 한다. 전제에 따라 영희가 졸업하게 될 것임을 뒷받침하는 증거는 전적으로 타당하며, 영희 자신도 이를 분명하게 의식하고 있다. 여기에서 영희가 (P)가

---

258) 폴리가 Foley(1991)에서 제시한 예를 다소 수정한 것이다. Foley(1991), 참조.

참이라고 믿을만한 근거는 있지만 정작 그 명제를 믿어야 하는지는 문제가 있다는 것이다. 영희가 졸업하게 될 것이라는 명제 (P)를 그녀 자신이 믿고 있는 것에는 아무런 문제가 없지만, 그러나 그러한 그녀의 믿음은 심사위원으로 하여금 시험을 변경하도록 만들 것이며, 따라서 그녀는 졸업시험에 통과하지 못할 것이라는 신빙성 있는 그녀의 또 다른 믿음인 (Q)에 입각할 때, 믿음 (P)가 소멸될 것이라는 데 문제의 심각성이 있다. 여기에서 제기될 수 있는 물음은, 영희의 목적이 인식적인 한에 있어서, 영희가 졸업하게 될 것이라는 명제에 대해 어떤 인식적 태도를 지니는 것이 합리적인가? 하는 점이다. 영희가 그 명제를 믿는 것과 믿지 않는 것, 혹은 유보하는 것 가운데 어떠한 것이 합리적인가?[259]

　　[예1]에 관해 내재주의적 틀 내에서 이해할 경우, 우선 영희의 결론에 대한

---

259) 이는 1980년 중반 이후로 버지(Burge), 코니(Conee), 크룬(Kroon), 소렌슨(Sorensen), 굽타(Gupta), 이병덕 등에 의해 활기차게 전개되어온 "믿음의 불안정설 역설(The paradox of belief instability)"로 알려진 논의이다. 이병덕 교수의 논의를 통해 정리하면, "S가 인식적으로 합리적인 존재라고 가정하고, (1) P ↔ it is not the case that S believes 'P' 여기에서 (1)은 쌍조건문 (1)의 양 항들이 동시에 참일 수 있기 때문에 논리적으로 일관적이다. 그리고 S는 (1)을 믿을만한 충분한 이유를 가질 수 있다. 우선 'P' 를 'S 가 'P' 를 믿는 것이 아니다' 라는 문장으로 정의하면, (1)은 정의에 의해 참이다. 어떠한 경우건 (1)은 명백히 참이며, 우리는 이 참인 쌍조건문을 믿는 존재가 있을 수 있음을 부정하기 어렵다. 이제 (1)이 참이라고 가정한 상태에서 S가 인식적으로 합리적인 존재로서 'P' 를 믿어야 할지 말아야 할지를 결정하려 한다고 하자. 이 경우 S는 단지 세 가지 선택지들을 갖는다. S는 'P' 가 참이라고 믿을 수 있고, 또한 'P' 가 거짓이라고 믿을 수도 있고, 또한 'P' 에 대해 판단유보를 할 수도 있다. 만일 S가 'P' 를 참이라고 믿으면 상조건문 (1)에 의해 'P' 는 거짓이 된다. 그리고 S가 그 믿음을 택하자마자 거짓이 되는 문장을 믿는 것은 인식적으로 합리적이지 않다. 한편 S가 'P' 를 것짓이라고 믿으면, S는 (1)에 의해 그가 'P' 를 믿는다고 받아들여야 한다. 그러나 S는 인식적으로 합리적인 존재로서 그가 거짓이라고 믿는 문장을 그가 믿는다고 받아들일 수 없다. 결국 'P' 를 참이라고 믿는 것도 거짓이라고 믿는 것도 인식론적으로 바람직하지 않아 보인다. 결국 'P' 에 대해 판단유보를 하는 것이 유일한 합리적 선택으로 보이지만, 이것도 인식적 곤경에 처하기는 마찬가지이다." 로 요약할 수 있다. 이병덕(1998), 364-74 참조.

믿음은 영희의 인식적 책임(epistemic responsibility)을 통해 확보된 믿음이기 때문에 인식적으로 정당화된 것으로 볼 수 있다.[260] 영희는 가능한 상황들을 인식적 관점에 따라 파악하고, 그의 인식적 목표에 비추어 결과적으로 믿음을 받아들인다는 점에서 그는 인식적 의무를 저버리지 않은 결과에 따른 것이므로 정당화되었다고 말할 수 있다. 한 믿음이 인식 정당화되기 위해서는 인식 주체가 그 믿음을 정당화하기 위해 할 수 있는 모든 책임을 다해야 하기 때문에, 그러한 인식적 책임을 다한 결과에 따른 믿음은 마땅히 정당화될 것이고, 따라서 인식적 합리성의 조건을 만족시킨 것이라고 볼 수 있다. 따라서 내재주의적 틀 내에서 인식 정당화를 위해 요구되는 합리성의 조건인 '인식적 책임 조건'은 [예1]에서 영희의 경우에도 역시 충족될 수 있다.[261] 이에 반해서 외재주의적 견해에 따를 경우, 어떠한 답변이 가능하겠는가?

외재론의 대표적인 견해인 신빙주의에 따르면 신빙성 있는 믿음-형성 과정에 따라 산출된 믿음만이 인식적으로 정당화되며 반대로 그와 같은 과정에 따르지 않는 방식으로 산출된 믿음은 정당화되지 않는다. 물론 여기에서의 정당화는 인식 주체의 내적 접근과는 무관한 방식으로 이루어진다.[262] 그런데 [예1]에서 영희의 믿음은 신빙성 있는 과정에 따라

---

260) 인식 내재주의에 대한 의무론적 개입(인식적 책임)의 근거에 관해서는 홍병선(2002)의 4장과 5장을 참조하기 바람.

261) Bonjour(1985), 48-9쪽. 이 점에 대해 치즘(Chisholm)은 우리가 어떤 명제를 받아들임에 있어 그것이 참인 경우 또 오직 그 경우에 한해 자신이 그 명제를 받아들이는 결과가 되도록 해야 하는 지적 책임을 지닌다고 보고, 그것은 바로 지적인 존재로서 인간이 져야 할 책임이자 의무라는 것이다. 이 말은 "어떤 시점에서 인식 주체에 대해 q에 비해 p가 더 합리적이라는 것은 바로 그 시점에서 지적인 존재로서의 그의 책임이 p보다는 p에 의해 더 잘 달성되게 되어 있다"는 것을 의미한다. Chisholm(1977), 14쪽.

262) Goldman(1992), 참조.

산출된 것이 아니며 따라서 인식적으로 정당화되었다고 할 수 없다. 외재주의에서 영희의 믿음이 비합리적이라고 비판할 경우, 그 근거는 무엇인가? 영희의 믿음이 신빙성이 없는 과정을 통해 산출되었다는 것인가 혹은 앞에서도 언급한 바와 같이 영희의 믿음이 사실과의 인과적 관계를 갖지 않기 때문에 신빙성이 없다는 것인가?

골드만의 경우 한 믿음의 정당화가 신빙성 있는 믿음-산출 과정에 따르는 것이라고 할 때, 그러한 과정에 방해가 되는 요인이 있다면 그 신빙성을 유지할 수 없을 것이고, 결국 정당화된 믿음의 산출은 불가능하게 될 것이다. 이것은 인지자가 신빙성 있는 믿음-산출 과정에 따라 얻어지는 믿음과 충돌하는 어떤 믿음도 소유해서는 안 된다는 것을 의미한다. 그럴 경우에 한해 정당화된 믿음의 확보는 가능할 것이고, 비합리성의 비판이 가능하다는 그의 인식적 이상은 실현될 수 있을 것이다. 그러나 이와 같은 그의 이상이 과연 실현될 수 있을까?[263] [예1]에서 그의 방식에 따라 영희의 믿음에 대한 신빙성을 보장하기 위해서는 신빙성을 저해하는 요인이 되는 Q를 적절히 처리해야 하는데 골드만이 내세우는 개념적 장치를 통해서는 Q를 처리하기가 어려운 것으로 보인다. 이를 의식했는지 Goldman(1988)에서 골드만은 이에 대한 답변을 시도하고 있는 데, 그는 우선 정당화를 강한 정당화(strong justification)와 약한 정당화(weak justification)로 구분한 다음 전자의 조건을 '방해적 요소의 부재

---

263) 여기에서 '이상'이라고 한 것은 다음을 염두에 둔 것이다. 즉, 내재주의나 외재주의나 비합리성이 비판되어야 한다는 점에서는 견해를 달리하지 않는다. 두 입장 모두 비합리성을 비판하는 것이 당연하다고 생각할 수 있는데, 그 이유는 인식적 용어에 대한 의무론적 분석에 따라 '가치적 용어'를 사용하여 '인식적 개념'을 정의하는 것 자체를 당연한 것으로 여기기 때문이다. 그러나 인식적 용어에 대한 의무론적 분석이 적어도 내재주의에는 적용될지 몰라도 외재주의의 형태를 띤 견해에 적용된다고 보기는 어렵다. 홍병선(2004), 3절 참조.

조건(no undermining factor)', 후자의 조건을 '비난의 부재(blameless) 조건'을 제시하고 있다. '방해적 요소가 없어야 된다.'는 조건은 인식 주체가 문제의 믿음과 비일관적인 믿음들을 가지고 있지 말아야 할 것을 요구한다. 다시 말해 한 믿음을 신빙성 있는 믿음 형성 과정에 따른 정당화라고 했을 때, 이에 부합하지 않는 방식으로 산출된 믿음을 인식 주체가 지녀서는 안 된다는 것이다. 그러나 이와 같은 골드만의 제안은 당장 [예1]을 설명하지 못한다. 영희의 믿음에 방해적 요소가 있기 때문에 정당화된 믿음이라고 볼 수 없기 때문이다. 후자의 조건은 그의 말대로 약하게 정당화될 수 있는 가능성을 열어 놓고 있지만, 이 또한 사정이 더 나을 것도 없다. 약하게 정당화된 믿음이란, 불분명한 요소가 있기는 하지만, 강한 의미와 구분해서 '비난의 부재'와 같은 믿음을 의미하는 것으로 보인다. 여하튼 약하게 정당화되기 위해서라도 문제의 믿음이 신빙성이 없는 믿음 형성 과정에 의해 산출되어야만 한다. 그러나 [예1]에서 영희의 믿음은 신빙성 있는 믿음 형성 과정을 통해 산출되었다. 그렇다면 약하게 정당화된 믿음이라고 볼 수도 없다. 따라서 골드만의 제안은 인식 내재주의적 책임의 조건을 충족시켜 주고 있지 못하는 것으로 보인다.[264]

골드만도 위와 같은 반론을 분명히 의식하고 있는 것으로 보인다. 앞에서도 언급한 바와 같이 그는 그러한 반론을 극복하기 위해 다양한 논의를 통해 그 해결책을 모색하고 있지만, 그가 근간으로 삼고 있는 외재주의의 기조를 결코 버릴 수 없기 때문에 [예1]의 문제를 해결하지 못하고 있다. 어떠한 방식으로든 그가 자신에게 유리한 이론적 입지를 확보할 수 있을지 몰라도 외재주의의

---

264) Goldman(1988), 128-33쪽.

기본적인 전략을 유지하는 한, 위의 예에 대한 적절한 답변을 제시하기는 어려울 것으로 보인다. 물론, 이에 대한 해결의 실마리를 찾기 위해 그 시선을 달리 돌림으로써 그 차선책을 모색할 수도 있다. 그 차선책을 모색하고자 하는 논의는 외재주의적 틀 내에서 이루어지고 있지 않기 때문에, 부분적으로 내재주의적 개념의 도입을 통해 찾고 있는 것으로 보인다.[265]

각주의 [예2]에서 철수는 자신이 지목한 조각이 진품임을 알고 있다고 말할 수는 없다. 그렇다면 철수가 진품임의 여부를 식별함에 있어 단지 그 사실에 의해 야기되어야 할 것에 대한 요구라기보다는, 내가 그 작품이 진품이라고 여길만한 합당한 이유를 소유해야 할 것에 대한 요구가 있어야 할 것이다. 여기에서 가능한 해결 방안은 영수가 그 믿음을 받아들일만한 합리적인 이유를 영수 자신이 소유하지 않는 한, 그 해결책이 나오지 않는다는 점이다. 물론 외재주의에서는 정당화 조건에 대한 접근의 요구는 여전히 상위 믿음을 요구하게 되어 회의론적 귀결로 빠지게 됨을 끊임없이 주장하면서도, 한 믿음에 대한 약한 접근을 부분적으로 받아들이는 경우도 있음을 알 수 있다. 만약 이와 같이 부분적으로나마 내재주의적 입장을 받아들인다면, 이는 전적으로 외재주의의 본질적인 입장을 유지하는 해결책이라고 말하기

---

265) 다음 사례를 생각해 보자. [예2] "철수는 어느 날 조각예술 전시회에 가게 되었다. 나름대로 조각 예술에 일가견이 있던 그는 전시된 조각을 유심히 감상하다가 어떤 조각에 눈이 가게 되었다. 그런데 육안으로 보기에 전혀 식별할 수 없을 정도로 동일한 조각이 나란히 전시되어 있었고, 둘 중 하나는 진품이고 다른 하나는 모조품이라고 하자. 철수는 두 조각 가운데 진품을 가려내려 애를 썼지만 아무리 해도 두 조각 간의 차이점을 찾을 수 없었다. 결국 철수는 신중하게 검토한 끝에 그 중 하나를 진품으로 확신하게 된다. 그런데 영수가 진품이라고 지목한 조각이 실제로 진품이었다." 이 예에서 철수가 지목한 조각이 진품이라는 그의 믿음은 참이며 또한 실제로 철수의 믿음을 참이게 하는 사실이 그의 믿음의 원인이 되고 있다. 철수의 믿음은 인과론적 개입을 만족시키고 있으며, 따라서 골드만의 정의에 따라 충분히 지식으로서의 자격을 획득한다. 홍병선(2001), 68-70쪽, Chisholm(1977)의 23쪽 참조.

어렵다.

3. 인과적 오류와 합리성 문제

'인식적 합리성'과 관련하여 외재주의가 해결해야 할 또 다른 과제는 외재주의적 정당화와 관련하여 외재주의에 제기된 중요한 반론 가운데 하나로 레러에 의해 지적된 인과적 오류(causal fallacy)의 문제이다.[266] 외재주의에서 한 믿음을 정당화된 믿음이 되도록 전환시키는 것이 바로 그 믿음을 발생시킨 원인이라고 말하고 있는데, 이러한 생각은 어떤 것을 믿는데 대한 이유(reason)와 그것을 믿는 원인(cause)을 혼동하는 오류를 범하고 있다는 것이다. 예를 들어, 어떤 사람의 믿음에 대한 정당화가 증거에 기초해 있다고 했을 때, 그가 믿게 되는 것은 다름 아닌 증거 때문일 것이다. 외재주의에서 한 믿음의 정당화가 그 증거에 토대를 둔다는 것은 그 증거에 인과적으로 따른다는 것을 함축한다. 이 말은 어떤 사람의 믿음이 어떤 특정한 방식으로 증거와 인과적으로 관련되어 있는 오직 그 경우에 한해 그 믿음에 대한 정당화가 그 증거에 기초한 것이 된다. 외재적 정당화가 기초하고 있는 증거가 실제로 그 믿음과의 인과적 관계에 의해 분석되고, 따라서 그 믿음이 증거에 의해 인과적으로 설명되는 방식을 통해 그 믿음은 정당화될 것이다. 그렇지만 정당화된 믿음이 그 믿음을 정당화하는 증거와 인과적으로 무관할 경우 문제가 발생하게 된다. 게다가 어떤 사람의 믿음에 대한 정당화가 그 증거에

---

266) Lehrer(1990), 168-72쪽.

기반하고 있음에도 불구하고, 그가 왜 그 믿음을 갖는지를 그 증거가 전혀 설명하지 못하는 경우 또한 있을 수 있다.

　믿음의 정당화를 위하여 한 믿음과 증거 사이에 아무런 인과 관계도 있을 필요가 없다는 것을 보여주기만 하면 외재주의적 전략을 좌초시킬 수 있다는 점에서 이 문제는 외재주의에 심각한 문제를 제기한다. 한 믿음을 갖는 데 대한 이유가 그 믿음을 발생시키는 원인이 된다고 할지라도, 바로 그 믿음을 정당화하는 이유가 되는 것과는 별도로 또 다른 원인으로부터 그 믿음이 생길 수도 있을 것이다. 반대로 믿음을 발생시킨 원인과는 별도로 그 믿음을 정당화하는 이유들을 갖게 될 수 있다면, 그 이유들은 믿음에 인과적으로 아무런 영향을 미치지 않으면서 그 믿음을 정당화시키게 된다. 이 점을 다음의 예를 통해 살펴보기로 하자.[267]

> "철호는 인종에 대한 편견을 가지고 있어서, 자신이 속한 인종의 성
> 원은 그렇지 않은데 특정한 인종 A는 어떤 질병에 감염되기 쉽다는
> 믿음을 갖고 있다고 하자. 그는 일반적으로 받아들이고 있는 정보들
> 을 토대로 A 인종에 관한 믿음을 더 확신하게 되었다. 그러나 아주
> 특별한 계기를 통해 A 인종이 아닌 B라는 인종이 그러한 질병에 감
> 염되는 경우가 많다고 굳게 믿게 되었는데, 그러한 편향된 믿음이 이
> 제는 어떠한 경우에도 결코 흔들리지 않는 확신으로 자리잡게 되었
> 다고 하자. 이제 철호가 의사가 되어 문제의 그 질병에 관해 과학적
> 인 연구에 종사하게 되었다. 그는 그 질병에 관해 알려진 모든 것에
> 관해 연구한 결과 그의 확신을 뒷받침해 줄 수 있는 아주 결정적인
> 증거를 발견했다. 철호가 입수한 과학적인 증거는 오직 B 인종에 속

---

267) 레러가 제시한 사례를 논지의 성격에 맞게 일부 변형시켰다. Lehrer(1990), 169-70쪽.

한 사람들만이 그 질병에 감염된다는 것을 보여준다. 이렇듯 철호는 과학적 증거의 규준들을 완벽하게 이해할 수 있는 의학 전문가가 되었지만, 그렇다고 해서 그의 편견이 좀처럼 약화되지는 않았다. 그럼에도 불구하고 철호는 어떠한 의학 전문가들과 마찬가지로 그 증거를 이해하고 평가하며, 그 결과 그의 믿음을 정당화하는 이유를 갖게 된다. 그는 자신의 확신이 과학적 증거에 의해 확증된다는 것을 발견하였다. 그러한 발견에 따라 그는 결국 B 인종의 성원들만이 그 문제의 질병에 감염된다는 것을 알게 된다."

철호는 주어진 증거에서 B라는 인종만이 그 질병에 감염된다는 믿음에 이르는 타당한 논증을 하였으며, 이 논증에 의거하여 그 증거가 B라는 인종만이 그 질병에 감염된다는 것을 믿게 되는 타당한 근거라는 것까지도 의식하고 있다. 그렇다면, B라는 인종만이 그 질병에 감염된다는 믿음이 철호에게 정당화될 것이고 이를 부정할 길은 없다. 하지만, 그 믿음을 정당화시키는 증거만이 바로 그 믿음의 원인이라고 할 수는 없을 것이다. 그 믿음에 대한 또 다른 혹은 본래의 원인이 되는 특정한 계기를 통한 B 인종에 대한 편견 내지는 확신이 그에게 없었더라면, 철호는 증거와 믿음 사이의 타당한 논증을 찾지 못했을 것이고, 그렇다면 증거가 철호로 하여금 그 믿음을 형성하게 하지는 못했을 것이다. 이 예가 보여주는 것은 철호의 믿음을 정당화하는 이유들은 결코 그 믿음을 인과적으로 설명하지 못할 뿐만 아니라, 증거와 믿음 사이의 인과 관계가 외재주의에서 말하는 정당화의 필요 조건일 수 없다는 것이다. 한 믿음이 그 증거로부터 산출되거나 인과적으로 유지되어야 한다는 골드만 등의 외재주의자들의 줄기찬 주장에 비추어 볼 때 이러한 경우를 어떻게 설명할 수 있을 것인가?

이에 대해 스웨인(M. Swain)을 포함한 외재주의자들은 철호의 믿음에 대한 증거와 믿음 사이에 모종의 인과적 관계가 있는 것으로 재해석 될 수 있다고 말함으로써 위의 반론에 응수할지 모른다.[268] 즉, 이 예에서 철호의 믿음에 본래 원인이 되는 특정한 계기를 통한 그의 편견에 따른 확신이 없었더라면 철호는 증거로부터 특정한 인종에게만 그 질병에 걸린다는 논증을 하지 않았을 것이라는 것이다. 그러나 이러한 답변이 일견 타당성을 갖는 것 같지만, 문제는 그리 간단치 않다. 철호의 경우 증거가 어떤 특정한 인종에게만 그 질병에 걸린다는 믿음의 반사실적(counterfactual) 원인인가를 확인하기 위해서는 그 믿음의 본래 원인만이 존재하지 않는다고 가정한 후에 증거가 위 믿음의 원인이 될 것인가를 물어야 할 것이다. 이 경우 철호는 증거에 의존하여 문제가 되는 인종만이 그 질병에 감염된다는 믿음에 이르는 논증을 했다는 점은 고수해야 한다. 물론 이 경우에도 증거가 위 논증 덕분에 철호로 하여금 문제가 되는 인종에게만 특정한 질병에 감염된다는 것을 믿게끔 인과적인 영향을 미쳤을 것이라고 말할 수도 있을 것이다. 즉, 그 믿음이 증거에 의해 유지된다고 말하는 것은 철호가 자신이 믿는 것을 편견 때문에 믿는 것은 아니더라도 그 증거의 인과적인 결과로 계속 믿었을 것이라고 할 수도 있을 것이다.

그러나 이런 식의 답변은 위의 반론에 대해 아무런 영향도 미치지 못한다. 이러한 주장은 철호에게 작용하고 있는 편견을 대수롭지 않게 여기고 있다는 점에 문제가 있다. 철호는 특정한 인종에 대한 강한 부정적인 감정을 갖고 있으며, 이 때문에 B 인종이 문제의 질병에 감염된다고 믿은 것이다. 더욱이 B

---

268) Swain(1981), 91쪽, Lehrer(1990) 169쪽 참조.

인종이 특정한 질병에 감염된다는 결론에 도달하기 위한 철호의 논증은 아주 복잡하다. 따라서 특정한 인종이 그 질병에 감염된다는 결론을 뒷받침하는 근거가 이 논증뿐이라면, 철호는 자신의 감정적인 편견에 휩싸여 그 인종이 특정한 질병에 감염된다고 믿지 않았을 것이다. 그는 오히려 자신의 논증의 타당성을 의심하였을 것이다. 철호는 인종에 대한 편견이 있었기에 특정한 인종이 질병에 감염된다는 사실을 믿을 수 있었다.

문제는 비록 다른 요인들이 그 믿음에 대한 영향력을 상실한 상태에서 증거가 그 믿음에 영향을 주었다 하더라도, 실제로 그러한 영향이 정당화와는 우연적인 관계만을 지닐 것이다. 만일 어떤 사람이 그가 알고 있는 어떤 것으로부터 특정한 결론을 타당하게 연역했다면, 그것은 그로 하여금 그 결론을 믿도록 하는 원인이 되거나 그 결론에 대한 그의 믿음에 영향을 줄 수는 있다. 하지만 그 추리의 타당성은 인과적 관계에 따른 것이 아니다. 만일 어떤 사람이 그가 알고 있는 것을 기초로 하여 어떤 결론을 정당화한다면, 그 일은 그로 하여금 그 결론을 믿도록 하는 원인이 되거나 그 결론에 대한 그의 믿음에 영향은 줄 수 있다. 하지만 그의 결론에 대한 정당화는 그러한 인과적 영향 관계에 의존하지 않는다.

지금까지 한 믿음과 증거와의 인과적 관계가 인식 정당화에 아무런 영향도 미치지 않을 수도 있음을 보았다. 또한 그러한 논의를 통해, 한 믿음의 정당화가 외재주의적 틀 내에서 그 해결의 실마리를 제공해 주지 못할 수 있음도 보았다. 물론 앞에서 제시한 것과 유사한 종류의 반례가 동일한 차원에서 다양하게 구성될 수 있을 것이다. 이러한 반례들로부터 우리는 인식 정당화를 위해 요구되는 하나의 중요한 결론을 이끌어 낼 수 있는데, 그것은 한 믿음과 증거와의 관계에서 인과적 영향만이 인식 정당화에 기여할 수 있다는 외재주의의 주장이 그리 설득력이 없다는 것이다. 증거에 따른 한 믿음의 정당화를 위해서는 오히려 그 증거에 대한 인식 주관의 내성적 파악이라는 내재주의적 해결 방식이 그 설득력을 발휘할 수 있다고 본다.

　지금까지 외재주의의 본성적 차원에 대한 인식론적인 검토를 통해 드러난 것이 있다면, 인식론에 대한 철학적 문제가 지니는 연관성에 비추어 볼 때, 외재론에만 의존해서는 지식에 대한 올바른 해명이 이루어지기 어렵다는 점을 알 수 있었다. 그래서 '합리성'에 비추어 우리가 안다는 것, 혹은 정당화된 믿음을 갖는다는 것에 대한 외재론의 분석은 결코 만족스럽지 못하다는 사실 또한 확인할 수 있었다. 따라서 인식 외재주의가 결코 단순하게 넘길 수 없는 측면이 있다고 한다면, 그것은 인간이 확보하고자 하는 지식이 어떤 종류의 것이냐에 관한 문제인 것이다. 인간은 부단히 합리적이고자 하는 존재이며 따라서 어떤 자극에 대한 단순한 반사적 반응으로서의 믿음 이상의 어떤 것을 지향하는 존재라는 점을 감안한다면, '인간 합리성'에 대한 우리의 철학적 물음에 대해 외재주의에서의 답변이 결코 충분히 이루어졌다고 말할 수 없다.

　한 믿음의 인식적 합리성은 합리적으로 사유하고 실천하는 자로서의 인간 합리성을 전제로 한다. 여타의 생명체와 본질적으로 구분지어 주는 인간의 본질적인 속성으로서의 합리성은 한 믿음의 정당성 확보를 위한 필요충분조건인 셈이다. 적어도 외재주의에서 표방하는 인식정당화 개념이 인식의무라는 합리성을 전제로 하지 않는 한 이에 따른 정당성 확보란 인과적 관계에 따른 신빙성 조건을 전적으로 만족시키고 있다고 할지라도 결코 인식적으로 정당화되었다고 할 수 없는 경우가 얼마든지 있을 수 있기 때문이다. 앞에서 살펴보았듯이 이 또한 합리적 존재로서의 인간이 갖는 지식이라고 결코 말할 수 없을 것이다. 이것은 다시 말해 합리적인 존재로서의 인지자가 한 믿음을 받아들이는 데 대한 합리적인 이유 혹은 합당한 근거를 인지자 자신이 소유하고 있지 못하기 때문이다. 이러한 맥락에 따라 외재주의자들에게 다음과 같이 물을 수 있다. 적어도 한 믿음의 정당화가 인지자의 합리성에 따른다고 했을 때, 그렇다면 그들이 말하는 한 믿음-형성 과정에 따른 인식적 합리성이란 무엇을 의미하는가?

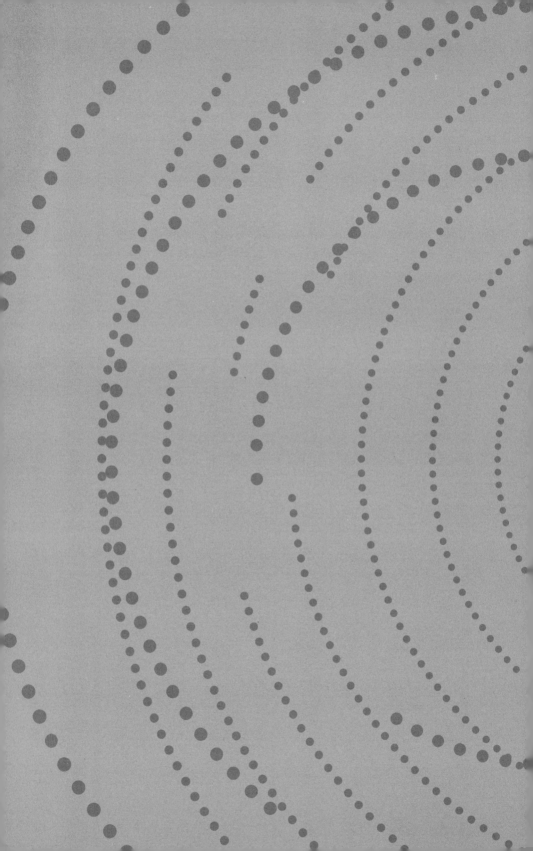

제10장

선험적 지식에 대한 칸트의 유산

—선험적 지식의 옹호가능성을 중심으로

1. 선험적 지식은 가능한가

현대 영미철학에 미친 칸트철학의 영향과 최근의 역할 상승에 관해 김재권 교수는 "최근 철학의 칸트적 경향" 이라는 글[269]에서 다음과 같이 밝히고 있다.

> "현대 영미철학이, 약 10-15년 전쯤부터 그 방향을 바꾸기 시작했다고 볼 수 있는데, 이 방향 변경의 역사적 의미는 20세기 중반까지 지배적이었던 논리실증주의와 협소한 '언어분석'을 벗어나 보다 전통적인 철학방법과 철학관으로 돌아가는데 있다고 할 수 있다. 이 전환은 'Kant的'인 전환이라고 말할 수 있다. … 지금 회고해 보면 Hume의 철학적 영향의 퇴보는 최근 철학의 다른 두 추세와 시간적으로 일치했다고 말할 수 있다. 그 하나의 추세는 논리적 실증주의의 중요한 철학적 운동으로서의 쇠퇴이며, 또 하나는 현대 영미철학 내에서 진행 중인 철학연구에 있어서의 Kant의 영향과 역할의 상승이다.(12쪽) … Kant를 둘러싼 분위기가 근본적으로 변화되기 시작했고 Kant의 철학적인 지위가 복구되어 갔다."

현대 영미철학계를 대표할 수 있는 철학자 가운데 칸트의 영향을 지대하게 받은 인물로는 도날드 데이비슨(D. Davidson), 존 롤즈(J. Rawls), 힐러리 퍼트남(H. Putnam), 셀라스(W. Sellars), 로더릭 치즘(R. Chisholm) 등을 들 수 있을 것이다. 특히 데이비슨의 경우 우리의 믿음이 전반적으로 참인 것은 언어와 사고에 대한 가능성의 전제조건이라고 하면서, 이는 결국 선험적인 철학적 논증이라는 방식을 통해 증명할 수 있다는 것인데, 이러한 그의

---

269) 김재권(1993), "최근 철학의 칸트적 경향", 『실재론과 관념론』, 철학과 현실사, 9-13쪽.

주장은 칸트의 선험적 논증과 거의 일치한다.[270] 또한 퍼트남은 『이성, 진리, 역사』에서 진리설에 대한 내재적 실재론을 옹호하는데, 그에 따르면 진리란 단순히 우리의 이론적 믿음들 상호간에 혹은 이론적 믿음과 경험적 믿음 사이의 이상적 정합성(이상화된 합리적 수용가능성)일 따름이라는 것이다. 이러한 주장 속에 담긴 퍼트남의 의도를 고려해 본다면, 이는 곧 칸트 선험철학에 대한 현대적 재해석이라고 평가할 수 있을 것이다.[271]

이러한 일련의 경향을 통해 보았을 때, 김재권 교수의 주장처럼 칸트를 둘러싼 분위기가 근본적으로 변화되기 시작했고 칸트의 철학적인 지위가 복구되어 간다는 그의 평가는 지극히 정당해 보인다. 나아가 이 보다 더 중요한 현상으로는 1960년대 이후 칸트가 진지한 철학적 연구의 대상이 되었다는 점인데 이는 윤리학자 롤즈를 통해 확인할 수 있다. 롤즈 윤리학의 근본적인 접근방식은 칸트 윤리학의 근간과 본질적으로 다를바 없다는 것이 일반적인 평가이다. 롤즈 자신 또한 이 점을 부인하지 않는다.[272] 이러한

---

270) 김재권 교수의 주장에 따르면 칸트와 데이비슨의 공통점은 관념론적인 철학적 관점이라고 주장하면서 데이비슨의 논증은 뚜렷한 칸트적인 경향이 있다는 것이다. 그는 "우리의 믿음이 일반적으로 참이라는 것은 우리 사고체계의 특징으로부터 나오는 필연적 결론이다. Kant의 논증은 인식이 가능하다면 어떤 종합판단은 필연적으로 참이라는 것이다. Davidson의 논증에 따르면 사고가 가능하다면 우리의 판단은 거의 전부 참이되어야 한다는 것이다. Kant는 그의 관념론적 논증이 회의주의를 논파한다고 주장하였다. 그와 같이 Davidson은 자신의 논증이 인식적 회의주의 그리고 다른 사람의 심리현상에 관한 회의주의를 논파한다고 간주하고 있다." 라고 주장하는데 여기에서 칸트와 데이비슨의 공통점을 찾고 있다. 김재권(1993), 27쪽.

271) H. Putnam(1972), *Reason, Truth and History*, 『이성 · 진리 · 역사』, 김효명 역, 민음사, 3장 참조. 퍼트남은 다음과 같이 언급한다; "내재적 견해에서의 '진리'는 정신에 독립적인 혹은 논의독립적인 '사태'와의 대응이 아니라, (이상화된) 합리적 수용가능성rational acceptability이다. 즉 우리의 믿음들 사이의 그리고 우리의 믿음 체계 속에 표상된 경험과 우리의 믿음들간의 어떤 종류의 이상적 정합성ideal coherence이다." H. Putnam(1972), 65-6쪽.

272) 김재권(1993), 13-4쪽

경향에 따른 롤즈의 영향은 흄, 벤담, 밀 등에 따른 공리주의에 의해 주도되던 윤리학의 판도를 칸트로 전환하는 결정적인 계기를 마련하게 된다. 이러한 칸트로의 선회는 그간의 영미철학에 대한 내적 반성의 성과물이자 그 속에 함께 거주해 왔던 칸트철학에 대한 재발견이라고 할 수 있다.

현대 영미인식론을 둘러싼 논의가 대부분 경험적 지식의 정당화 문제를 중심으로 전개되어 온 점을 감안한다면, 선험적 지식이 갖는 인식론적 의의에도 불구하고 오히려 뒷전에 머물러 있는 형편이다. 문제는 그것이 경험적 지식의 정당성 확보라는 차원과 직·간접적으로 연관된 측면도 있지만, 무엇보다도 전통적으로 합리주의와 경험주의 간에 지식의 원천 혹은 정당화 근거를 두고 벌어진 논쟁에서 그 의의를 찾을 수 있을 것이다. 논쟁의 과정에서 지식의 원천이 경험에서 비롯된 것이냐 아니면 이성적 직관에 따른 것이냐 라는 식으로 손쉽게 규정해 오기도 했지만, 그 이면에는 분석과 종합이라는 구분[273]이 자리하고 있음은 잘 알려져 있는 사실이다.

경험론자들의 견해에 따르면 세계에 관한 우리의 지식이 종합적이면서 경험적인 동시에 우연적 진술이라는 도식이 성립하는 반면, 합리주의자들은 이를 부정하면서 선천적 종합명제가 가능하다는 입장을 취한다. 특히 칸트 이후 선천적 종합명제의 존재에 대한 동의 여부는 두 견해를 가르는 중요한 기준으로 받아들여졌다. 그 논쟁의 핵심에는 '분석'과 '종합'의 구분이 자리

---

273) 보다 정확히 말해서 이성주의 대 경험주의 논쟁의 핵심에는 무엇보다도 진술들에 대한 분석/종합, 선천/후천, 필연/우연 진술의 구별이 자리 잡고 있고, 이 구별은 각각 의미론적, 인식론적, 형이상학적 구별이라고 불린다. W. A. Davis(1995), "Analytic-Synthetic Distinction," *The Cambridge Dictionary of Philosophy*, Cambridge Univ. Press와 D. W. Hamlyn(1967), "Analytic and Synthetic Statements," *The Encyclopedia of Philosophy*, Macmillan, INC 을 참조.

잡고 있음은 물론이다. 20세기 들어와서도 콰인을 비롯한 많은 철학자들이 양자의 구분에 대한 공방을 펼치게 되는데, 공격의 주된 목표는 경험주의적 견해를 논박하기 위한 것이었다.[274] 여기에는 종합명제의 범위를 확정짓는 문제, 종합명제의 집합 가운데 어느 하나라도 후천적으로 알려지지 않음을 보이는 문제 등이 포함될 것이다. 하지만 그 가능성과 관하여 심각한 문제에 봉착하게 되면서, 결국 그들이 선택한 노선은 분석과 종합의 구분에 대한 공방에 따른 우회적인 전략을 취하게 된다.

여기에서는 우선 최근 영미철학에서의 논쟁 가운데 하나라 할 수 있는 선험적 지식의 성립가능성 문제와 관련하여 그 관건이 되는 '선험적인 것'과 '분석적인 것'이 동일시될 수 있는 것인지의 여부를 두고 벌어지는 합리주의와 경험주의의 대립적 논의를 살펴 본 후에, 궁극적으로는 양자가 동일시 될 수 없음을 보임으로써 결국 칸트로부터 비롯되는 선험적이면서 종합적인 것의 허용이라는 논점으로 귀결될 수 있음을 보이고자 한다. 이와 관련하여 제기될 수 있는 물음은, 선험적 진술과 분석진술이 일치할 수 있다는 그래서 분석명제과 종합명제가 선명하게 구별된다는 경험론자의 주장이 과연 성공적일 수 있는가? 또한 그 성공여부를 통해 어떠한 가능한 대안이 있을 수 있는가? 가 될 것이다.

---

274) 경험주의에 대한 공격의 대상은 세계에 관한 지식이 후천적 종합진술에 대한 지식이라는 경험주의자들의 이론에 분석진술과 종합진술이 선명하게 구별된다는 견해와 더 나아가 선천/후천, 필연/우연의 구별과도 연관된다는 견해에 대한 것이다.

2. 선험적 지식의 가능성과 분석·종합의 구분

서양철학사에서 지식에 대한 '선험적 정당화(*a priori* justification)'에 대해 입장을 달리하는 두 전통, 즉 경험주의와 합리주의가 있는데, 어떤 명제를 선천적으로 알 수 있는가에 대해 양자의 견해가 일치할 수도 있겠지만 그 명제를 어떻게 받아들일 것인가에 대해서는 근본적으로 견해를 달리한다.[275] 하지만 경우에 따라 경험론자들 가운데에는 선험적 지식이란 존재하지 않는다고 주장하는 경우도 있다. 이러한 입장을 강한 경험주의라고 했을 때, 이러한 경우 대체로 선험적 지식에 대한 회의론적 관점을 취한다.[276] 하지만 본 논의에서는 이러한 회의주에 대한 강력한 옹호를 위해 "선험적 지식이 어떻게 옹호될 수 있는가?"라는 답변을 시도하지는 않을 것이다. 이는 선험적 지식에 대한 회의주의에 관한 논의로서 여기에서 논증하려는 것과는 거리가 있기 때문이다. 그 가운데 보다 온건한 견해가 있을 수 있는데, 이에 따르면 모든 선험적 지식은 분석명제에 관한 지식이라는 견해가 될 것이다.[277] 물론 이에 대한 해명의 실마리를 찾기 위해서는 분석명제가 무엇인지에 대한 성격이

---

275) 이와 관련해서 존 호스퍼스(J. Hospers)는 다음과 같이 말한다. 즉, "모든 필연적 진술이 분석진술이라고 믿는 철학자들을 전통적으로 **경험주의자**라고 한다. 이들은 우리가 종합진술을 이 세계를 관찰함으로써 경험적으로 알 수밖에 없다고 주장한다. 그러나 관찰을 통해서는 이 세계에 **성립해 있는 사실**을 알 수 있을 뿐이지 **성립해야 하는 사실**을 알 수는 없다. … 분석적이지 않은 필연적 진술, 즉 종합적인 필연적 진술이 있다고 믿는 철학자들은 **합리주의자**라고 부른다", J. Hospers(1988), *An Introduction to Philosophical Analysis*, 『철학적 분석 입문』, 이제훈, 곽강제 역, 담론사, 1997, 300쪽.

276) 이에 관해서는 Bonjour, L.(1985), *The Structure of Empirical Knowledge*, Cambridge : Harvard Univ. Press, 부록 A를 참조 바람.

277) Bonjour, L.(1985), 197-207쪽과 M. Steup(1996), *An Introduction to Contemporary Epistemology*, Prentice-Hall, 58-9쪽 참조.

명시적으로 드러나야 할 것이고, 또한 그 성격을 드러내기 위해서는 우선 분석명제와 종합명제의 구분에 관한 논의가 선행되어야 할 것이다.

적어도 선험적 지식의 가능성을 거부하지 않는 경험주의자의 경우에 무엇이 선험적 명제인지에 대해 합리주의자와 어느 정도는 견해를 같이 한다. 예를 들어 경험주의자는 Ⓐ "초록은 색을 갖기 마련이다"라는 명제를 선험 명제로 규정할 것이다. 하지만 합리론자와 경험론자에게 있어서 Ⓐ의 내용이 어떤 것이냐에 대해서는 서로 견해를 달리한다. 경험론자에 따를 경우 Ⓐ를 물리적 세계에 관한 것이 아닌, 언어의 단순한 동어반복적 명제로, 이른바 말할 필요조차 없는 명제 정도로 여길 것이다. 이에 반해 합리론자는 Ⓐ가 물리적 대상 세계에 관한 사태를 진술하는 것으로서, 초록의 사례를 갖는 그 어떠한 대상도 색의 사례이기도 하다고 주장할 것이다. 이들에 따르면 이른바 '이성의 빛'에 의해 물리적 세계에 관한 필연적 사실들, 즉 선천적으로 접근 가능한 사실들을 파악할 수 있다고 주장할 것이다.

반면 경험론자들은 이를 받아들이지 않는다. 선험적 명제는 언어적 혹은 논리적 진리를 드러낼 뿐, 사실적 혹은 실제적 내용은 결여하고 있다고 주장할 수 있기 때문이다. 그렇다면 '선험성(apriority)'에 대한 합리론자의 설명과 경험론자의 설명이 확연히 구분된다는 것을 알 수 있다. 합리론자들에 따를 경우 달콤한 것은 맛을 지녀야 하고 정사각형는 사각형이어야만 하고, 삼각형의 내각의 합은 180.이어야만 하는 식으로 선험 명제는 물리적 세계의 필연적 속성과 관계를 기술하는 것이다. 게다가 이러한 속성이나 관계는 이성을 통해 파악할 수 있는 것이라고 합리론자들은 주장할 것이다. 그래서 합리주의에서는 오직 우리의 사고만으로 이 세계가 어떠한가(혹은 어떠해야 하는가)에 대해 파악할 수 있다고 말할 것이다. 반면에 경험론자들은 사고만으로 물리적 세계에 관한 그 어떠한 것도 드러낼 수 없을 것이라고 설명한다. 말하자면 경험의 도움 없이 우리가 알 수 있는 것이란 오직 개념적 그리고 논리적 진리뿐이라는 것이다.

그렇다면 경험론자는 합리론자와의 본질적인 차별성을 드러내기 위해 분석명제와 종합명제를 선명하게 구분지으려 할 것이다. 경험론자에 따르면 분석명제는 물리적 세계에 관한 것이 아닌 언어나 논리적 진리를 진술할 뿐이며, 따라서 그저 그런(동어반복적) 진술이라는 것이다. 반면에 종합명제는 물리적 세계에 관한 진술이라는 점에서 경험적 의미를 갖는다는 것이다. 그렇게 본다면 분석명제와 종합명제는 상호 배타적이기 때문에 양자 사이에 공유할 수 있는 그 어떠한 여지도 없을 것이다. 이 말은 어떤 명제가 분석명제가 아니라면 그 명제는 종합명제라는 것을, 역으로 어떤 명제가 종합명제가 아니라면 그 명제는 분석명제라는 것을 의미하며, 분석명제도 아니면서 종합명제도 아닌 그러한 명제는 없다는 것이다. 결국 경험론자에 따르면 분석명제는 선천적으로 알 수 있지만, 종합명제는 선천적으로 알 수 있는 것이 아니라는 것이다.[278] 그렇다면 경험주의자들에게 있어서 선험적인 동시에 종합적인 그러한 진술이란 없다는 결론이 나온다. 왜냐하면 어떤 진술이 선천적으로 알려진다면 분석진술일 것이고, 그것이 후천적으로 알려진다면 종합진술이라는 것 이외에 다른 가능성을 원천적으로 배제하고

---

278) 이 문제는 선험적인 것과 경험적인 것 사이의 경계선이 분석적인 것과 종합적인 것 사이의 경계선과 일치하느냐의 여부에 관한 것으로 대부분 흄을 비롯한 대부분의 경험론자들은 '선험=분석/경험=종합'이라는 도식을 받아들인다. 이들에 따르면 수학, 논리학과 같은 형식학문은 전자(선험=분석)를 다루고, 물리학과 같은 경험학문은 후자(경험=종합)를 다룬다는 것이다. R. Carnap(1972), *An Introduction to the Philosophy of science*, 『과학철학입문』, 윤용택 역, 서광사, 1993, 232-3쪽.

있기 때문이다. 반면 합리주의자들에 따를 경우 그렇지 않다는 점에서 선천적 종합진술의 존재 여부에 대한 가능성은 열려 있는 셈이다.

하지만, 경험주의에서는 '분석'과 '종합'의 구분을 위해 다음을 염두에 두고 있는 것으로 보인다. 우선 모든 선험적 명제가 분석명제라는 것, 말하자면 모든 선험 명제가 물리적 세계에 관한 것이 아닌, 언어와 논리에 관한 것으로 설정함으로써 선험성의 범위에 제한을 두려는 것이 그 하나라고 한다면, 다른 하나는 합리론자들이 설정하고 있는 선험성에 대한 신비한(*mysterious*) 설명을 그렇지 않은 것으로 재설정하려는데 있다. 이 경우 경험론자는 "경험에 의거한 정보의 도움없이 어떻게 물리적 대상에 관한 사실을 습득하는 것이 가능한가?"라고 묻는 것이다. 그래서 경험론자의 입장에서는 합리론자들이 물리적 세계에 관한 진리를 비개념적 방식인 '직관'이나 '통찰'과 같은 능력이 있다는 가정에 대해 강한 의구심을 나타낸다. 따라서 우리는 그러한 신비한 능력을 소유하고 있지 않기 때문에 물리적 세계에 관한 문제들에 관해 선천적인 방식을 통해 안다는 것은 불가능하다고 주장할 것이다. 하지만 논리적 진리나 언어사용 방식에 관한 진리를 파악하는 능력에 관한 한 그러한 신비한 측면은 결코 없다는 것이다.[279] 결국 경험론자의 관점에서 보았을 때 '선험성'이란 '분석성(*analyticity*)' 그 이상도 이하도 아니라는 점에서, 그들이 받아들이고 있는 '선험성은 '분석성'[280]의 범위를 넘어서지 않는다.

---

279) 이는 곧 경험주의와 합리주의간의 논쟁이 세계에 대한 '인간의 인식 능력에 대한 의견 차이' 에서 비롯된 논쟁이 될 것이다. 그렇게 보았을 때 양자의 논쟁은 '인간의 인식 능력의 차이'에 따른 것이다.

280) 이에 대한 세부적인 논의는 P. A. Boghossian(1996), "Analyticity", *The Encyclopedia of Philosophy*, Supplement, Macmillan, INC를 참조 바람.

그렇다면 이러한 경험론자의 주장이 성공적이기 위해서는 '선험성은 곧 '분석성'에 다름아니라는 해명이 있어야 할 것이다. 그런데 '선험성'은 곧 '분석성'이라는 경험론자의 기획이 성공하기 위해서는 '선험적인 동시에 종합적인 명제의 존재 여부'가 관건이 될 수 있다는 점에서 칸트의 견해에 대한 유효성 문제와도 밀접한 연관성을 갖는다. 따라서 이와 관련하여 해결해야 할 과제는 모든 선험 명제가 분석명제인지의 여부에 관한 탐구일 것이다. 이를 위해서는 그간 '분석성'에 대해 어떻게 정의해 왔는지에 대해 살펴보는 것과 함께 그 해명이 이루어져야 할 것이다.

3. 분석성에 대한 칸트의 전제와 개념 분석

앞에서 이 글이 선험적 지식의 가능성 문제와 관련한 현대적 논의가 갖는 성격을 드러내는 것에 초점을 맞추어 논의가 이루어진다고 밝힌바 있다. 이에 따라 여기에서는 칸트철학 가운데에서도 그가 정의하고 있는 '선험성'에 한정하여 논의가 전개되기 때문에 칸트철학 자체에 대한 논의는 이 글의 범위를 벗어난다. 다만 선험적 지식에 대한 가능성 모색을 위해 칸트로부터 비롯되는 '분석성'에 대한 합리주의와 경험주의 간의 대립적 고찰을 통해 경험론자들의 기획에 따른 '선험성'과 '분석성'의 일치라는 도식이 성립될 수 있는지의 여부에 대해 살펴보고자 한다.[281]

---

281) 선험/후험이라는 개념은 데카르트, 라이프니츠, 로크 이미 사용했지만, 그 구별을 통한 명시적인 도입은 칸트에 의해 이루어진다. 그래서 칸트는 『순수이성비판』에서 선험적 지식을 **경험과의 무관하에 정의**하고 있다. 선험적 지식의 개념은 선험적 정당화 개념과 밀접한 연관성을 갖

우선 분석성에 대해 가장 명시적으로 제시하고 있는 칸트의 정의에 따르면, 그는 『순수이성비판』 서문에서 다음과 같이 규정하고 있다. 분석명제에 대한 칸트의 정의를 정식화하면, ϑ "술어가 주어에 개념적으로 포함되어 있는 명제인 경우, 또 오직 그 경우에 한해 분석명제이다" 가 될 것이다.[282] 예를 들어 "모든 처녀는 미혼이다" 라는 명제는 이 명제의 주어인 '처녀' 에 술어 '미혼' 이라는 의미가 귀속되어 있다. 그런데 처녀라는 개념은 "미혼의 성인 여자" 로 정의할 수 있을 것이다. 그래서 그 주어에 귀속되는 술어인 '미혼' 은 개념적으로 그 주어인 '처녀' 에 포함되어 있다. 그렇다면 ϑ에 따라 "모든 처녀는 미혼이다" 라는 명제가 분석명제라는 것을 함축한다. 마찬가지로 ϑ에 따라 "2010년 남아공월드컵에 참가한 선수 모두는 활기가 넘친다." 라는 명제가 종합명제라는 것을 함축하는데, 그 이유는 '활기가 넘친다' 는 술어가

는데, 이는 어떤 지식을 선험적 지식으로 만드는 것이 바로 그 지식이 정당화되는 방식이기 때문이다. 그렇다면 선험적 지식은 그 정당화가 선험적으로 이루어지는 지식이라고 정의할 수 있다. 칸트에 따르면, "어떤 믿음의 정당화가 경험과 무관하게 이루어지는 경우, 또 오직 그 경우에 한해 그 믿음은 정당화된다" 고 할 수 있다.[I. Kant, *The Critique of Pure Reason*, N. Kemp Smith(London: Macmillan), 1964, 서문 참조] 여기에는 또 다시 경험이라는 개념이 정확히 무엇인가? 또 경험과 무관하다는 것이 무엇인가?라는 문제가 제기된다. 하지만 이에 관한 수많은 논의의 발단은 칸트로부터 비롯된다는 점이다.

282) 칸트는 모든 판단을 두 가지 기준에 의해 구분한다. 하나는 술어 개념이 주어 개념 속에 포함되느냐(분석판단) 그렇지 않느냐(종합판단)에 따른 것이고, 다른 하나는 경험에 독립적이냐 속한 것이냐에 의한 것이다. 칸트는 경험, 그리고 모든 감각인상까지도 떠난 인식을 선험적 인식이라 부르고, 이를 경험적 인식과 구별한다. 또한 주어가 술어에 포함되어 있는 판단은 분석판단이요, 주어 밖에 있는 술어가 주어 개념과 결합된 판단을 종합판단이라고 한다. 그래서 전자는 술어를 통하여 주어의 개념에 무엇을 보태는 것이 아니라, 이미 주어의 개념 속에 포함되어 있기 때문에 설명 판단이라 할 수 있고, 후자는 주어 개념 속에 들어 있지 않은, 그래서 주어의 개념에 대한 분석을 통하여 이끌어낼 수 없는 술어를 주어의 개념에 부가된다는 점에서 확장 판단이라고 한다(필자 강조). H. M. Baumgartner, *Kant's "Kritik der reinen Vernunft": Anleitung zur Lektüre*, 『칸트의 순수이성 비판 일기』 임혁재 · 맹주만 옮김, 철학과 현실사, 2004, 52-4쪽 참조.

'2010년 남아공월드컵에 참가한 선수'라는 주어의 개념에 포함되어 있지 않기 때문이다.

그런데 ℐ에 다음과 같은 두 가지 문제가 발생할 수 있다. 우선 ℐ는 모든 선험 명제가 주어-술어 형식의 명제가 아니라는 점으로 인해 더 이상 유지할 수 없게 만든다는 점이다. 예를 들어 경험론자들은 Ⓑ "경기에 이기거나 혹은 이기지 않거나 이다"를 선험 명제로 분류할 것이다. 게다가 경험론자에 따르면 모든 선험적 명제가 분석명제이기 때문에 Ⓑ 역시 분석명제라고 해야 할 것이다. 그렇지만 Ⓑ는 주어-술어 형식을 지니고 있지 않기 때문에, 주어에 술어가 포함되어 있지 않으며 그래서 ℐ에 따른다면 Ⓑ가 분석명제가 아닌 종합명제라는 사실을 함축한다. 그렇다면 ℐ는 모든 선험 명제가 분석명제라는 결과를 산출해 내지 못하며, 결국 경험론자의 관점에서 보았을 때 '분석성'에 대한 만족스러운 정의가 될 수 없다.[283]

ℐ의 또 다른 문제는 주어-술어 형식을 갖는 명제들의 경우에도 ℐ가 모든 경우에 적용되지 않는다는 점이다. 선험 명제의 전형적인 사례에 해당하는 Ⓒ "붉은 것은 색을 지니기 마련이다"를 생각해 볼 수 있을 것이다. Ⓒ는 주어-술어의 형식을 갖고, 술어 '색을 지닌다'는 주어 '붉음'에 귀속된다. 하지만 이 경우 술어가 실제로 주어에 개념상 포함된 것이라고 할 수 있는가?

위의 문제와 관련하여 개념의 의미 분석에 따를 경우 다음과 같은 정식화가 가능할 것이다. 즉, 어떤 a라는 개념이 b라는 개념에 대한 분석의 일부분인 경우, 또 오직 그 경우에 한해 a개념은 b개념에 포함될 것이다.

---

283) 물론 칸트 자신은 모든 선험적 지식이 분석명제에 대한 지식이라는 것을 확립하려 했던 것은 아니다. 오히려 그는 종합명제가 선험적일 수 있는 가능성을 밝히기 위해 모든 수단을 동원하게 된다. 하지만 이와 관련해서는 결론에서 부분적으로 언급하는 것으로 대신하고자 한다.

왜냐하면 개념에 대한 분석이라고 하는 것은 그러한 개념을 그 구성 요소들로 나누어진다는 것을 의미하기 때문이다.[284] 예를 들어 '어머니' 라는 개념은 '여성' 이라는 개념은 물론이고 '적어도 하나의 자녀를 가짐' 이라는 개념을 논리적으로 함축하며, 이 두 개념은 서로 합쳐져서 어머니라는 개념을 논리적으로 함축한다. 그렇다면 올바른 분석이란 피분석항과 분석항이 서로 논리적으로 함축하는 분석, 즉 필연적으로 동치인 분석이다. 이에 따라 '처녀' 라는 개념 역시 '미혼', '성인', '여자' 와 같은 구성 요소들을 가지며, 이 술어 각각은 '처녀' 라는 개념에 포함되어 있다.[285]

그런데 문제는 '색을 지닌다' 는 개념이 '붉음' 이라는 개념 속에 포함되어 있는 것인가? 라는 점이다. 말하자면, 이 물음은 '색을 지닌다' 는 개념을 구성 요소로 포함하는 '붉음' 이라는 개념에 대한 분석인가에 관해 묻고 있는 것이다. 합리론자는 '붉음' 이라는 개념이 단순개념이기 때문에 그러한 분석이란 불가능하다고 주장할 것이다.[286] 달리 말해서 '붉다' 라는 개념이 의미하는 바를 언어상으로 습득할 수 있는 방법은 있어 보이지 않기 때문이다. 오히려 어떤 대상이 '붉다' 라는 개념을 알기 위해 우리는 붉은 대상을 실제로

---

284) 철학적 문제를 해결함에 있어 어떤 개념이 의미하는 바를 분석하는 것은 필수적이다. 복합개념의 경우 그 구성요소를 드러냄으로써 분석할 수 있는 반면에, 단순개념은 그렇게 할 수 없다. 오히려 단순개념이 의미하는 바를 전달하기 위해서는 다만 그 개념과 동일한 것을 의미하는 다른 개념과 연관지음으로써 정의할 수 있을 따름이다.

285) M. Steup(1996), 60쪽.

286) 복합개념은 그 구성요소들을 드러냄으로써 분석할 수 있는 반면에, 단순개념은 그렇게 할 수 없다. 단순개념이 의미하는 것을 전달하기 위해서는 그 개념과 똑같은 것을 의미한다고 여겨지는 다른 개념들과 연관지음으로 정의할 수 있을 따름이다. 예컨대 필연성 개념은 단순개념인데, 필연성에 대한 개념적 분석은 구성요소들을 확인하는 것으로는 제시할 수 없고, 그것이 의미하는 것을 가능성 개념과 관련지음으로써 정의할 수 있다. M. Steup(1996), 26-8쪽.

지각하는 수밖에 없을 것이다.[287] 분석은 불가능하지만 지각가능한 성질의 사례로는 '달다', '맵다', '새콤하다', 쓰다' 등을 들 수 있다. 이 개념은 분석할 수 없는 단순한 개념들이다.

그렇다면 ℱ에 따를 경우, 선험 명제이기는 하지만 분석명제는 아닌 주어-술어 형식의 명제는 얼마든지 있을 수 있다. 예를들어 "매운 어떠한 것도 맛을 지니기 마련이다", "미끌미끌한 것은 표면이 있다", "딱딱한 것은 공간을 차지하기 마련이다" 등과 같은 것들이 그것이다. 경험론자에게 있어서 이러한 결론을 받아들이기는 어려울 것이다. 따라서 ℱ를 통해서는 경험론자들이 확립하고자 하는 '선험성' 영역의 제한, 즉 모든 선험적 지식이 분석명제에 관한 지식이라는 목표를 성취하지 못한다는 결론이 나온다.

4. 분석성에 대한 프레게의 대응과 그에 따른 문제

프레게(G. Frege)는 우선 칸트에 따른 분석명제과 종합명제의 구분이 충분히 포괄적이지 못하다고 지적한다. 이에 따라 분석성에 대한 정의에 있어서도 칸트와 달리 프레게는 단순히 주어-술어 형식을 갖는 명제에 제한해서 규정하지 않는다. 프레게에 따른 분석과 종합의 구분은 판단의 정당화가 의존하는 궁극적 근거에 관한 구분이어야 한다는 것이다. 말하자면, 이 구분은 한 명제의 증명이 의존하는 원초적 진리들이 어떤 것인가에 의거한

---

287) 그런 점에서 '붉음'의 의미는 붉은 대상을 직접 보여주는 예시적 방식을 통해서만 그 전달이 가능하다.

구분이 그것이다. 그래서 프레게는 어떤 명제가 논리적 법칙들과 이 법칙들에 의해 정당성이 보장되는 정의들에 의해 증명이 가능할 때 '분석적'이라 하고 그렇지 못할 때 '종합적'이라 한다.

그렇다면 프레게에 따른 '분석성'에 대한 정의를 정식화하면 다음과 같다. 즉, ⓐ "논리적 진리나 혹은 동의어에 동의어를 대입함으로써 논리적 진리로 환원가능한 명제인 경우, 또 오직 그 경우에 한해 그 명제는 분석명제가 된다."[288] ⓐ에 대한 적용 사례로는 "만일 눈이 내리고 있다면, 눈이 내리고 있다", "눈이 내리고 있거나 또는 눈이 내리고 있지 않거나이다"와 같은 명제를 들 수 있다. 이들은 각각 "만일 a라면, a이다"와 "a이거나 혹은 ¬a"와 같은 형식으로 이 둘은 모두 a에 어떤 명제를 대입하더라도 그 결과가 참이 되는 형식이다. 그렇다면 프레게에 따른 논리적 진리란 모든 대입 사례가 참이 될 수밖에 없는 그러한 형식을 지닌 명제라는 것을 알 수 있다.

이제 ⓐ에 대한 검토를 위해 "모든 처녀는 미혼이다"라는 명제를 여기에 적용할 수 있을 것이다. '처녀'라는 개념은 '미혼의 성인 여자'로 정의할 수 있기 때문에, 동의어를 동의어로 대치시키면, "모든 미혼의 성인

---

288) 덧붙여, 어떤 명제가 공리들로부터 증명가능할 때, 그것을 '선천적'이라 부르고, 일반법칙이 아니 특수한 사실들에 의존한 증명만이 가능한 명제를 '후천적'이라 한다. 이에 따라 프레게는 논리적 법칙들 또한 증명이 불필요하거나 불가능한 일반법칙들로 간주하기 때문에, 모든 분석적 진리는 선천적 진리이지만, 논리적 법칙들이 아닌 공리들에 의존하는 명제들은 선천적이고 종합적이다.[G. Frege(1950), *Foundations of Arithmetic*, Oxford, § 3, § 88 참조] 하지만 프레게와 거의 유사한 논증을 전개한 철학자로 카르납을 꼽을 수 있을 것이다. 카르납은 개념이나 대상들의 인식적-논리적 체계를 '구성적 체계'라 부르고 그것들의 정리 내지는 진술들을 '분석적'인 것과 '경험적'인 것으로 구분한다. 여기에서 '분석적' 정리란 정의만으로 연역될 수 있는 것을 말하고, '경험적'이란 경험을 통해서만 확정될 수 있는 대상들 사이의 관계를 말한다. 그래서 카르납에 따른 분석판단은 세계에 대한 경험적 의존 없이 용어들의 의미가 그 진리성을 함축한다. 그런 점에서 분석진술은 선험적이다. R. Carnap(1972), 231-5쪽.

여자는 미혼이다" 라는 결과를 얻을 수 있다. 그래서 '처녀' 를 '미혼의 성인 여자' 로 대치함으로써 "모든 처녀는 미혼이다" 라는 명제는 논리적 진리로 바뀌게 되며, 그래서 ❺에 따른 분석명제가 된다. 결국 ꙮ와 달리 ❺를 통해 경험론자는 "만일 a라면, a이다" 나 "a이거나 혹은 ¬a" 와 같은 논리적 진리를 분석명제로 분류할 수 있게 된다. 그래서 경험론자는 ❺를' 분석성 '에 대한 정의로 제시함으로써 선험 명제가 분석명제라는 것을 증명하는데 일단 성공했다고 여길 것이다.

그러나 합리주의 진영에서는 다음의 근거에서 ❺를 받아들이지 않을 것이다. 우선 ❺에 따를 경우 모든 선험적 진리를 분석적인 것으로 귀착시키려는 경험론자의 목표가 충족되기 어려울 것이라고 비판할 것이다. 예를 들어, 앞에서의 ⓒ "붉은 것은 그것이 어떠한 것이 되었건 색을 지니기 마련이다" 를 상기할 필요가 있을 것이다. ❺에 따르면 동의어에 동의어를 대치시킴으로써 ⓒ를 논리적 진리가 되게 하는 경우, 또 오직 그 경우에 한해 ⓒ는 분석명제가 될 것이다. 그렇다면 ❺는 ⓒ가 분석명제가 되는 상황을 만들기 위해서는 '붉음' 을 대체할 수 있는 적합한 동의어가 요구된다. '붉음' 을 그러한 동의어로 대치시키게 되면, ⓒ "붉은 것은 그것이 어떠한 것이건 색상을 지니기 마련이다" 는 "CF인 것은 그것이 어떠한 것이건 C이다" 라는 논리적 형식에 따른 사례로 바뀌게 될 것이다. 그러나 '붉음' 이라는 개념은 더 이상 분석될 수 없는 단순개념이기 때문에 여기에 적용할 수 있는 동의어는 없다. 이 사실은 ⓒ가 논리적 진리로 전환될 수 없다는 것을 의미한다. 결국 ❺에 따라 ⓒ는 종합명제라는 사실을 함축한다.

이러한 반론에 대해 경험론자는 ⓒ가 엄밀하게는 ⓒ* "색을 갖는 붉은 것은 그것이 어떠한 것이 되었건 간에 색을 갖기 마련이다" 라는 명제를 의미한다고 응수할 수 있을 것이다. 이 말은 ⓒ*가 "어떠한 CF도 C이다"라는 형식의 사례라는 점에서 논리적 진리일 것이고 따라서 ⓒ는 분석명제라고 주장할 수 있다. 하지만 이러한 제안이 받아들여질 수 있기 위해서는 '색을 지니는 붉음'이 '붉음'과 동의어가 되는 경우, 또 오직 그 경우가 되어야 할 것이다. 이러한 경험론자의 주장에 대해 합리론자는 이 두 개념이 동의어가 될 수 없다고 응수할 것이다. 그래서 합리론자에 따르면 전자의 표현이 후자의 표현과 동의어가 되기 위해서는 전자의 표현이 후자의 표현 그 자체(그 이상도 이하도 아닌 그 자체)를 의미해야 한다고 할 것이다. 이는 곧 '색을 지니는 붉음'은 '붉음' 그 이상의 것을 의미한다는 말이다. 왜냐하면 '색을 지니는 붉음'은 '색을 지님'과 '붉음'이라는 서로 다른 두 개념의 결합이기 때문이다. 따라서 '색을 지니는 붉음'은 엄밀히 말해 '붉음'과 동의어가 아니다.

결국, 동의어에 동의어를 대치시키는 방식에 따른 ⓒ에서 ⓒ*로 이행은 어려울 것이며, 따라서 θ에서 요구되는 방식에 따른 성취 또한 어려울 것이다. 그렇다면 θ에 따라 ⓒ가 종합명제라는 것을 함축한다. ⓒ가 종합명제일 수 있다는 사실은 결국 '분석성'과 '선험성'을 동일시하려는 경험론자의 시도가 무위로 끝났다는 것을 보여준다.

5. 분석성에 대한 대안의 모색: 의미론적 적용

지금까지의 논의를 통해 선험성과 분석성을 동일시하려는 시도가 성공적이지 못한 것으로 드러났다. 그렇다고 경험주의의 진영에서는 여기에서 물러서서 선험성과 분석성이 일치되지 않을 수 있다는 견해를 수용할 것 같아 보이지는 않는다. 만일 경험론자의 입장에서 앞에서의 결과를 토대로 이를 인정해 버린다면 선험성과 분석성의 경계가 모호해지는 상황에 그치는 것을 넘어 경험주의 입지 자체가 흔들릴 수 있기 때문이다. 이에 경험론자들은 나름의 전략을 가지고 어떻게든 선험성과 분석성을 일치시킬 수 가능성에 대해 다각적으로 모색하는 것은 지극히 당연할 것이다.

이러한 그들의 목표를 달성하기 위해 세부적인 전략으로 삼게 되는 것이 한 문장과 그 문장이 표현하는 명제를 구별해야 할 것에 대한 요구이다. 왜냐하면 '분석성'에 대한 다음의 정의, 즉, ⅆ "p는 오직(solely) 그 의미 덕분에 참이 되는 경우, 또 오직 그 경우에 한해 p는 분석적이다"라는 정의는 '분석성'을 문장의 속성으로 정의하려 할 것이기 때문이다. 여기에서 'solely'라는 말에 유의할 필요가 있는데, 'solely'라는 말이 없다면 ⅆ의 정의항이 갖는 중요한 차이를 드러내지 못할 것이다.[289]

ⅅ "눈은 하얗다"와 같은 종합문장(synthetic sentence)을 고려해 볼 경우, 를 참이게 만드는 것은 "눈이 실제로 하얗다"라는 사실뿐 아니라, '눈'과 '하얗다'라는 단어 그 자체가 뜻하는 것을 의미하게 된다. 말하자면, ⅅ와 같은 문장은 의미와 사실이라는 진리의 두 측면을 갖는다. 그것은 종합문장이 참이라면 부분적으로 의미 덕분에 참이 되고, 거짓이라면 의미 덕분에 거짓이 되는 것이다. 따라서 'solely'라는 말이 없다면 ⅆ의 정의항은 분석문장이든 종합문장이든 어떠한 문장에도 적용될 것이고, 그래서 분석성에 대한 정의로서는 결코 적절치 못할 것이다. 그렇지만 'solely'를 적용한다면, ⅆ는

---

289) Bonjour, L. (1985), 204-5쪽 참조.

지식의 본성—인식적 합리성이란 무엇인가

종합문장과는 다른 분석문장으로서 의미라는 유일한 진리의 원천을 갖게 되는 매우 의미 있는 주장을 제공하게 된다. 예를 들어 ㈜를 받아들이는 경험론자는 ⓒ "붉은 것은 무엇이건 간에 색을 지니기 마련이다"가 오직 ⓒ에 사용된 낱말들의 의미 덕분에 참이 되기 때문에 분석적이라고 말할 것이다. 반면에 ⓓ는 종합적이라고 말할 것이다. 왜냐하면 ⓓ는 의미뿐만 아니라, '눈이 하얗다'는 사실 덕분에도 참이 되지 않을 것이기 때문이다.

ㄱ에 대한 합리론자의 답변으로는 어떠한 것도 오직 의미 덕분에 참이 되지는 않으며, 그래서 결국 ㄱ는 모든 선험 명제가 종합명제라는 결과를 초래한다고 응답할 수 있을 것이다. 하나의 문장(sentence)으로 이해할 때 ⓒ를 참이 되게 만드는 것은 무엇인가? 무엇보다 먼저 ⓒ를 참이 되게 하는 것은 ⓒ에 나타난 낱말들 자체가 뜻하는 것을 의미한다는 것이다. 다음으로 ⓒ를 참이 되게 하는 것은 '붉음'이라는 속성이 색을 지닌다는 속성을 포함하고 있다는 사실이다. 따라서 ⓒ가 오직 의미 덕분에 참이 된다는 것은 거짓이다.

달리 말해서, 합리론자는 다음과 같이 논증하고 있는 셈이다. 즉, 경험론자는 ⓒ가 오직 의미 덕분에 참이 된다고 주장할 때, 그들은 사실상 ⓒ가 참이 되기 위해 만족되어야 하는 유일한 조건, 즉 ⓒ에 있는 낱말들이 그 자체를 뜻하는 것을 의미한다는 조건만을 말하고 있는 셈이다. 하지만 만족되어야 하는 또 다른 조건이 있는데 그것은 ⓔ "붉음이 갖는 속성은 색을 지닌다는 속성을 포함한다"가 될 것이다. 만일 ⓔ가 거짓이라면, ⓒ 또한 거짓이 될 것이다. 따라서 ⓔ의 참임은 ⓒ가 참이기 위한 필요조건이므로 ⓒ은 오직 의미 덕분에 참인 것은 아니다. 그래서 ㄱ는 ⓒ가 종합적이라는 것을 함축하며, 이로써 ㄱ를 통해 이루고자 했던 목표를 결국 달성하지 못하게

된다는 것이 합리론자는 결론이다.[290]

    지금까지 살펴본 바와 같이, '분석성'에 대한 정의 가운데 그 어떠한 것도 성공하지 못하는 결과가 되고 말았다. 말하자면 모든 선험 지식이 분석명제에 대한 지식이라는 것을 입증하는데 실패한 것이다. 그래서 이러한 정의와 관련해서 알 수 있는 것은 종합적인 선험적 지식이 있다고 결론지을 수 있을 것이다. 그렇다고 이와 같은 '분석성'에 대한 몇몇 제한적 시도가 성공적이지 못하다고 해서, 종합적인 선험적 지식이 없다는 경험론자의 시도 자체에 대해 폐기처분식의 귀결로 이끄는 것은 성급한 판단이다. 왜냐하면 그들이 '분석성'에 대해 다시금 재정의한 후 모든 선험 지식이 분석명제에 관한 지식이라고 반복해서 주장할 수 있는 여지가 그들에게는 여전히 있기 때문이다. 그럼에도 불구하고 합리론자 역시 분석명제로 분류할 수 없는 선험적 지식이 있음을 증명하려 할 것임에는 두 말할 여지가 없다.

---

290) 위에서의 논의를 좀 더 확장시키면, 콰인(Quine)은 "진술 S가 분석적이라고 했을 때, S는 이미 개념적으로 주어에 포함된 것을 주어에 귀속시키는 오직 그 경우만이다"라는 칸트의 정의를, 다음 두 가지 이유, 즉 "포함"이라는 개념이 은유라는 것과 이 정의가 주어-술어 형식의 진술에만 적용된다는 점을 들어 이 정의를 "진술 S는 분석적이다 iff S는 자신의 의미에 의해 참이며 사실과 무관하게 참이다."로 수정한다. 이 정의에 관해 콰인은 의미 이론이 지칭 이론과 분리되면, 의미론의 가장 중요한 과제는 언어 형식들간의 동의성과 진술들간의 분석성이 되는데, 그렇게 될 경우에 '의미'라는 모호한 중간적 실재는 폐기될 것이라는 것이다. 이제 의미 이론이 동의성, 분석성, 그리고 동의성과 분석성에 의거해 정의될 수 있는 다른 어떤 개념들에 대한 이론으로 환원되고, 논리적 진리와 동의성 개념이 주어지면 '분석진술'은 "진술 S는 분석적이다 iff S는 동의어에 동의어를 대입함으로써 논리적 진리로 전환된다"와 같이 정의될 수 있다는 것이다.

6. 선험적 지식에 대한 가능성 모색

지금까지 모든 선험적 지식이 분석명제에 대한 지식이라는 것을 입증하는데 성공적이지 못함에 따라 분석/종합에 대한 뚜렷한 구분의 가능성, 즉 선험적인 것과 경험적인 것 사이의 경계선이 분석적인 것과 종합적인 것 사이의 경계선과 일치하느냐의 여부에 대한 가능성 모색에 실패했다는 점을 확인할 수 있었다. 이와 같이 확인된 결과에 따라, "분석성" 개념에 대한 만족스러운 설명이 없다는 사실로부터 분석명제과 종합명제간의 선명한 구분은 존재하지 않는다고 평가할 수 있을 것이다. 이 점은 결과적으로 또 다른 과제로 남을 수밖에 없다는 측면을 보여주는 것이기도 하겠지만, 분명한 것은 선험적인 동시에 종합적인 것의 존재 여부를 허용하는 상황을 초래하고 말았다는 사실이다.

요약하자면, 진술이 선천적으로 알려진다면 분석진술일 것이고, 그것이 후천적으로 알려진다면 종합진술이라는 것 이외에 다른 가능성을 원천적으로 배제하고 있는 경험주의자들에게 있어 세계에 관한 우리의 지식이 종합적이면서 경험적(동시에 우연적) 진술이라는 도식이 성립할 것이다. 그렇다면 이러한 그들의 주장 이면에는 선험적인 동시에 종합적인 그러한 진술이란 없다는 결론이 나온다. 반면에, 합리주의자들은 이를 부정하고 있다는 점에서 선천적인 동시에 종합적인 진술을 허용하는, 즉 선천적 종합명제가 가능하다는 입장을 취한다.[291]

---

291) 특히 칸트 이후 선천적 종합명제의 존재에 대한 동의 여부는 두 견해를 가르는 중요한 기준으로 받아들여지게 된다.

이제 칸트로 돌아가서 생각해 보자. 칸트에 따르면, 모든 분석적인 것이 선험적이기는 하지만, 모든 선험적인 것이 분석적인 것은 아니다. 왜냐하면 선험적인 것 가운데 종합적인 것도 있기 때문이다. 이른바 선험적 종합명제가 이에 해당할 것이다. 이 말을 역으로 생각하면, 모든 경험적인 것이 종합적이기는 하지만, 그렇다고 해서 모든 종합적인 것이 경험적인 것은 아니라는 의미도 동시에 성립한다. 말하자면 종합적인 것 가운데 선험적인 것도 있다는 말이다.[292] 결국 선험적인 것은 곧 분석적인 것이고 경험적인 것은 곧 종합적이라는 경험론자의 기획이 성공적이지 못하다면, 선험적인 것에도 종합적인 것이 있고 역으로 종합적인 것에도 선험적인 것이 있다는 칸트의 견해를 허용해야 하는 충분한 이유가 될 것이다.

여러 가지 주제들을 특정한 흐름에 따라 엮어내려다 보니 논의의 상당 부분이 피상적인 분석에 머문 것도 있고, 반드시 언급해야 함에도 불구하고 그렇지 못한 것들도 있다. 필자가 이 글을 통해 의도한 것은 이 주제와 관련된 논의에 독창적인 기여를 하고자 한 것이 아니라, 최근 영미철학에서 흄적인 전통에서 칸트적인 전통으로 선회하고 있는 인식론적 흐름을 다시금 확인해보고, 그간 영미철학에서 소원했던 칸트철학에 대해 음미하는 기회를 갖기 위함이었다.

칸트에 대한 정확한 이해를 바탕으로 분석/종합, 선험/경험이라는 구분의

---

292) 이를 도식화하면 다음과 같은 구도가 될 것이다.

분석성	종합적인 것
선험성	경험적인 것

칸트에 따르면, 순수 수학적 명제, 즉 산술 명제와 기하학적 명제와 순수 자연과학 명제가 선험적인 동시에 종합적이라는 것이다.

도식에 세부적으로 접맥시켜 현대 영미철학에서의 인식론적 논의에 새로운 활력을 불어넣고 또 다른 가능성을 모색하는 것은 다음 과제가 될 것이다.

참고문헌

김기현(1993), "Internalism and Externalism in Epistemology", *American Philosophical Quarterly 30*.

김기현(1997), "인식적 합리성의 두 개념", 분석철학회 97년 학술발표회 발표문.

김기현(1997), "자연화된 인식론", 『언어·진리·문화1』, 김여수 외 저, 철학과 현실사.

김기현(1998), 『현대 인식론』, 민음사.

김기현(1998), 『현대 인식론』, 민음사.

김기현(2000), "자연화된 인식론과 인식규범의 자연화", 『철학적 분석』 제2호, 한국분석철학회.

김도식(1995), "자연주의 인식론의 한계", 『철학적 자연주의』, 철학과 현실사.

김도식(2000), "전통적 인식론에서 자연화의 대상은 무엇인가?", 『철학적 분석』 제2호, 한국분석철학회.

김동식(1995), "자연주의 인식론의 철학적의의", 『철학적 자연주의』, 한국분석철학회 편, 철학과 현실사.

김영남(1994), 『콰인의 자연주의 인식론』, 서광사.

김효명(1992), "현대인론의 과제와 동향", 『철학과 현실』, 봄호, 철학과 현실사.

박은진(2001), 『칼포퍼 과학철학의 이해』, 철학과 현실사.

이병덕(1998), "인식론의 한 역설과 믿음의 수정이론", 『제11회 한민족철학자대회보』, 364-74쪽.

이병덕(2001), 「인식적 합리성, 무한후퇴, 그리고 추정적 정당화」, 『철학연구』 제52집 봄호.

이봉재(1990), 「과학방법론과 합리성 문제」, 『과학과 철학』 제1집(과학사상연구회), 89-116.

이영철(1997), "이해와 합리성", 분석철학회 97년 6월 학술발표회 발표문.

정상모(1997), "과학의 합리성", 분석철학회 97년 6월 학술발표회 발표문.

최순옥(1995), "콰인의 자연주의적 인식론에 관한 논의", 『철학적 자연주의』, 철학과 현실사.

최순옥, 이필렬, 홍윤기(1998), "정보화 사회의 생활세계와 사회적 가치구조의 형태변화에 대한 인문학적 연구", 철학연구 98년 겨울 호.

한상기(1999), "전통적 인식론과 인식론적 자연주의", 『동서철학 연구』, 17집.

홍병선(1999), "인식적 합리성의 가능근거와 제약", 『철학탐구』, 제11집.

홍병선(1999), "인식적 정당화의 내재론·외재론 논쟁에 관한 연구", 박사학위논문, 중앙대 대학원.

홍병선(2000), "인식 정당화론의 대립 구도와 '정당화 부여 속성'의 문제", 『철학탐구』,

제12집.

홍병선(2001), "현대 인식론에서 데카르트식의 토대론적 전략은 유효한가", 『철학탐구』, 제13집.

홍병선(2002a), "인식론에서의 자연화, 그 철학적 함축", 『과학철학』 제5권 1호, 한국과학철학회.

홍병선(2002b), "인식의무, 그 자연화 전략상의 문제", 『칸트연구』, 제10집.

홍병선(2002c), "인식적 내재주의와 무한소급의 문제", 『철학탐구』, 제14집.

홍병선(2003), "인식, 자연화, 그 진화론적 적용의 문제", 『칸트철학과 현대 해석학』, 철학과 현실사.

홍병선(2004a), "인식, 인식규범, 자연화", 『범한철학』, 32집 봄호.

홍병선(2004b), "인식적 내 · 외재론 논쟁과 규범성의 문제", 『철학탐구』, 16집.

홍병선(2006), "인식정당성 개념과 오류가능성의 문제", 『철학탐구』, 20집.

홍병선(2006), 『현대인식론 논쟁』, 한국학술정보.

홍병선(2007), "인식적 외재주의와 합리성의 문제", 『철학탐구』, 22집.

Alston, W. P(1976), "Two types of Foundationalism", *The Journal of Philosophy 73.*

Alston, W. P(1985), "Concepts of Epistemic Justification", *The Monist 68*, reprinted in *Epistemic Justification : Readings in Contemporary Epistemology,* Rowman & Littlefield: Loyola Univ. Press.

Alston, W. P(1988a), "The Deontological Conception of Epistemic Justification", in Epistemic Justification, Cornell Univ. Press.

Alston, W. P(1988b), "An Internalist Externalism", *Synthese 74.*

Alston, W. P(1989a), "Internalism and Externalism in Epistemology", *Philosophical Topics 14.*

Alston, W. P(1989b), *Epistemic Justification : Essays in the Theory of Knowledge*(Ithaca, N. Y. Cornell Univ. Press)

Armstrong, D. M(1973), *Belief, truth and Knowledge*, Cambridge Univ. Press.

Bergmann, G. (1953), "Two Cornerstones of Empiricism," *Synthese, Vol. 8.*

Boghossian, P. A. (1996), "Analyticity," *The Encyclopedia of Philosophy*, Supplement, Macmillan, INC.

Bonjour, L. (1985), *The Structure of Empirical Knowledge*, Cambridge : Harvard Univ. Press.

BonJour, L. (2002), *Epistemology: Classic Problems and Contemporary Responses,*

Rowman & Littlefield.

Cherniak, C. (1986), *Minimal Rationality,* 제3장, Cambridge, MA : MIT Press.

Chisholm, R. M. (1977), *Theory of Knowledge*, 2nd ed., Englewood Cliffs, N.J. : Prentice-Hall.

Chisholm, R. M. (1982), "A Version of Foundationalism," in The *Foundations of Knowing*, Minneapolis : Univ. of Minnesota Press.

Chisholm, R. M. (1982), *The Foundations of Knowing*, Minneapolis: Chiffs, N.J. : Prentice-Hall.

Chisholm, R. M. (1989), *Theory of Knowledge*, 3nd ed., Englewood Cliffs, N.J. : Prentice-Hall.

Christopher Cherniak(1986), *Minimal Rationality,* 제3장, The MIT Press..

Clark, M. (1963), "Knowledge and Grounds: A Comment on Mr. Gettiers Paper", *Analysis 24.*

Cohen, S. (1984), "Justification and Truth", *Philosophical Studies 46.*

Conee, E. (1988), "The Basic Nature of Epistemic Justification", *The Monist* 71, 3.

Craig, E. (1990), *Knowledge and the State of Nature; An Essay in Conceptual Synthesis*, Oxford Univ. Press.

Dancy, J. (1985), *Introduction to Contemporary Epistemology*, Oxford: Blackwell.

Davis, W. A. (1995), "Analytic-Synthetic Distinction," *The Cambridge Dictionary of Philosophy*, Cambridge Univ. Press.

Davison, D. (1983), "A Coherence Theory of Truth and Knowledge", *Kant oder Hegel*(Dieter Heinrich), Stuttgart: : Klett-Cotta.

Dretske, F. (1981), *Knowledge and the Flow of Information*, Cambridge: MIT Press.

Feldman, R. & Conee, E. (1985), "Evidentialism", Philosophical Studies 48.

Feldman, R. (1985), "Reliability and Justification", *The Monist 68.*

Feldman, R. (1993), "Epistemic Obligation," *in Pojman*(ed).

Feldman, Richard. (1989), "Goldman on Epistemology and Cognitive Science," *Philosophia 19.*

Fetzer, James H. (1990), "Evolution, Rationality and Testability", *Synthese 82,* 423-439.

Foley, R. (1985), "What's Wrong with Reliabilism", *The Monist 68.*

Foley, R. (1987), *The Theory of Epistemic Rationality*, Cambridge: Harvard Univ. Press.

Foley, R. (1991), "Evidence and reasons for belief", *Analysis 51.*

Fumerton, R. (1976), "Inferential Justification and Empiricism", *Journal of Philosophy* *73*.

Fumerton, R. (1988), "The Internalism/Externalism Controversy", *Philosophical Perspectives 2*, Epistemology.

Fumerton, R. (1993), "A Critique of Coherentism," in *Pojman* (1993), 241-5쪽.

Gettier E. (1963), "Is Justified True Belief Knowledge?", *Analysis 23*.

Ginet, Carl(1985), "Contra Reliabilism", *Monist 68*.

Goldman Alvin I. (1967), "A Causal Theory of Knowing", in George Pappas & Marshall Swain eds., George Pappas, ed., *Essays on Knowledge and Justification*, Ithaca New York : Cornell Univ. Press.

Goldman Alvin I. (1979), "What is Justified Belief", in Paul K. Moser, ed., *Empirical Knowledge*, Rowman & Littlefield.

Goldman Alvin I. (1979), "What is Justified Belief", in Paul K. Moser, ed., *Empirical Knowledge,* Rowman & Littlefield.

Goldman Alvin I. (1979), "What is Justified Belief", in Paul K. Moser, ed., Empirical Knowledge, Rowman & Littlefield.

Goldman Alvin I. (1980) "The Internalist Conception of Justification", in *Midwest Studies in Philosophy: Vol. V.*

Alvin I. Goldman(1985), "Epistemic: The Regulative Theory of Cognition", *Naturalizing Epistemology,* A Bradford Book, M.I.T Press.

Goldman Alvin I. (1986), *Epistemology and Cognition*, Cambridge: Harvard Univ. Press.

Goldman Alvin I. (1991), "Epistemic Folkways and Scientific Epistemology," in *Liasions: Philosophy Meets the Cognitive and Social Science*, Cambridge, Mass.: MIT Press.

Goldman Alvin I. (1992), "What is Justified Belief?", in Liasons, Cambridge: MIT Press.

Goldman Alvin I. (1993), *Philosophical Applications of Cognitive Science*, Westview Press.

Hamlyn, D. W. (1967), "Analytic and Synthetic Statements," *The Encyclopedia of Philosophy*, Macmillan, INC.

Hempel, C. G. (1950), "Problems and Changes in the Empiricist Criterion of Meaning", *Revue internationale de philosophie, Vol. 11.*

Hilary Kornblith(1985), "Introduction: What is Naturalistic Epistemology?", *Naturalizing Epistemology,* A Bradford Book, M.I.T Press, 1-13쪽.

Hull, David L.(1974), *Philosophy of Biological Science,* Prentice-Hall Inc, 하두봉, 구혜영 역, 『생명과학철학』, 민음사.

Jacobson, S.(1992), "Internalism in Epistemology and the Internalist Regress", *Australian Journal of Philosophy* Vol. 70, No, 4; December.

Johnson-Laird, P.N. and R.M.J. Byrne(1990). "Meta-Logical Problem: Knights, Knaves and Rips", *Cognition 36*: 69-84쪽.

Katz, J.(1990), "Analyticity," *A Companion to Epistemology*, Blackwell Companions to Philosophy.

Keith Lehrer(1997), "Rationality", 서울대 철학문화연구소 초청강연회 발표문.

Kenny, A.(1968), *Descartes: A Study of his Philosophy*(New York : Random House), 김성호 역, 『데카르트의 철학』, 서광사.

Kim Jaegwon(1988), "What is Naturalized Epistemology" (*Philosophical Perspectives 2*: Atascadero, CA: Ridgeview Press

Kim, Jaegwon(1988), "What is Naturalized Epistemology", *Philosophical Perspectives 2*: Atascadero, CA: Ridgeview Press.

Kim, Jaegwon(1988), "What is Naturalized Epistemology", *Philosophical Perspectives 2*: Atascadero, CA: Ridgeview Press.

Kitcher, P.(1992), "The Naturalists Return", *The Philosophical Review Vol. 101:1.*

Kitcher, P.(1992), "The Naturalists Return", *The Philosophical Review Vol. 101:1.*

Kornblith H.(1980), "Beyond Foundationalism and the Coherence Theory", *The Journal of Philosophy 72.*

Kornblith H.(1983), "Justified Belief and Epistemologically Responsible Action", *The Philosophical Review*, XCII, No.1, January.

Kornblith H.(1985), "Introduction: What is Naturalistic Epistemology?", *Naturalizing Epistemology*, A Bradford Book, M.I.T Press.

Kornblith, H.(1980), "Beyond Foundationalism and the Coherence Theory", *The Journal of Philosophy.*

Kornblith, H.(1985), "Introduction: What is Naturalistic Epistemology?", *Naturalizing Epistemology,* A Bradford Book, M.I.T Press.

Kornblith, H.(1987), *Naturalizing Epistemology*(Cambridge, Mass. MIT Press)

Laudan, Lerry(1990), "Normative Naturalism," *Philosophy of Science 57.*

Lehrer, K. (1965), "Knowledge, Truth, and Evidence", in *Analysis 25.*

Lehrer, K. (1990), *Theory of Knowledge*, Boulder, Co : Westview Press.

Lehrer, K. (2000), *Theory of Knowledge*, Boulder, Co : Westview Press.

Maffie, J. (1990), "Recent Work on Naturalized Epistemology", *American Philosophical Quarterly Vol. 27.*

Moser, P. K. (1989), "Reliabilism and Relevant Worlds", *Philosophia 19.*

Moser, Paul. (1992), "Gettier Problem," *A Companion to Epistemology* (Oxford: Blackwell)

Nozick, R. (1981), *Philosophical Explanations,* 제3장, Cambridge: Harvard Univ. Press.

Nozick, R. (1993), *The Nature of Rationality*, Princeton: Princeton Univ. Press.

Pap, A. (1958), *Semantics and Necessary Truth*, New Haven.

Papineau D(1993), *Philosophical Naturalism*, 제3장, Blackwell.

Pasch, A(1958), *Experience and the Analytic*, Chicago Univ. Press.

Paul K. Moser(1996), "Rationality", *The Encyclopedia of Philosophy: Supplement*, Macmillan Reference USA, Simon & Schuster Macmillan, New York.

Philip Kitcher(1992), "The Naturalists Return", *The Philosophical Review Vol. 101.*

Plantinga, A. (1990), "Justification in the 20th century", *Philosophy and Phenomenological Research 50.*

Pollock, J. L. (1986), *Contemporary Theories of Knowledge*, Rowman & Littlefield Press.

Pollock, J. L. (1987), "Epistemic Norms", *Synthese 71.*

Putman, H. (1981), *Reason, Truth and History*, 김효명 역, 민음사.

Putnam, H. (1983), "Why Reason Can' t Be Naturalized?", in his *Realism and Reason: Philosophical Paper3*(Cambridge Univ. Press)

Quine, W. V. O. (1953), *From a Logical Point of View*, Cambridge Univ. Press.

Quine, W. V. O. (1953), "Two Dogmas of Empiricism," *From a Logical Point of View*, Harvard Univ. Press.

Quine, W. V. O. (1969), "Epistemology Naturalized", *Ontological Relativity and Other Essays*(New York: Columbia Univ. Press).

Quine, W. V. O. (1969b), "Natural Kinds", *Ontological Relativity and Other Essays*(New York: Columbia Univ. Press).

Quine, W. V. O. (1986), "Reply to Morton White", in L. E. Hahn and T. A. Schilpp eds.,
  The Philosophy of W. V. Quine (Open Court Press).

Rips, L. J. (1989), "The Psychology of Knights and Knaves", *Cognition 31.* 85-116쪽.

Rorty, R. (1979), *Philosophy and the Mirror of nature.* Princeton, NJ : Princeton Univ.
  Press.

Russell. B. (1912), *The Problems of Philosophy*, Oxford Univ. Press.

Sober, E(1995), *Core Questions in Philosophy*, Prentice Hall.

Sosa, E. (1964), "The Analysis of Knowledge that P", *Analysis* 25.

Sosa, E. (1980), "The Raft and Pyramid: Coherence versus Foundations in the Theory of
  Knowledge," in *Midwest Studies in Philosophy: Vol.* V. (Univ. of Minnesota
  Press.

Steup, M. (1988), "The Deontic Conception of Epistemic Justification," in *Philosophical
  Studies 53.*

Steup, M. (1996), *An Introduction to Contemporary Epistemolog,* Prentice-Hall.

Stich, Stephen P. (1984), "Could Man Be an Irrational Animal? : Some on the Epistemology
  of Rationality", *Naturalizing Epistemology*, Edited by Hilary Kornblith, A Bradford
  Book, M. I. T Press, 1985: 249-267쪽

Stich, S(1990), *The Fragmentation of Reason*, Cambridge, MA: MIT Press.

Stroud, B. (1989), "Understanding Human Knowledge in General", *Knowledge and
  Skepticism* (Marjorie Clay and Keith Lehrer), Boulder : Westview.

Sturgeon, S. (1995), "Knowledge", in *Philosophy: A Guide Thought the Subject*,
  Oxford Univ. Press.

Swain, M. (1981), *Reasons and Knowledge*, Ithaca, New York: Cornell Univ. Press.

Swinburne, R. (1984), "Analytic/Synthetic," *American Philosophical Quarterley, Vol.
  21.*

Triplett, Timm(1990), "Recent Work on Foundationalism," *American Philosophical
  Quarterly 27.*

Van Cleve, J(1985), Epistemic Supervenience and Circle of Beliefs," *Monist 68.*

찾아보기 🔍

인식적 합리성이란 무엇인가

지식의 본성

초판 1쇄 발행일 2012년 6월 20일

지은이 홍병선
펴낸이 박영희
편집 이은혜 · 김미선 · 정민혜 · 신지항
인쇄 · 제본 AP프린팅
펴낸곳 도서출판 어문학사
　　　　서울특별시 도봉구 쌍문동 523-21 나너울 카운티 1층
　　　　대표전화: 02-998-0094 / 편집부1: 02-998-2267, 편집부2: 02-998-2269
　　　　홈페이지: www.amhbook.com
　　　　트위터: @with_amhbook
　　　　블로그: 네이버 http://blog.naver.com/amhbook
　　　　　　　다음 http://blog.daum.net/amhbook
　　　　e-mail: am@amhbook.com
　　　　등록: 2004년 4월 6일 제7-276호

ISBN 978-89-6184-266-2 93100
정가 20,000원

이 도서의 국립중앙도서관 출판시도서목록(CIP)은 e-CIP홈페이지(http://www.nl.go.kr/ecip)와
국가자료공동목록시스템(http://www.nl.go.kr/kolisnet)에서 이용하실 수 있습니다.
(CIP제어번호: CIP2012002472)

※잘못 만들어진 책은 교환해 드립니다.